歴史文化ライブラリー
327

その後の東国武士団

源平合戦以後

関　幸彦

吉川弘文館

目 次

東国武士団と「鎌倉」体制——プロローグ

1　東国武士団と「鎌倉」体制

東国武士団のイメージ

源平の争乱で活躍した東国武士団のその後はどうであったか。本書はこの問いに答えようとするものである。従来、東国武士団のイメージは広く鎌倉幕府成立史とともにあった。領主的風貌を強めた武士たちが頼朝《よりとも》を支え、武家政権を樹立するとのストーリーに誤りはない。東国武士たちが自己主張の場としての幕府にいかに結集していったのか、それが主題とされてきた。『平家物語』や『吾妻鏡《あずまかがみ》』に登場する武士たちは、それぞれにドラマを背負い、内乱期の武士像に彩りをそえてきた。

けれども、右肩上りの武士団成立史はやはり物足りないのではないか。東国武士たちのその後の動向が語られていないからだ。もちろん、個々の地域・地方史レベルでは深い掘り下げがなされてきたが、それを汲み上げ普遍化することも要請されている。

一般に武士の問題は、中世初期に焦点をすえれば源平の合戦や鎌倉幕府論が射程に入れられるし、後期に的を絞れば戦国大名やその周辺が話題となることが少なくない。そこでは戦争と戦士（武士）は不可分であり、一二世紀末の内乱（治承《じしょう》・寿永《じゅえい》の乱）や一六世紀初中期の戦国の動乱が、史実・伝承を問わず関心事とされてきた。

前者の内乱はその後の鎌倉・室町期の政治体制を規定した。そして後者の戦国の動乱はきたる近世的秩序（幕藩体制）への助走をなした。中・近世をつうじ存在した武士の動向を、英雄や群雄史ではない視点から考えたいと思う。いわば幾多の戦乱で敗者となった諸勢力にも意をはらい、東国武士団のそれぞれを素描することが、ここでの課題となる。〝歴史は勝者により創られる〟こんな表現があるが、もの言わぬ敗者たちへのまなざしも必要となる。

本書の構成

そこで本書の構成についてだが、次の二つを柱とした。一つは「中世東国の年代記」と題し、源平争乱以後の東国史を戦国時代まで射程にザックリとおさえること。東国武士団の個別の動向を規定する政治史の把握が不可欠なので、一二〇〇年代から一五〇〇年代までの流れを年代記風に整理した。ここでは鎌倉滅亡から南北朝の動乱をへて、戦国時代にいたる大局が語られることになる。

二つ目の「東国武士団の消長」では、東国各地域での武士団の消長について、代表的な武士団の系図を参考にその流れを概観する。本書の核心をなす部分ということになる。その意味では「中世東国の年代記」は、「東国武士団の消長」を考えるための補助線的役割を持つものである。

「鎌倉」体制とは

東国の中世という限定を付した場合、戦国時代とそれ以前とはどのように線引きできるのか。それを本書は「鎌倉」体制なる語でくくりたいと思っている。

鎌倉幕府とそれにつづく鎌倉府により構築された政治権力の総体を、ここでは「鎌倉」体制とよんでおく。時期的にいえば、一二〇〇年代から一四〇〇年代末にいたる段階がそれにあたる。ただし、厳密には鎌倉幕府一五〇年間、および鎌倉府の一〇〇年間にわたる二五〇年ほどが該当する。いうまでもなく、鎌倉《かまくら》公方《くぼう》足利《あしかが》持氏《もちうじ》の滅亡で鎌倉の権力的磁場は終焉をむかえた。その点では一四〇〇年代半ばをもって、「鎌倉」体制はその意味を失ったと考えることもできる。

だが、持氏以後、成氏《しげうじ》の登場で再生された公方家は下総《しもうさ》古河《こが》において存続しつづけた。享徳《きょうとく》の乱《らん》（一四五四年）以降、関東《かんとう》管領家《かんれいけ》と公方家の対抗・対立のなかで、「鎌倉」体制それ自体が揺らいでいたことは動かないにしろ、観念としての「鎌倉」が東国武士団相互に凝固作用を与えたことも事実だった。この点をふまえるならば、少なくとも一四〇〇年代末期の段階までは、「鎌倉」体制はその遺産を消化するなかでつづいていたのではなかったか。

一五〇〇年代以降における戦国の時代は、その「鎌倉」体制を止揚するなかで本格化する。東国の戦国とそれ以前を画する分水嶺を、このように考えておきたい。いま、この「鎌倉」体制について①地域的な視点、②歴史的視点の二つから整理しておこう。

地域的視点

これを地域的な形で見直せば、鎌倉を軸とする東国的政治的秩序ということもできる。

東国に誕生した武士の政権は鎌倉を都とした。その限りでは武士たちは〝武家〟という権門《けんもん》を創出し、その秩序（体制）のなかに自らを位置づけた。鎌倉という武家の都は、そうした意味で、武士を〝武家〟的世界に変換させる役割を担った。別の表現でいえば粗野なるエネルギーを有した武的領有者＝武士たちを、洗練された武家の秩序体系に編入させたともいえる。

鎌倉は東国・武家の都として、王朝の京都とは対極に位置した。その武家の都としての原形質は、幕府滅亡後も鎌倉府へと受け継がれ、東国武士たちの精神的紐帯《ちゅうたい》として機能しつづけた。

ここでいう東国とは、関東と同義であり、陸奥《むつ》・出羽《でわ》をふくむ広い範囲ではない。要は鎌倉府が当初支配領域とした関東八ヵ国に甲斐《かい》・伊豆《いず》の二ヵ国を加えた地域を指す。武都鎌倉をコアとする政治的秩序がおよぶ領域ということになる。

本書にあっては、これら東国諸地域の各武士団が、「鎌倉」体制とどのように対峙したかを整理することも目的の一つとなる。時として、かれらはそれと対抗したり、妥協したりしながら源平争乱期から南北朝、そして戦国期へと漕ぎぬくことになる。そこでは当然、その途上で滅亡した武士団もいたわけで、一族の盛衰それぞれを論ずることになる。

歴史的視点

次にこの「鎌倉」体制なる問題を歴史的な射程でながめれば、次のような見方も可能となる。それは王朝の「京都」との政治的対抗がはらまれているという点だ。

武家の首長たる鎌倉殿《かまくらどの》は、東国の公方として位置づけられた。特に謀叛の政権からスタートした源頼朝は、東国を実効支配し、地域王権が確立された。鎌倉政権はそうした本質が宿されている。

軍事貴族に出自を有した頼朝は、貴種たる立場で王権の継承者だった。その後の幕府は鎌倉殿の威信を援用した。天下草創をなした頼朝のカリスマ的人格は、京都の王朝に包摂されない威信をそれ自体のうちに保持した。時が重なるにつれて、頼朝以後もその威信は、京都に対抗するかのごとくになっていった。元来、王権とは天皇権力に源流を有した諸権限をさすが、中世はこの王権が分有・分割される時代と理解されている。

したがって鎌倉幕府がその王権を委任されたのか（王権委任論）、奪ったのか（王権簒奪《さんだつ》論）の議論はあるにしても、東国に誕生したこの政権が、地域王権としての性格を持っていたことは否定できない。鎌倉殿＝公方たる存在は、地域王権の主体者として東国に君臨することになる。

その限りでは、鎌倉殿＝公方体制は、幕府滅亡後は弱体化したとしても、鎌倉府へと継承される。鎌倉公方の足利基氏《もとうじ》・氏満《うじみつ》・満兼《みつかね》・持氏そして成氏が、つねに京都の幕府（武家王権）に緊張をはらむのは、足利の血脈にちなむ対抗意識の現れの一面はあるにせよ、そこには頼朝以来の東国が育んできた歴史的特質に由来する。

本書が「中世東国の年代記」として一二〇〇年代から一五〇〇年代初までの流れを扱おうとする目的も、その遥かなる射程には右の論点もふくまれているからに他ならない。

以上、「鎌倉」体制にかかわる二つの論点について簡略に指摘した。これらのうち「中世東国の年代記」は歴史的視点の問題がふくまれるし、「東国武士団の消長」は地域的視点の問題が前提となっている。

中世東国の年代記

ここでは東国諸地域の武士団の消長を考える助走として、一二〇〇年代から一五〇〇年代までの時代史を点描する。東国に誕生した新政権は、一〇年の内乱（頼朝の挙兵―平氏の滅亡―奥州合戦《おうしゅうかっせん》）のなかで成長した。「鎌倉」体制の原点は、この内乱のなかに宿されることになる。源平以後の諸相について、まずは考えたい。時間軸のなかで用意したポイントは鎌倉、南北朝そして室町の三つの諸段階である。中世という時代が、すっぽりくるまれることになる。各段階での武士団の諸相を年代記風に素描しながら、時代の特質について整理しておきたい。

これから語ろうとする一二〇〇年代以降の中世東国の歴史は、頼朝により構築された鎌倉の体制がどのように変化したのかをさぐろうとするもので、そのための視点を二つほど用意したい。

第一は、鎌倉から室町の各時代の流れを公武（朝幕）関係をふまえおさえることである。東国をふくむ政治史の大局についての整理をする。

第二は、本書の主題たる東国の政治情勢を軸に東国武士たちの動きをさぐることだ。時代の転換期での武士団の動向を、地域の視点から整理することである。

以上の二つの視点のうち、前者①は、外からの巨視的な立場であり、後者②は内からの微視的なそれということができる。この①・②両者相俟っての見方をふまえ時代史を叙しておきたい。

鎌倉幕府下の武士団

承久の乱前後――一二〇〇年代前期

頼朝の遺産と公武関係

一一九九年の源頼朝の死は、この後につづく一二〇〇年代を象徴するかのような出来事だった。まず①の当該期の政治状況では、朝幕関係における武家の優位の高まりである。承久《じょうきゅう》の乱《らん》はその画期をなすものであった。カリスマ性を有した頼朝の独裁が終わり、北条《ほうじょう》氏台頭の道筋が形成され始めたことだ。頼家《よりいえ》・実朝《さねとも》の源家将軍時代が終わり、執権《しっけん》北条氏による合議制《ごうぎせい》への移行が開始される。

そして②の東国・鎌倉の武士団事情については、有力御家人の排斥が注目される。頼朝時代は義経《よしつね》・範頼《のりより》の粛清をはじめ、甲斐《かい》源氏の打倒に語られているように源氏一門が対象だったが、この時期は頼朝時代の功臣たちが打倒されたことである。

以上の諸点をさらに補足すれば、①の公武関係の問題では、源家三代将軍の終焉は、王朝勢力に絶好

1200年代

西暦	和暦	出　来　事
1180	治承４	８月，頼朝，伊豆に挙兵
1183	寿永２	７月，平氏西走．義仲・行家入京．10月，寿永２年の宣旨
1185	文治１	２月，屋島合戦．3月，壇ノ浦合戦(平氏滅亡)
1189	文治５	７月，奥州合戦
1190	建久１	10月，頼朝の上洛
1199	正治１	１月，頼朝没(53)
1200	正治２	１月，梶原景時討滅
1203	建仁３	９月，比企能員の乱
1205	元久２	６月，畠山重忠の乱．7月，牧氏事件
1213	建保１	５月，和田義盛の乱(建保合戦)
1219	承久１	１月，実朝暗殺
1221	承久３	５月，承久の乱
1224	元仁１	６月，北条義時没(62)
1232	貞永１	４月，貞永式目
1246	寛元４	５月，名越光時事件(執政時頼の排斥未遂事件)
1247	宝治１	６月，宝治合戦(三浦泰村の乱)
1252	建長４	２月，宗尊親王の下向
1266	文永３	７月，時宗，惟康王の下向
1270	文永７	１月，蒙古の返書，幕府は送らず
1274	文永11	10月，文永の役(異国合戦)
1281	弘安４	６月，弘安の役(　〃　)
1285	弘安８	11月，貞時，安達泰盛を滅ぼす(霜月騒動)
1293	永仁１	４月，貞時，平頼綱を滅ぼす(平禅門の乱)

の機会を招来させた。『吾妻鏡《あずまかがみ》』『承久記』『増鏡《ますかがみ》』などが語る承久の乱の諸相は別に譲るとして、この乱によって鎌倉的武威の畿内・西国への浸透が決定的となったことだ。

承久以後における東国武士の西遷《せいせん》は、地頭制の全国的展開をうながすこととなった。同時に三上皇の配流《はいる》と後堀河《ごほりかわ》天皇（後高倉院の子）の即位に示されているように、皇位継承への武家の介入を可能とさせた。あわせて西園寺《さいおんじ》などの親幕派公卿《くぎょう》の発言力が強まり、その後の朝幕関係に多大の影響を与えた。

執権体制への足場

武家（幕府）に即して言えば、北条執権体制への移行は必ずしも予定調和ではなかった。二代頼家の乳母《めのと》比企《ひき》氏の台頭のなかで、時政《ときまさ》によるクーデターで比企氏を討滅、その実権を掌握することになる。三代実朝の乳母家たる北条氏が危機を乗り切ることで、義時《よしとき》へとその権限の継承が可能となった。

名越切通（鎌倉市）

頼朝死後の幕政は頼家を戴く比企氏の勢力と、実朝を擁する北条氏の力が対抗していた。東国武士団はこの両者のいずれかを選択することとなった。比企氏—頼家ラインを打倒した北条氏は、その後大江広《おおえのひろ》元《もと》・三善康信《みよしやすのぶ》などの京下りの官人の支持を取りつけながら、執権体制への足場を固めていく。

牧《まき》氏事件（一二〇五年）の余波で更迭《こうてつ》された時政にかわり、その後、幕政を主導したのは政子《まさこ》と義時だった。実朝暗殺（一二一九年）で危機に直面した幕府は、九条家から頼経《よりつね》をむかえ摂家《せっけ》将軍とした。承久の乱はこの二年後のことだった。

比企一族の供養塔（妙本寺，鎌倉）

承久の乱後、義時が死去し、幕政は泰時《やすとき》・時房《ときふさ》の執権・連署《れんしょ》の二人制と評定衆《ひょうじょうしゅう》のシステムが定着する。武家の法典たる貞永式目《じょうえいしきもく》の制定（一二三二年）は、それまでの武断的体質の転換に寄与するところとなった。

東国武士の動向

それでは、②の東国武士団の動きについてはどうか。幕府内での北条氏の台頭は、他方でこれと対抗関係にある有力御家人の排斥となって表面化する。

頼朝死去後の梶原景時《かじわらかげとき》の討滅（一二〇〇年）、そして頼家の排除と乳母比企氏の滅亡（一二〇三年）、さらに武蔵の名族で頼朝以来の有力御家人畠山重忠《はたけやましげただ》の討滅（一二〇五年）とつづく。時政失脚後、その地位を継いだ義時は、侍所別当《さむらいどころべっとう》だった和田義盛《わだよしもり》を挑発し、反乱を誘発させこれを滅亡させた（一二一三年）。

かれらはいずれも源平合戦において名を馳せた武士たちで、『平家物語』でも多くのエピソードが知られている。梶原氏は良文《よしふみ》流・良兼《よしかね》流いずれかをルーツとする桓武《かんむ》平氏に出自を有し、大庭《おおば》氏などとともに鎌倉党を構成する武士団だった。

比企氏はその出自に不分明さは残るが、武蔵《むさし》比企郡に拠点を有した武士団で、比企尼の娘たちは安《あ》達《だち》・三浦《みうら》をはじめ有力武士たちと血縁を持ち、頼朝挙兵時において当初から参陣をはたした。

畠山氏は良文流平氏の末裔で、秩父《ちちぶ》一族の要として河越《かわごえ》氏とともに武蔵国の有力在庁官人の所職（惣《そう》検校職《けんぎょうしき》）を帯有し、その勢力は強大だった。この点では和田氏も同様で、これまた良兼流（良文流とも）を流祖とし、相模《さがみ》の雄族三浦氏の一門として源平の内乱において多くの武功をあらわした。

宝治合戦と三浦氏――一二〇〇年代中期

朝幕関係の成熟

①の朝幕関係は承久段階の戦後処理が完了し、安定期をむかえた。武家内部でも時《とき》頼《より》時代の到来で執権体制が確立する。そして②の東国武士団の情況では北条氏台頭のなかで、最大のライバル三浦氏が倒され、幕府草創期の有力御家人の多くが没落する。

以上のことを順次補足すれば、①については承久の乱の後遺症が清算されたことである。皇統でいえば後堀河―四条《しじょう》天皇の流れが、四条の死去でとだえ、かつての土御門《つちみかど》天皇の皇統が武家の後押しで決定する。

後嵯峨《ごさが》天皇の即位（一二四二年）にともなう、京都政界での新しい動きは、これまでの東国の武権との対抗関係の変化につながった。後嵯峨天皇の血脈を受けた宗尊《むねたか》親王の鎌倉下向《げこう》（一二五二年）は、公武間の融和の現れだった。

建長前後のこの時期は朝幕間の距離が縮まった段階だった。幕府内部では五代執権時頼の時代をむかえ（一二四六年）、泰時の遺産を継承し、執権体制も安定期に入る。泰時時代の評定衆につづき、時頼の時代には引付《ひきつけしゅう》衆が設置された。幕政の安定は、そのまま京都との関係の円滑化へとつながった。すでにふれた皇族（親皇）将軍の実現は、その流れのなかで進む。

ただし時頼への権力移譲は決して順調ではなかった。北条一門の名越《なごえ》氏の排除はその現れだった。名越光時《みつとき》と前将軍頼経・頼嗣《よりつぐ》との共同謀議のなかで、頼経らの京都更迭が決定される（一二四六年）。前述した親王将軍の登場はそうした背景のなかでなされた。

北条氏と三浦氏

②の東国の武士団事情については、三浦一族との宝治合戦《ほうじかっせん》が特筆される。鎌倉を舞台としたこの戦いで、北条氏は幕府草創以来の最大のライバルの排斥に成功した。三浦氏の衰退で北条氏に比肩し得る有力武士団は、なくなったことになる。

この三浦氏は良兼流（良文流とも）に属し、かつての後三年合戦《ごさんねんかっせん》に参加し八幡太郎義家《はちまんたろうよしいえ》の武勲譚に色どりをそえた一族だった。治承の頼朝挙兵以来、いち早くこれに加担し、三浦介《すけ》を名乗りこれを家職《かしょく》とした名族だった。相模国の有力在庁として三浦郡を拠点とした。この一族には、和田・大多和《おおたわ》・多々良《たたら》などの諸氏がいた。

かつて駿河前司《するがのぜんじ》の肩書を有し、幕閣《ばっかく》の一翼を構成していたこの一門は、幕府内の序列を示す垸飯《おうばん》の儀《ぎ》では、北条とともに、これをつとめてきた鎌倉武士の典型であった。前述の頼経更迭の一件において名越氏とともに関与が疑われたらしく、時頼は惣領の泰村《やすむら》を挑発し、これを挙兵に追い込み討滅した。

蒙古襲来と東国武士――一二〇〇年代後期

外交の危機と臨戦態勢

①朝幕関係では、後嵯峨体制が継続され、後深草《ごふかくさ》天皇、そして亀山《かめやま》天皇へと皇統が継承される。この時期の懸案はモンゴル襲来に示される外交の危機の到来だった。

幕府内部については、時頼死後、時宗《ときむね》・貞時《さだとき》へと執権（得宗《とくそう》）が継承され、得宗専制へ

元寇防塁（福岡市）

の移行が進む。あわせて、対外戦争にむけて御家人《ごけにん》の諸力の結集がはかられた段階だった。

②東国武士団自体に目を転ずれば、文永・弘安の「異国合戦」にむけての御家人たちへの臨戦態勢への準備が進み、その過程で幕府への権力集中がなされた。

以上のことを補説すれば①に関しては、この異国との戦争は、日本国がかつて遭遇した外交の危機のなかで最も深刻なものだった。九世紀末の新羅《しらぎ》海賊侵寇事件、そして一一世紀初頭の刀伊《とい》入寇《にゅうこう》事件などの危機は経験したものの、これらは隣国地域との局部的波動でしかなかった（拙著『武士の誕生』日本放送出版協会、一九九九年）。

だが、一二〇〇年代の文永・弘安期におけるモンゴルとの戦争は、東アジアはもとよりユーラシア全体におよぶ激震だった。この未曾有の危機のなかで、朝幕関係は一層の緊密化がはかられる。臨戦態勢にむけて、祈り、戦う権門《けんもん》集団（寺社家・公家・武家）が諸力をあわせる状態が明瞭な形で成立する。

朝廷（公家）内部にあっては後嵯峨体制を継承し、幕府

（武家）との協調が維持された。後深草そして亀山朝と京都政界が推移するなかで、外交の危機への認識は必ずしも充分ではなかった。公家側は武家側の強硬外交に引きずられる形で終始することになる。外交レベルにおいては、武家＝幕府サイドがリードする形で進展した。それまで朝幕間にあって未分化だった外交権の実質を露呈させることにもつながった。

この問題は幕府体制の問題に連動する。まずは、異国との戦争を通じ、日本国の守護権の行方が明瞭になったことだ。従来、武家たる幕府の管轄外にあった非御家人に対する指揮・命令権の発動が、臨時・時限立法的ではあれ成立したことだろう。荘園領主支配下の本所一円所領内《ほんじょいちえん》における非御家人への進止権《しんし》（軍事動員令など人的支配）の掌握により、幕府は強大な権限を得ることとなった。

北条氏内部の問題でいえば、得宗支配権の確立としてそれは表面化する。時宗執権下の外交の危機のなかで得宗権は強化され、在来の執権政治の特色（執権・連署・評定衆＝合議制）は変質する。その意味では幕府の公事《くじ》徴集権、非御家人への軍事統制権、さらには西国への北条一門の守護職掌握といった一連の事態は、得宗への権力の集中と表裏の関係をなした。

一二〇〇年代後半は、この蒙古襲来という外交の危機で武家＝幕府の存在が強化され、「鎌倉」体制が日本国をおおうことになる。

「異国合戦」と東国武士

②東国および武士団の事情については、この一二〇〇年代後期の異国との戦争のなかで、惣領制の解体が進む。千葉《ちば》氏を例にとれば、常胤《つねたね》以来の房総の名族は、奥州合戦や承久の乱で東北や鎮西《ちんぜい》方面に守護職や地頭職を与えられ、その勢力を伸張してきた。文永・弘安期のモンゴルとの戦争は、その千葉氏の惣領制に大きな変化を与えた。

当該期、千葉氏は大隅《おおすみ》国の守護職を得ていたが、惣領家の胤綱《たねつな》・時胤《ときたね》が早死し、惣庶体制が動揺しつつあった。蒙古襲来にさいし、頼胤《よりたね》は鎮西《ちんぜい》へと下向するが合戦で負傷、千葉氏の所領のあった肥前《ひぜん》国の小城《おぎ》で没した。長子宗胤《むねたね》が後継となるが、本領の下総《しもうさ》への帰還がかなわず、惣領家は弟の胤宗《たねむね》が東国にあってこれを継承した。かくして弟の胤宗の子貞胤《さだたね》の子孫が下総で一族の家職たる千葉介を継承した(千葉氏略系図を参照)。

千葉氏は、東国と鎮西(肥前千葉氏)に分派しその後の元弘・建武の段階をむかえる。蒙古襲来は、この千葉氏の例でもあきらかなように、東国武士団の惣領制に少なからず影響を与えた。くわえて、幕権を掌握した北条氏との関係についても留意が必要だ。

千葉氏は北条氏と婚姻関係を結ぶが、房総への北条氏進出を阻止することが難しく、当該期には北条一門との主従関係を鮮明にしてゆく。系図からもわかるように、東国武士団の家系図では、この千葉氏もふくめ、一二〇〇年代前半——北条執権体制確立以前——までは、多くが一族内部での実名《じつみょう》(諱《いみな》)が継承されてきた。千葉氏でいえば常胤から胤綱あたりまでだが、時胤から貞胤の段階は、執権＝得宗の偏諱《へんき》を実名の一字に充てる傾向が明瞭となる(時頼の「頼」の字、時宗の「宗」、さらに貞時の「貞」)。これは東国武士団にも共通する現象であり、北条得宗家の勢力拡大の流れとほぼ対応するものだった。

千葉氏略系図

平良文―忠頼―忠常…常胤―胤正―成胤―胤綱＝時胤―頼胤┬宗胤―胤貞(肥前千葉)
　　　　　　　　　　　　　　　　　　　　　　　　　└胤宗―貞胤―氏胤―満胤

一二〇〇年代後期は、得宗家の専制化が進むなかで、東国武士団の被官化が促進され、「鎌倉殿《かまくらどの》」の主体も北条得宗家の別称となってゆく。

かつて頼朝を推戴した東国武士たちは、源平争乱期に「鎌倉殿」を前面に押し立て政権を樹立した。その「鎌倉殿」の実態は、鎌倉将軍の有名無実化（摂家将軍から親王将軍への流れ）のなかで、北条得宗家がこれに代位したことを意味する。

得宗と鎌倉殿

一二〇〇年代後期はこの新たなる「鎌倉殿」が登場する段階でもあった。* 軍事貴族たる源家三代から親王将軍へと軍事団体の首長が変化するなかで、東国武士団は自己と自己を取りまく政治的環境のなかで、実質上の東国の代弁者を選択することになった。外交の危機を乗り越えた北条政権は自らを武家政権の主体者として彫琢させることで、自己を変容させた。

この点と関連して東国武士団の雄たる安達《あだち》氏が弘安合戦（霜月騒動《しもつきそうどう》）で滅亡したことも特筆されるべきだ。すでにふれたように得宗体制の定着の過程は、執権体制の合議制を変質させた。北条一門と御内《みうち》人《びと》とよばれた得宗被官（得宗の家臣）による〝寄合《よりあい》〟が、〝評定衆〟に代位していった。これは時宗時代に顕著となり、その子貞時以降定着をみる。

安達泰盛《やすもり》の乱は、得宗被官の代表平頼綱《たいらのよりつな》と対立した闘諍《とうじょう》事件だった。秋田城介《あきたじょうのすけ》の乱ともよばれるこの事件は、弘安合戦から四年後の一二八五年（弘安八）に勃発した。〝寄合〟体制のなかで排除された御家人は外様《とざま》とよばれた。その勢力の代表安達泰盛が、執権貞時の内管領《うちかんれい》（得宗家の家令《かれい》）の立場にあった平頼綱と対立したことが発端だった。

これは得宗専制の方向を非とする御家人からの離反という構図だった。安達一族が標榜したのは、貴種源氏の再編だった。泰盛の子宗景《むねかげ》が源氏を称したことでもわかるように、幕政から排された外様＝御家人たちの結集という側面があった。

一方で、この安達氏の乱は、敗北したとはいえ東国武士団のその後の行方を占うものでもあった。一三〇〇年代前期の元弘・建武の乱で、台頭する足利さらには新田両氏の東国武士の吸引力は、右にみる弘安合戦での反得宗の動きにつうじていたことになる。

＊　この場合、「鎌倉殿」の語感は、観念的に鎌倉将軍を指すものとして用いられた。これは源家三代将軍以降も、摂家・親王将軍の段階にいたっても変わらなかった。しかし、そうした観念的用いられ方とは別に、実態的表現として北条得宗家を指すものとして、この「鎌倉殿」の呼称が定着した。特に鎌倉末期には、『太平記』その他の事例から右のような理解が得られる。

南北朝の動乱と鎌倉府

元弘の乱と建武政権――一三〇〇年代前期

公武の闘諍

この時期のことを指摘するさいも、同じく二つのポイントから考えてみよう。公武関係の①に関しては、鎌倉幕府体制の終焉とこれにつづく建武新政《けんむのしんせい》、そして足利政権の誕生が大きい。一言でいえば、公武両勢力の新たなる関係の成立といえる。「公武水火の争い」（『梅松論《ばいしょうろん》』）、「公武の闘諍《とうじょう》」（『太平記《たいへいき》』）と表現された歴史の過程をへて、「元弘一統」の建武体制、さらにその解体から南北朝の動乱へと進む流れである。

右の政治過程のなかで、武家＝足利側の権力掌握の流れが注目されよう。鎌倉幕府体制下で宿された足利氏の動向、さらには動乱期の、尊氏《たかうじ》・直義《ただよし》による権力的対抗がポイントとなる。

②の東国や鎌倉を軸とする動きはどうか。建武体制の解体＝南北朝動乱の引き金となったのは、中先代《なかせんだい》の乱（一三三五年）だった。鎌倉の奪回をかけてのこの戦いのなかで、足利政権へのステップが始ま

る。そこには東国固有の問題がはらまれている。

以下二つの点に肉付けをほどこしておく。まず①の公武両勢力の政治的変動について。一三三三年（元弘三）五月に起きたこの事件は、一二二〇年代の承久の乱に対比される。結果は別としても、朝家《ちょうけ》＝公家側からの攻勢のなかで開始された。

元弘の乱にいたる前史は、一三〇〇年代初頭の朝幕間での政治的対立から始まる。皇統の対立・文保《ぶんぽう》の和談―正中《しょうちゅう》の変《へん》（一三二四年）―元弘の変（一三三一年）という流れのなかで、後醍醐《ごだいご》天皇を軸とした反鎌倉勢力（楠木《くすのき》・赤松《あかまつ》などの畿内近国の武士）の動きが加速される。

足利氏略系図

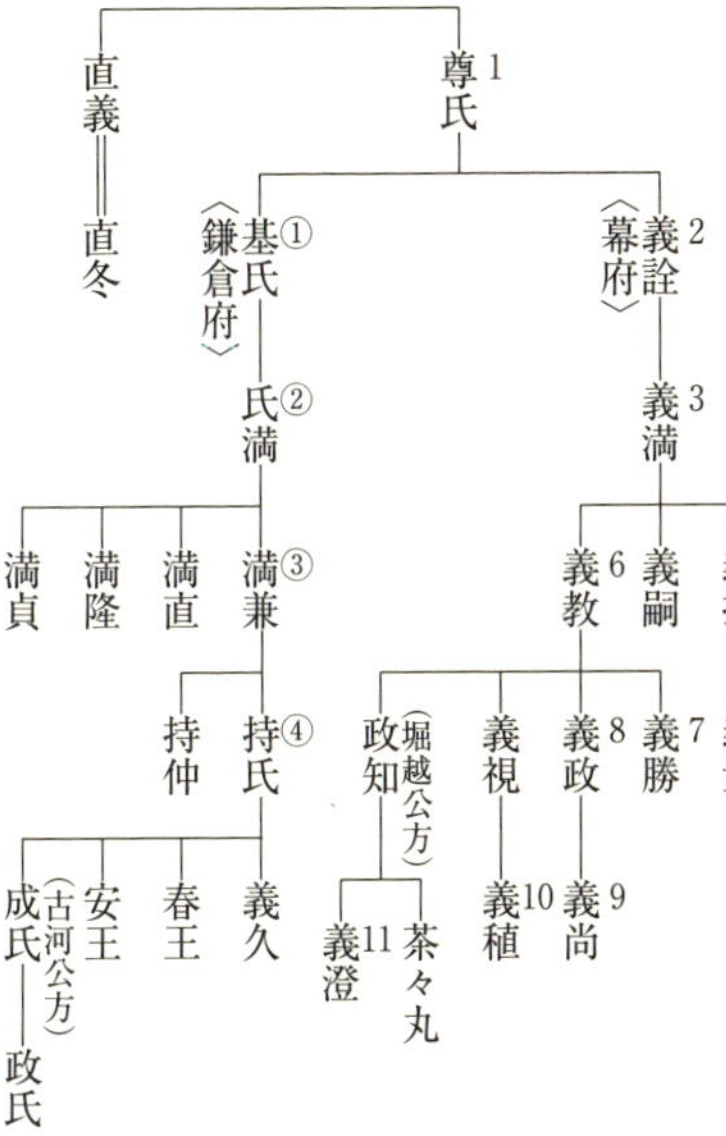

これに棹さす形で幕府を倒壊に導いたのは、足利《あしかが》・新田《にった》に率いられた東国武士団の力だった。元弘・建武の政治的変動で、東国をふくめた諸国武士団は、建武体制の継続に進むか、それともこれと断絶するかの選択の戦いを強いられる。一三〇〇年代前期の南北朝の動乱の本質はここにある。

『太平記』が指摘するように、そこには建武政権による鎌倉的秩序のドラスチックな解体・否定への不満があった。建武体制からの

後醍醐天皇（大徳寺所蔵）

脱却を目ざす勢力は、かくして新秩序を模索することになる。足利氏は武家による伝統的な所領安堵をテコに、武士たちの権益の回復を企図した。足利による武権の統一はこうした過程で成立する。

北条から足利へ

これは一三〇〇年代前半に決定的ともなる足利幕府樹立の蓋然《がいぜん》性の問題ともリンクする。下野《しもつけ》国足利荘を拠点とする足利一族は、八幡《はちまん》太郎《たろう》義家《よしいえ》の三子義国《よしくに》の関東下向《げこう》から始まる。当該地域に早くから勢力を有した秀郷流《ひでさとりゅう》の足利氏との血縁関係を媒介に、その組み込みを実現した。源平内乱期には、いち早く頼朝側に参陣、足利氏は鎌倉幕府内部で有力な足場を構築する。

足利氏の武権掌握の流れで注目されるのは二つのポイントである。第一は二四ページの系図に示すように源氏将軍家や北条執権家との血縁関係の形成、そして第二は足利一門の経済基盤の大きさだろう。前者は足利の立ち位置が源家の貴種性を担保しつつ、北条氏を〝風よけ〟にしながら、勢力を温存してきたことだ。この幕府内部での絶妙な政治的スタンスが一三〇〇年代での飛躍につながったといえる。

足利氏は鎌倉幕府草創以来、義兼《よしかね》（妻は北条義時の妹）・義氏《よしうじ》（妻は泰時の女《むすめ》）・泰氏《やすうじ》（妻は時頼の妹）・頼氏《よりうじ》（妻は上杉重房《うえすぎしげふさ》の女）・家時《いえとき》（妻は北条時茂《ときしげ》の女）・貞氏《さだうじ》（妻は上杉頼重《よりしげ》の女）・尊氏（妻は北条守時《もりとき》の妹）と（関係系図参照）、その多くが北条執権家とも深い関係を保持してきた。その限りでは鎌倉後期一

1300年代前半

西暦	和　暦	出　来　事
1317	文保１	４月，両統迭立(文保の和議)
1318	文保２	２月，後醍醐天皇即位
1324	正中１	９月，正中の変
1327	嘉暦２	６月，津軽大乱
1331	元弘１／元徳３	８月，元弘の変
1332	元弘２／正慶１	11月，楠木正成挙兵
1333	元弘３／正慶２	５月，足利尊氏，六波羅攻略．新田義貞，鎌倉攻略．6月，後醍醐天皇帰京．10月，北畠顕家，義良親王と陸奥へ(陸奥将軍府)．12月，足利直義，成良親王と鎌倉へ(鎌倉将軍府)
1334	建武１	11月，護良親王を鎌倉へ配流
1335	建武２	７月，北条時行挙兵(中先代の乱)．8月，尊氏，鎌倉奪回．12月，義貞，尊氏と箱根竹の下の戦
1336	延元１／建武３	１月，尊氏入京．5月，湊川合戦．12月，後醍醐天皇，吉野へ
1337	延元２／建武４	３月，越前金ヶ崎城陥る
1338	延元３／暦応１	５月，北畠顕家戦死．閏７月，義貞，越前藤島で敗死
1339	延元４／暦応２	８月，後醍醐天皇没(52)．後村上天皇即位
1340	興国１／暦応３	この年，高師冬・上杉憲顕，関東執事となる
1341	興国２／暦応４	11月，北畠親房，常陸合戦．12月，高師冬，関城・大宝城を攻める
1349	正平４／貞和５	閏６月，足利直義，高師直と対立．8月，師直，上杉重能を処刑．9月，足利基氏，関東管領として鎌倉に赴く

足利氏と北条氏の関係系図

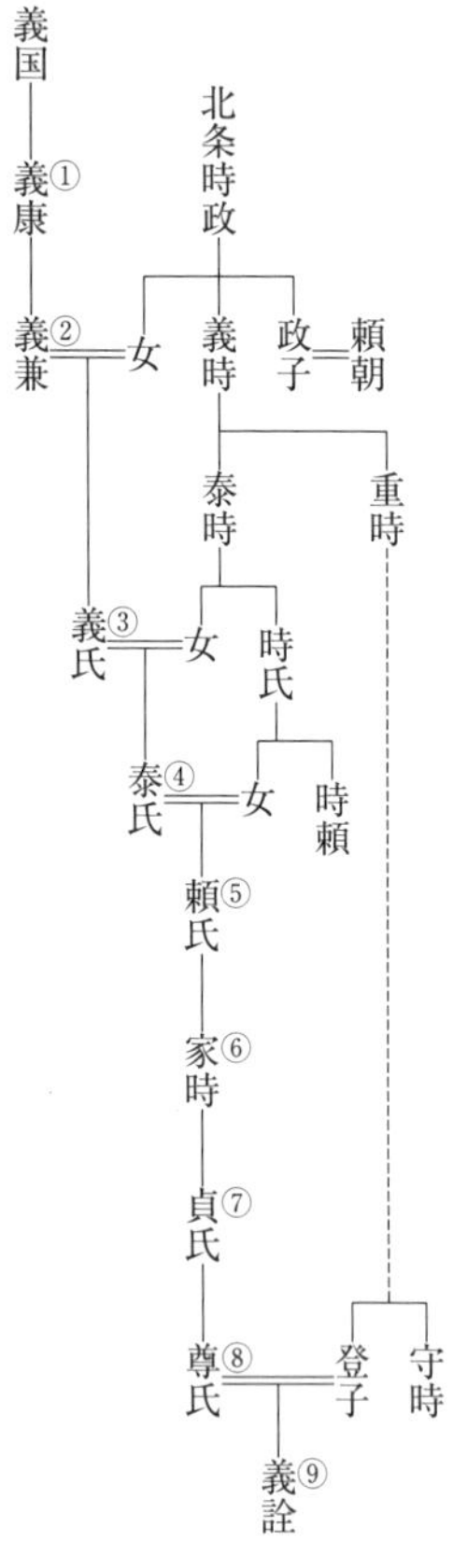

三〇〇年代にあっても、北条と並びうる最有力御家人だった。

　後者の経済的基盤については、三河国を軸に細《ほそ》川《かわ》・今川《いまがわ》・吉良《きら》・一色《いっしき》などの庶流が繁茂させたことが大きい。東海道のキーステーションともいうべき三河方面に広がる一族の存在は、足利一門の兵站拠点を考えるうえで重要だ。かかる政治的位置や経済基盤が、足利氏の優位さを規定した。足利氏の盟主たりうる条件は、こうした前提のなかに成熟しており、きたるべき武家政権の担い手となりうる蓋然性は極めて高かった。

　中先代の乱において、尊氏・直義に与同した東国武士団は、その将来性に懸けたともいえる。

中先代の乱と鎌倉

　そして②の東国に限定した視点では、元弘・建武体制の解体が鎌倉から始まったことだ。前述したように、北条高時《たかとき》の遺子時行《ときゆき》（中先代）が信濃に挙兵し、鎌倉的秩序を求め反乱へと広がった。

　当時、鎌倉は足利直義を中心とした鎌倉将軍府の統括下にあった。鎌倉を攻略された直義は、三河にふみとどまり、兄尊氏の東下と来援を得ることで鎌倉奪回に成功する。このあたりの事情については、

『梅松論』や『太平記』が詳しく語るところでもある。

中先代の乱とこれを鎮圧した尊氏・直義の戦闘が、鎌倉の争奪をめぐって進行していることは、やはり注目される。建武政権瓦解後の南北朝の動乱の引き金は、まさに東国を起点に開始されたことになる。*

そもそも建武政権下にあって、東北そして東国（関東）は陸奥《むつ》将軍府（義良《のりよし》親王と陸奥守北畠顕家《きたばたけあきいえ》）と鎌倉将軍府（成良《なりよし》親王と相模守足利直義）が置かれ、その特殊性に意が払われていた。「公家一統」の原則はあったものの、後者の鎌倉将軍府については、直義サイドの要請を受けてのものだった。鎌倉の地は旧幕府の遺産が色濃く残された地域であり、東国武士団のコントローラーとして足利氏の役割は大きかった。

多くの東国武士にとって、軍事団体の首長（棟梁）の登場は待望されたところでもあった。新たなる秩序の回復が、かれらにとって一義とされた。主なき鎌倉に武家の貴種をどう迎えるか。

この選択のなかで、まずは中先代（北条時行）の勢力に結集して、建武体制下での鎌倉の回復が開始された。ここでの選択肢は北条体制への回帰（北条時行への与同）か、建武体制の継続（足利直義への与同）にあったが、直義の鎌倉放棄と敗走のなかで建武的秩序の解体が始まる。

こうした東国の情況下のなかで尊氏による東下がなされた（一三三五年八月）。新盟主尊氏の登場で東国武士団の帰趨《きすう》は決定され

伝・護良親王の土牢（鎌倉宮）

ることになる。

＊　当時、尊氏の対抗軸たる護良親王《もりよし》が鎌倉の直義の下で幽閉されたことは、後醍醐政権のつまずきとなった。あわせて、東国の棟梁権の掌握をめぐり、これまた尊氏と対抗しうる新田義貞《よしさだ》が鎌倉を離れ京都に入ったことも、足利にとって大きな前進だったといえよう。武都たる鎌倉の重要性を最もよく認識していたのは、この直義だったと思われる。護良と義貞の連携をすみやかに切断したことが、次の足利主導の東国支配を優位にすすめさせたからである。

観応の擾乱――一三〇〇年代中期

南北朝時代の流れ

この時期はおよそ次の諸点で総括できる。①の公武関係の総体の流れでは、足利政権の優位が決定するなかで、元弘・建武期以来の南北両党の対立図がぬりかえられたことである。

そして武家内部の問題では尊氏・直義「二頭体制」が分裂、足利政権内部での紛争が表面化したことだ。この「観応《かんのう》の擾乱《じょうらん》」で尊氏独裁が決定、二代義詮《よしあきら》への権限委譲が進められ、足利一門での集団指導体制の準備が開始された。

②の東国史に限定すれば、直義により構築された遺産は上杉《うえすぎ》氏が関東管領《かんとうかんれい》という立場でこれを継承し、尊氏の次子基氏《もとうじ》との二人三脚体制のなかで、京都の武権との協調が進められた。

以上の二点について、若干の補足をすれば、まず①の南北両党の勢力間のぬりかえについて。二三ページの略年表をご覧いただければ理解できるように、建武政権の武功者たちの敗死（楠木《くすのき》正成《まさしげ》・新田義《よし》貞《さだ》・北畠顕家《きたばたけあきいえ》の戦死）と南朝の後醍醐天皇の死去のなかで、南朝側の劣勢は明らかとなった。

東北・関東・北陸さらに鎮西方面での拠点化が困難な状況のなかで、後醍醐の後継となった後村上《ごむらかみ》天皇（義良《のりよし》親王）は、北畠親房《ちかふさ》の関東経営の失敗後、懐良《かねよし》親王の鎮西経略（一三四二年、四八年）に期待をかけた。

一三〇〇年代中期は後述するように、尊氏と直冬《ただふゆ》（尊氏の子、直義の養子）の対立、さらに観応の擾乱（一三五〇～五二年）に結果する足利氏の内紛のなかで、断続的ながら四度にわたり京都の奪回に成功したことも注目される（一三五一年、五三年、五五年、六一年）。ただし、それは南朝側の自力更生の結果ではなく、あくまで足利内部での対立、抗争の間隙をぬってのものでしかなかった。

これを武家＝幕府内部に視点を据えるならば、元弘・建武段階の難局を乗り切った尊氏と直義の「二頭体制」にひずみが生じたことだ。この観応の擾乱は、尊氏の執事《しつじ》たる高師直《こうのもろなお》と直義の対立から始まった。* 具体的経過ははぶくが、高氏の滅亡とこれにつづく直義の鎌倉での敗死で幕を閉じた。この内紛で武家政権内部での運営は修正を迫られる。

将軍尊氏による独裁もやがて、観応の擾乱の六年後の一三五八年、その死で終焉をむかえる。この間、義詮を入京させ後継たる立場を打ち出し、有力守護大名との連携体制を模索することになる。

この一三〇〇年代中期は、尊氏―義詮の足利政権が

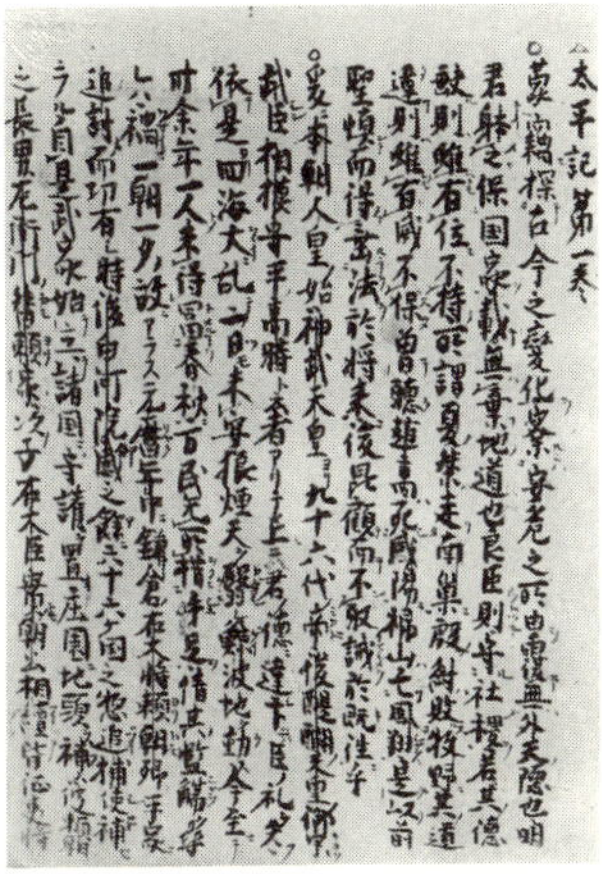

太平記（西源院本，龍安寺所蔵）

1300年代後半

西暦	和　暦	出　来　事
1350	正平５／観応１	10月，直義，尊氏と不和．大和に脱出
1351	正平６／観応２	２月，上杉能憲，高師直・師泰を殺す．10月，正平一統
1352	正平７／文和１	２月，尊氏，直義を鎌倉で殺す(観応の擾乱の終焉) 閏２月，武蔵野合戦．基氏，入間川に陣す(入間川御陣)
1354	正平９／文和３	４月，北畠親房没(62)
1358	正平13／延文３	４月，尊氏没．10月，新田義興，武蔵の矢口渡で謀殺
1361	正平16／康安１	11月，畠山国清，基氏に反す
1362	正平17／貞治１	７月，山陽の大内弘世，幕府に帰伏
1363	正平18／貞治２	９月，山陰の山名時氏，幕府に帰伏
1367	正平22／貞治６	４月，足利基氏没．12月，義詮没
1380	天授６／康暦２	５月，小山義政・若犬丸の乱
1390	元中７／明徳１	閏３月，義満，美濃守護土岐康行を攻め滅ぼす(美濃の乱)
1391	元中８／明徳２	12月，山名氏清の乱(明徳の乱)
1392	元中９／明徳３	閏10月，南北朝合一(後亀山天皇，神器を後小松天皇に伝える)
1399	応永６	10月，大内義弘の乱(応永の乱)

足利一門を統轄しつつ、断続的に諸起される南朝勢力とこれに迎合する各武士団をどのように掌握するのか、その力量がためされた時期だった。

＊しばしば指摘されるように、尊氏・直義の対立は双方の与党たる高・上杉両氏の東国での主導権争いとして表明化した。結果的には高一族が敗北、上杉氏の優位が決定する。

観応の擾乱と東国

そして②の東国の内部事情で注目されるのは、北関東＝常陸《ひたち》を中心に活動を展開していた南朝勢力が駆逐されたことである。一三三八年（延元三・暦応元）北畠親房らの五年間にわたる東国経略は失敗した。

後醍醐の晩年に構想されたこの計画

は、義良親王・宗良《むねよし》親王と親房を軸に東北・東国武士団の連携をうちだしたものだった。結果的には常陸合戦での相つぐ敗北（常陸南西部の小田氏・関氏の足利勢力の敗退）で南朝勢力は大きく後退する。

観応の擾乱の混乱のなかで、動揺する東国武士の要となったのは、鎌倉に拠点をすえながらも武蔵方面に出陣（「入間川御陣《いるまがわごじん》」）した足利基氏の力だった。

南朝与同の新田一族が、越後《えちご》・上野《こうずけ》方面で鎌倉を攻略する動きは活発となっていた。文和年間（一三五二〜五六）の武蔵野合戦に象徴される東国の合戦は、さらにつづくことになる。

一方で、東国の拠点となる鎌倉府の役割は大きかった。尊氏の次男基氏とこれを補翼する関東管領上杉氏のきたるべき鎌倉府体制がスタートしたからだ。

足利公方邸旧蹟

かつて東国の武士たちの統制は、直義と上杉憲顕《のりあき》の両者で進められていた。上杉憲顕は直義死後尊氏と対立、一時越後に走ったが、基氏の要請を受け執事として鎌倉に帰着した（一三六三年）。その間、上杉氏にかわり畠山国清《はたけやまくにきよ》が鎌倉府の執事役に就いていたが、強圧的手法が東国武士団たちの離反を招くこととなった。

基氏と上杉憲顕による鎌倉府体制のスタートは、直義の鎌倉での政治的遺産を継承するものでもあった。

後村上天皇陵

明徳の乱――一三〇〇年代後期

南北朝の合一

　①の視点から特筆されるポイントは、南北朝の合一《ごういつ》である。一三五〇年代前後に鎮西や東北などの局地的な形での南党勢力の動きは見られたものの、明徳期（一三九〇～九三）の南朝（後亀山《ごかめやま》天皇）と北朝（後小松《ごこまつ》天皇）の合体は大きな節目といえる。

　武家内部の問題でいえば、尊氏・直義の遺産を継承した義詮（京都将軍）と基氏（鎌倉公方《くぼう》）の両者が相前後して死去したことで（一三六七年）、戦争を知らない将軍（義《よし》満《みつ》）が登場する。〝室町の平和〞を予兆させる時期が準備されたともいえよう。

　そして②の東国武士団に目を転ずれば、基氏―上杉の鎌倉府体制のなかで、京都幕府との協調（両府協調体制）が進展したことである。

　後述するごとく、局部的反乱のなかで南北問題の余熱は残っているが、相対的に安定した時期をむかえる。ただし基氏以降、これを継いだ鎌倉公方家と京都将軍家との相剋が強まる。

　まず①の問題から補説すると、南北朝合一で室町体制が確立する。後村上天皇の死後（一三六八年）、南朝側では楠木正儀《まさのり》が北朝に降り、その勢力は紀伊《きい》・伊勢《いせ》の局部にすぎなくなった。九州方面でも今川《いまがわ》貞世《さだよ》（了俊《りょうしゅん》）の鎮西下向で（一三七一年）、それまでの少弐《しょうに》・大友《おおとも》・島津《しまづ》の諸勢力がその傘下に入ることになり、六〇年にわたる動乱に終止符がうたれた。

この南北朝合一にさいし、後亀山天皇から後小松天皇への譲位が決められ、あわせて以後の皇位の両《りょう》統迭立《とうてつりつ》が約議されたが、後者については守られなかった。朝幕の対抗関係もこの一三〇〇年代の末期をもって終わりを迎える。名実ともども武家王権（室町王権）が確立された。

この時期、義満は「諸国遊覧」と称し、自らの武威を示すべく東国の駿河・富士方面にまで足をのばした（一三八八年）。それは守護大名への牽制であると同時に鎌倉府への示威だった。淳和《じゅんな》・奨学《しょうがくりょう》両院《いん》の別当《べっとう》（一三八一年）、さらに准三后《じゅさんごう》（一三八三年）、太政大臣《だじょうだいじん》（一三九四年）への就任など、公家的権威をも手中におさめることで、公武関係に君臨した。

武家王権の成立は、外交レベルにも影響を与えた。一四〇〇年代に本格化する日明《にちみん》貿易の下地が、この段階で準備されたことである。明に対して「日本国王源道義」の上表をおこない、冊封《さくほう》的秩序のなかで、統一的支配者たることの存在を内外に示そうとした。

地頭領主と守護

武家＝幕府内部の問題から見直せば、次のような見取図が描けるようだ。一二〇〇年代を軸とする鎌倉時代は、地頭領主制に代表される時代だった。要は幕府と在地領主たる地頭との関係が一義的だった。対して一三〇〇年代以後は南北朝の動乱をへて、守護権力の強大化が進んだことである。

室町幕府は全国支配にあたり、足利一門やこれに列する諸将を守護に任じた。こうした族縁関係を介しての支配の在り方は、北条得宗家による守護支配を継承したものだったが、動乱期は一門以外の諸国守護の台頭をもうながすこととなった。一三〇〇年代を彩る在地支配の最大のポイントは、守護大名の存在にあった。

守護は国内の軍事警察権を強化し、そのもとで国人《こくじん》などの地域領主を被官化し、領国支配に組み込んでいった。自己の領国支配の安定化のために、農民を支配した国人との連携が必要とされた。当然ながら室町幕府もまた、この守護をつうじ地方支配を実現し、その守護も国人を介することなしには、領国支配がまっとうできない、こんな図式だった。

教科書的な表現でいえば、足利政権の守護大名による連合政権的性格はこうした点に根ざしていた。守護大名サイドも領国支配のために、幕府の権威を必要とした。その限りでは両者は相互補完の関係にあった。そして、国人領主層の動向がこれを下から規定する。

守護大名と幕府との関係で注目されるのは、この時期に集中的に見られる守護弾圧事件だろう。明徳から応永年間（一三九〇～一四二八）にかけての美濃《みの》の乱（一三九〇年、美濃守護土岐康行《ときやすゆき》の滅亡）、明徳の乱（一三九一年、山陰の有力守護山名氏清《やまなうじきよ》の滅亡）、応永の乱（一三九九年、長門《ながと》の有力守護大内義弘《おおうちよしひろ》の滅亡）の諸乱はこれを語っている。

義満政権下でのこの守護大名弾圧策は、一方では将軍権力の強大化の象徴だったが、他方で守護家内部の分裂をもたらした。一族・一門内の惣庶関係を利用することで、守護による地域権力のブロック化を防止することにもつながった。その限りでは土岐・山名・大内諸氏のいずれもが、それぞれの庶子家のなかで再度の守護権安堵がなされており、義満による戦略的要素が濃い。

ちなみに、右に指摘した守護大名の反乱は幕府サイドの挑発によるところが大きいが、注目されるのは、東国での鎌倉府（鎌倉公方）の動向と連動していたという点である。それはまさしく②の東国武士団の問題にも直結する。

鎌倉府と東国支配

先にふれたように、東国武士団の動向を規定したのは、京都の幕府に対比される鎌倉府の存在だった。東国支配の政治的磁場たる鎌倉の地に当初義詮が派遣され、その後、義詮の弟基氏がこれに代わった（一三四九年）。鎌倉府の長官（鎌倉公方）は、この基氏の子孫が鎌倉殿たる立場で世襲するところとなった。

よく知られているように、鎌倉府は初期の段階は、その長官を関東管領、これを補任する上杉氏は執事とよばれた。その後鎌倉府の独立化が進むにしたがい、関東管領はみずからを鎌倉公方と呼ぶようになった。これにともない、従来の執事の地位にあった上杉氏が関東管領を称するにいたった。

鎌倉府は関東八ヵ国（常陸・下総・上総《かずさ》・安房《あわ》・下野《しもつけ》・上野《こうずけ》・武蔵・相模）に伊豆・甲斐《かい》を加えた一〇ヵ国を管轄し、当該地域の武士団をその影響下においた。初代基氏の死後、鎌倉府を統轄したのは氏満だった。この氏満の時代に潜在的ながら京都幕府への対抗意識が登場する。

土岐氏の謀叛（一三七九年）にさいし、氏満

上杉憲実（雲洞庵所蔵）

は混乱に乗じ東国の軍勢を上洛させようとした。この件は管領の上杉憲春《のりはる》が氏満を諌め自害することで、落着をみた。『鎌倉大草紙《かまくらおおぞうし》』（『群書類従《ぐんしょるいじゅう》』合戦部）にも語られている氏満挙兵の未遂事件は、その後も尾を引き、氏満はその晩年にも応永の乱で滅ぼされた大内義弘と結び、不穏な動きを見せた（一三九八年）。

このように基氏以後の鎌倉府の動向は、京都の動きと連動していた。氏満は一三九八年（応永五）四〇歳で没したが、一方で鎌倉殿たる立場から東国武士団の統制にも腐心した。一三〇〇年代後半はすでにふれたが南朝勢力は衰退に瀕していたが、北関東から東北方面の一部では蠢動《しゅんどう》する一派もあった。上野から越後方面での新田一族、奥州南方の田村一族などである。

これに呼応するかのように、下野の有力武士団小山義政《おやまよしまさ》が挙兵した（一三八〇年）。同じ下野の宇都宮《うつのみや》基綱《もとつな》との所領紛争から南朝に与《くみ》する形で、蜂起に及んだ。鎌倉府をまきこんだ小山氏との合戦は、義政敗死後、小山若犬丸《わかいぬまる》の乱へと継承された。陸奥《むつ》の田村一族の挙兵にまでつながる長期的な戦いで、氏満は関東管領上杉氏と協力しつつ、その鎮圧に全力を傾注した。

その限りでは二代氏満の東国武士団に対する討伐は、小山氏の乱に見られるように、くすぶりつづけている南朝与党の余燼を完全に鎮火させることでもあった。

この段階の鎌倉府は、公方たる鎌倉殿と管領上杉氏の両者が歯車としてうまくかみ合い、東国のおさえとして機能していたことになる。両者の乖離《かいり》は、きたる一四〇〇年代に次第に顕著となってくる。

戦国期の東と西

応永・永享の乱と結城合戦――一四〇〇年代前期

室町の外交秩序と開の体系

①に関しては室町王権の定着で、幕府の力が充実する段階といえる。対外関係ではやはり一四〇一年（応永八）にスタートする日明《にちみん》貿易は象徴的だろう。国内の動乱からの転換を画する出来事ともいえる。

幕府内部にあっては、四代将軍義持《よしもち》の時代だが、当初幕政を指導したのは父の義満だった。義満体制は一四〇〇年代初期をもって終わり（一四〇八年、義満は五一歳で没）、以後は義持の時代となる。次に②の東国の事情である。鎌倉府にあっては二代氏満の死後、三代満兼《みつかね》、つづく四代持氏《もちうじ》の時代となったが、京都幕府との関係はさらに懸隔の度を広げるにいたる。あわせて関東管領上杉氏と鎌倉公方との関係も対立の諸相を濃くしてゆく。

以下では例によって、右の二つの点を補っておこう。まず①にかかわる論点として、国家レベルで対外関係を整理した場合、この一四〇〇年代は広く「開の体系」として位置づけられる。字義どおり「開の体系」とは正式なる形での国家間交流を意味する。わが国はこの一五世紀以降、一七世紀半ばの江戸期の鎖国体制下での「閉の体系」に入るまで、大陸との関係は「開の体系」下にあったことになる。

古代以来大陸との関係において、「開」「閉」二つの旋律のなかにあったといっていい。六〇〇年代後半に始まる律令《りつりょう》国家への歩みは、遣隋使・遣唐使を介して隋・唐との交流が展開した（開の体系）。その後、八九四年（寛平六）の遣唐使廃止以降、一〇世紀＝九〇〇年代以降は、正規の国家間交渉なきまま推移した。平安後期から鎌倉期そして南北朝期へとつながる一三〇〇年代までの段階は「閉の体系」に位置したといえる。

この間、平氏政権による日宋《にっそう》貿易や鎌倉政権下での禅僧の交流など、いくつかの私的な大陸往還はあった。一二〇〇年代後半のモンゴル（元）との戦争という突発的事態はあったものの、一三〇〇年代には「閉の体系」下ながら、元との間に建長寺船《けんちょうじぶね》、天龍寺船《てんりゅうじぶね》の派遣もなされた。

前者は一三二五年、焼失した建長寺再建のために鎌倉幕府が派した造営料《ぞうえいりょう》獲得のための貿易船だった。後者は一三四一年（興国二・暦応四）、室町幕府が後醍醐天皇の冥福を祈るための天龍寺造営用途の貿易船だった。いずれも武家の公認にかかるものであり、「閉の体系」下での部分的交流だった。

そして、この「閉の体系」下での東アジア地域の最大の懸案は、武力をともなった私的交易、すなわち倭寇《わこう》の問題だった。中国にあっては、一三六八年に元にかわり明が、そして朝鮮においても一三九四年高麗《こうらい》にかわり李氏朝鮮が建国された。朱元璋《しゅげんしょう》・李成桂《りせいけい》いずれもが倭寇禁圧で勇名をはせた武将たちによる新王朝だった。

1400年代前半

西暦	和暦	出　来　事
1401	応永８	５月，義満，明に使者を派す
1408	応永15	５月，義満没
1416	応永23	10月，上杉禅秀の乱
1417	応永24	２月，持氏，下総千葉氏・甲斐武田氏を伐つ
1428	正長１	１月，義持没，義教将軍．5月，足利持氏が謀叛しようとし，上杉憲実が諫言
1429	永享１	足利持氏，改元を認めず自立の意志を示す
1432	永享４	９月，義教，富士遊覧で持氏に示威
1438	永享10	８月，上杉憲実と持氏不和．持氏，憲実を攻略(永享の乱)
1439	永享11	２月，持氏，鎌倉永安寺で自殺
1440	永享12	３月，結城合戦
1441	嘉吉１	６月，義教，赤松満祐に殺害される(嘉吉の乱)
1449	宝徳１	９月，上杉房定ら，持氏の遺子永寿王(のち成氏)を鎌倉公方に

一四〇〇年代初頭の義満政権下での明との国交は、東アジア海域諸国における新たな外交秩序の始まりということになる。

王朝の吸収と室町王権

武家＝幕府内部の情況はどうか。〝公家一統〟が建武政権だとすれば、〝武家一統〟として足利政権を対比できそうだ。一四〇〇年代は武家＝幕府が在来の王朝公家を完全にその権力内に包摂した段階といえる。義満以降の室町王権の本質はここにあった。

京都を基盤とした王朝権力を吸収した形で成立した室町幕府は、武家権門内部での家格を重視した。南北朝の動乱という戦争状態からの脱却のなかで、日常的世界における秩序――官職的秩序・儀礼的秩序とともに、家格的秩序が重視された。伝統に裏打ちされた秩序である。伝統の最大の継承者は、天皇、院そして朝廷という王朝の総体である。武家の幕府は、〝武力〟の対極に位置する〝文化〟の継承者たる立場を自らのうちに構築しようとする。家格的秩序とは、そうした伝統への参加表明である。

有名な三管領《さんかんれい》（斯波《しば》・細川《ほそかわ》・畠山）という足利一門体制の創出や有力守護家の四職《しき》の制は、足利将軍家を軸とする家格のヒエラルキーの創設に他ならない。

それはある意味では、京都の公家王朝が培ってきた文化でもあった。義満は将軍集権体制の創出にあたって、家格の秩序を重視した。足利一門の統轄者たる将軍家は、その絶対性演出のために同心円的に一門を配置した。それゆえに外様《とざま》は家格秩序の危険分子となる。この危険分子を排除・分解することで、足利一門体制は維持されることになる。

一三〇〇年代末の土岐氏・山名氏さらに大内氏の諸乱は、そうした外様勢力の排斥に他ならない。一四〇〇年代は義満体制のなかで形成されたこの秩序が機能することで、義持―義教《よしのり》にいたる強大な将軍権力が誕生する。京都という風土で育まれた室町の武家権力は、儀礼・作法の体系を文化的秩序（武家《ぶけ》故実《こじつ》）として創出することで、戦争なき時代の体制とした。

一四〇〇年代は東アジア世界での新秩序に対応するかのように、武家王権たる幕府が、武家の慣習に即した時代を創出した。

両府相剋と鎌倉公方

それでは、②の東国の情勢と武士たちの動きについてはどうか。鎌倉府の二代氏満の死後、これを継いだのは満兼だった。満兼もまた父と同じく、就任直後は大内義弘との連携によって、東西呼応の挙兵を企図した。

『鎌倉大草紙』によれば満兼は幕府支援と称し、武蔵府中や下野足利方面へと出兵、臨戦態勢をとったという（一三九九年一一月）。だが、応永の乱での義弘の敗死で頓挫したものの、京都幕府への不満は解消されなかった。

一四〇〇年代初頭のこの時期、京都幕府と鎌倉府の両府相剋の兆しは高まっていたが、本格的対立にまではいたっていない。この両府の緩衝役たる上杉氏の役割が大きかったからだ。

初代基氏には前述したように山内《やまのうち》上杉の祖たる憲顕が、そして二代氏満にはその暴発を死をもって諫めた子の憲春《のりはる》とその弟憲方《のりかた》が、三代満兼もまた朝宗《ともむね》（犬懸《いぬかけ》上杉）・憲定《のりさだ》（憲方の子）が、それぞれに管領として鎌倉殿を補佐することで、危機は回避されてきた。

一四〇九年（応永一六）、満兼が死去した（三二歳）。その二年後には管領の上杉憲定も没している（三八歳）。満兼の後継には四代の持氏《もちうじ》が公方の地位についた。そして管領には犬懸上杉家から氏憲《うじのり》（禅《ぜん》秀《しゅう》）が就任した。

京都の幕府にあっても、義満の死（一四〇八年）で名実ともに四代義持の時代が到来していた。その限りでは、一四〇〇年代の前期は両府ともども代表が交替し新しい段階に入ったのだが、懸案が二つほどあった。一つは以前からの両府（幕府と鎌倉府）相剋の問題、二つが鎌倉公方と管領の対立である。

一四〇〇年代前期の東国武士団の諸相は、右に述べた二つの問題のなかで動くことになる。上杉禅秀の乱（一四一六年）―永享《えいきょう》の乱（一四三八年）―結城合戦《ゆうきかっせん》（一四四〇年）とつづく諸乱（別表参照）はその象徴だろう。きたるべき東国の戦国時代はこれらの争乱以後に始まる。

禅秀の乱の場合、右の二つの問題（両府相剋・公方と管領の対立）のうち後者の問題が先行した。山内上杉家（上野・伊豆の守護）と犬懸上杉家（武蔵・上総の守護）の対抗関係を背景にこれが勃発した。あわせて注目すべきは、この禅秀の乱の広域性だろう。婚姻関係を軸に禅秀側に与した上野の岩松氏、

上杉氏略系図

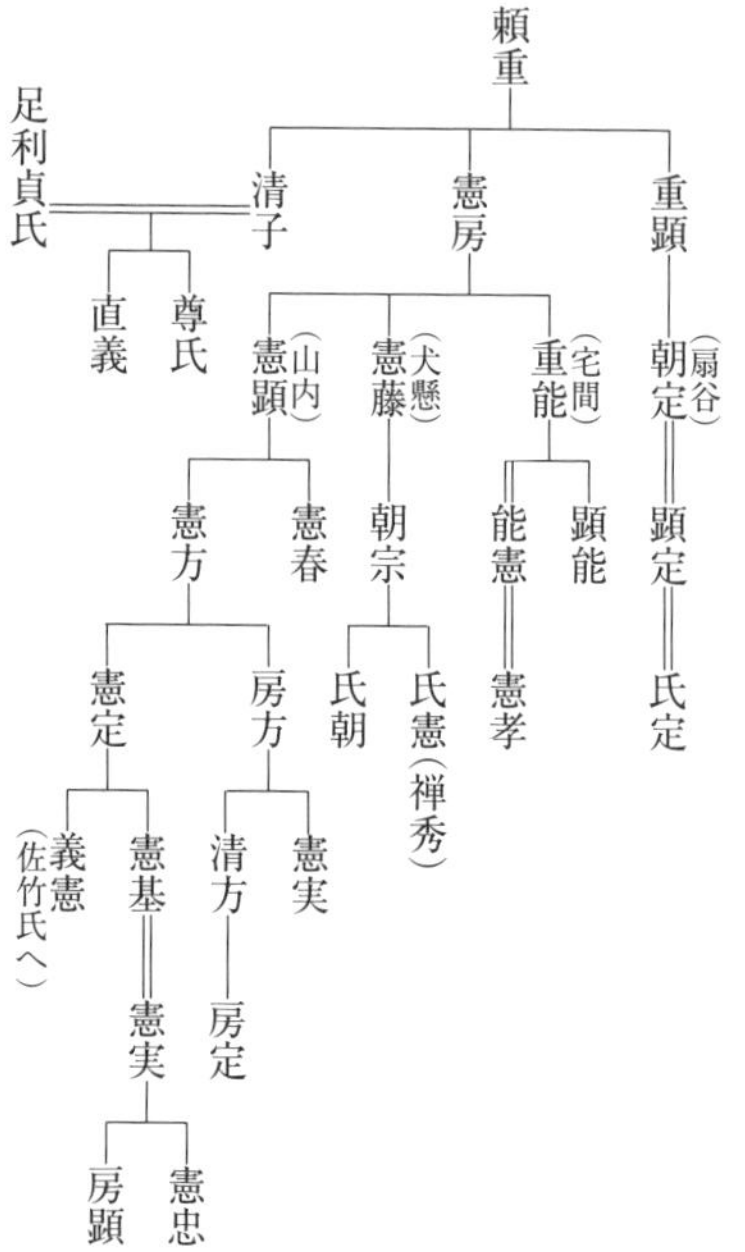

上総の千葉氏、甲斐の武田氏、常陸の小栗《おぐり》氏などの諸勢力を基盤とした。これが禅秀敗死後に、持氏によ る関東諸地域での討伐軍派遣へとつながり、関東全域を争乱の渦へと導くことになる。

永享の乱の場合は二つの問題のうち、前者の両府相剋の潜在的対立が騒乱という形で顕在化したものだった。そして結城合戦は禅秀の乱・永享の乱の総決算の意味を持つもので、結城氏朝《うじとも》を中心とした東国武士団の一部が、幕府と管領（上杉憲実《のりざね》）に一年にもわたり抵抗したことだ。

いずれにしても、これらの諸乱は一三〇〇年代中期の南北朝の動乱とともに、東国武士団の帰趨を決する節目となった。一四〇〇年代の諸乱は、物領制の解体にともなう武士団内部の動向と深くかかわり

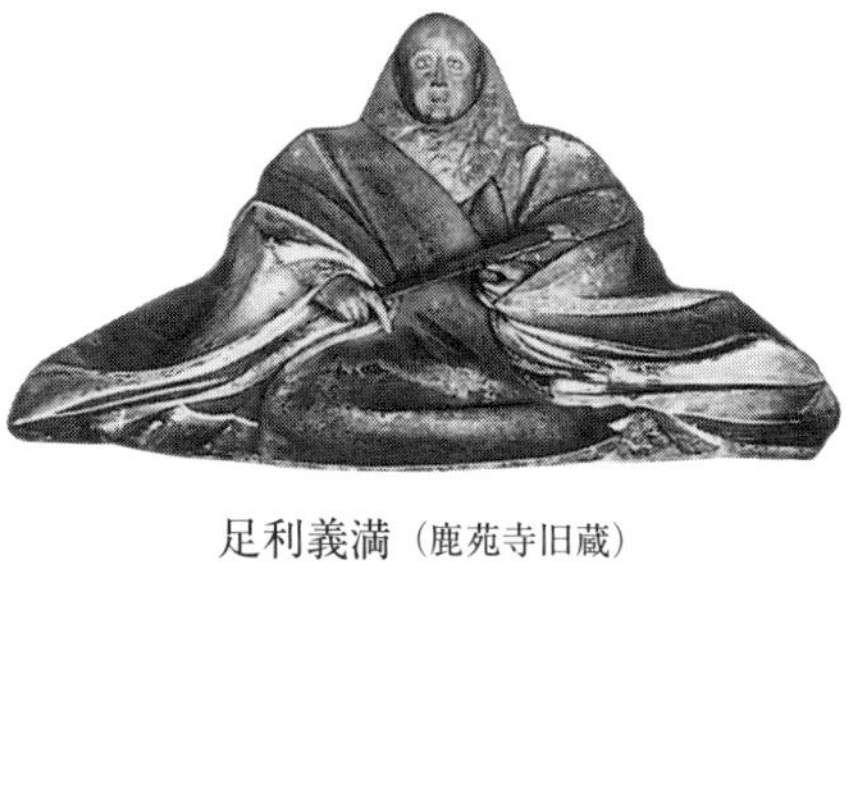

足利義満（鹿苑寺旧蔵）

1400年代前期・関東の諸乱

年　代	事　　件	内　　容
1416(応永23)	上杉禅秀の乱 (鎌倉公方 vs 前関東管領)	鎌倉公方足利持氏に対し，前関東管領の禅秀(犬懸上杉)が起こした反乱．持氏と管領上杉憲基(山内上杉氏)を一時鎌倉から追放．持氏の叔父満隆を公方とする新政権を樹立．将軍義持は駿河に逃れた持氏に援軍をだし，禅秀を敗死させた．
1438(永享10)	永享の乱 (将軍 vs 鎌倉公方)	禅秀の乱に関与した関東の武士団(千葉・武田・岩松)に対し，持氏が討伐軍を派遣．この持氏の動きを制しようとする管領上杉憲実が幕府に救援を要請．将軍義教の派遣した幕府討伐軍により持氏を敗死させた．
1440(永享12)	結城合戦 (東国武士 vs 将軍)	鎌倉公方持氏の敗死後，その遺子安王丸・春王丸を擁した結城氏朝が蜂起．幕府・上杉憲実軍との戦いで氏朝は敗死．安王たちは捕らえられ，上洛途上で殺された．

複雑なものとした。

両府の相剋・鎌倉府内部の矛盾という状況下において東国武士には二つの選択があった。単純化すれば、一つは公方家と連帯する途、二つは管領家につく途だ。

前者は多分に幕府との関係を排する方向を有するもので、東国自立路線に位置する。後者は幕府との関係を重視する上杉体制を是とする協調路線である。「京都御扶持衆《ごふちしゅう》」とよばれる存在で、宇都宮・佐竹・小栗などの諸氏がこれにあたる。

享徳の乱と東国社会――一四〇〇年代中期

義満から義政へ　①まず京都の幕府をふくむ全般的状況について。この時期は、義満時代の政治的遺産を継承した義持・義量《よしかず》・義教をへて八代将軍義政《よしまさ》にいたる段階である。細川・斯波・畠山の三管領体制の充

足利義教（妙興寺所蔵）

実と相俟って将軍権力の強化がはかられる一方で、守護大名との対立も顕在化する。きたる応仁・文明の乱への序曲が開始される時期といえる。

②東国に目を転ずると、禅秀の乱以降の諸乱で両府相剋の様相は深刻さを増し、ついに鎌倉公方持氏の滅亡へと進む。この時期は持氏の遺志を継承する新公方成氏《しげうじ》が鎌倉から古河《こが》へと移り、幕府に対抗。これと管領上杉氏との関係が焦点となる。その点では公方家・管領家両者の対立・抗争が軸となる。

東国武士たちは、いずれかに与同する形で離合集散がすすむ。一四〇〇年代前期が京都幕府と鎌倉府という東西（両府相剋）での対立という構図だとすれば、この中期は東国内部（鎌倉府）での権力の対抗だった。

以下、右の二点に肉付けをしておく。まず①の京都幕府の事情だが、四代義持の後継義量が将軍在位数年で早死にし、将軍空位三年をへて義持の弟義教が六代将軍となった。義教は「万人恐怖」の独裁的政治を行い、確執していた鎌倉公方持氏を討滅した（永享の乱）。

この時期、頻発する一揆を力で鎮圧したり、守護大名（一色義貫《いっしきよしつら》や土岐持頼《もちより》）などを滅ぼすなど、将軍義教の武断気質が警戒を招くこととなった。それが播磨守護赤松満祐《みつすけ》による義教暗殺（嘉吉《かきつ》の乱、一四四一年）として表面化する。東国における結城合戦終了から二ヵ月後のことだった。

この嘉吉の乱以降、幕政は動揺し従来の三管領（細川・斯波・畠山）以外の有力守護たちが発言力を増大させた。

義教横死後、子の義勝《よしかつ》・義政（幼名義成《よししげ》）があいついで将軍となったが、幼少だったため三管領家にくわえ、赤松討伐で武名を掲げた山名持豊《もちとよ》が台頭した。一四〇〇年代中期は信濃の小笠原《おがさわら》氏、加賀の富樫《とがし》氏などの守護家での家督争いが目立ち始めた。惣領制の変質・解体にともなう庶子家の台頭といった背景をともなった。

三管領のうち斯波氏や畠山氏にもこの家督をめぐる惣庶対立は飛び火し、守護代をまき込む抗争へと発展した。このあたりの事情は関係書に譲るが、最終的に幕政の中枢にあったのは、三管領のうちの細川と四職の山名の両者だった。これが義政さらに義尚《よしひさ》・義視《よしみ》を巻き込む応仁《おうにん》の乱へと進むことは、よく知られていよう。

古河公方と堀越公方

ここではこの応仁の乱の経過や事情については全て了解の内として話を進めるが、東国との関係で特筆されるのは、一四五七年（長禄元）将軍義政によって派遣された弟政知《まさとも》の存在だ。政知は鎌倉入りをはたせず、伊豆の堀越を拠点としたため堀越公方《ほりごえくぼう》とよばれた。

三年前の一四五四年（享徳三）、持氏の遺子成氏は幕府に反旗をひるがえし（享徳の乱）、鎌倉をのがれ下総古河に拠点を移した（古河公方）。このため幕府側は基氏系の鎌倉公方家に対抗し、将軍家の血統（義政の弟政知）を擁立した。長年にわたる両府相剋の解消をめざそうとした。

だが、現実には政知は伊豆における局部権力にとどまらざるを得なかった。京都将軍家による血統包摂策ともいうべきこの目論見は、成功しなかった。その結果、この一四〇〇年代中期における古河・堀越両公方家の存在は、かえって東国に新しい火種を作ることにつながった。

以上、幕府サイドから見れば、義満時代の鎌倉公方氏満との対抗（一三七九年）、義満・義持時代の満兼との確執（一三九九年）、義教時代の持氏との抗争（一四三九年）、そしてこの義政時代の成氏の事件（一四五四年）という流れになる。つまりは京都の幕府の政局と東国鎌倉府の動向は連動していた。

享徳の乱と東国武士団

②の東国の情勢だが、結城合戦（一四四〇～四一年）以降、勝利した上杉憲実《のりざね》（山内家）を軸とした体制がおよそ一〇年ほどつづくことになる。永享の乱で敗死した公方家再興の要望は強く、上杉房定《ふささだ》（越後守護・相模守）らが「関東の諸士と評議して、関東の主君」（『鎌倉大草紙』）の擁立をはかったという。結城合戦のさい、幼少のため罪を許された永寿王（成《しげ》氏《うじ》）が、持氏の後継者として鎌倉公方の地位についた（一四四九年）。

公方不在の鎌倉に新たに鎌倉殿が登場し、これと入れ替わるかのごとく憲実が鎌倉を退去した。成氏の父持氏を永享の乱で敗死させたことで、新公方成氏との感情的対立を考慮しての行動だと『鎌倉大草紙』は語る。

四年後の一四五四年冬、享徳《きょうとく》の乱が勃発した。この時期、鎌倉公方の成氏を補佐すべく上杉憲実の子憲忠《のりただ》が関東管領となっていた。鎌倉府再生の切り札ともいうべき人事だったが、成氏の憲実への怨念は、憲忠殺害にむかった。*

これに対し山内上杉家は殺害された憲忠にかわり、弟の房顕《ふさあき》を管領に擁立し成氏に対抗した。幕府は成氏の行動に対し、今川氏や上杉氏を中心とする追討軍を派し、成氏を鎌倉から追った。成氏は以後、下総の古河に拠点をすえた（古河公方）。

東国における三〇年戦争とも呼ぶべき断続的反乱の始まりだった。東国での戦国時代の到来とされるこの乱は、持氏滅亡後の鎌倉府体制の再生をかけての公方家と管領家の第二ラウンドの闘諍だった。一四〇〇年代前期の上杉禅秀の乱・永享の乱そして結城合戦という助走段階をへて、中期は東国争乱が広がりと深まりにおいて深刻さをさらに増大させた。

このことを武士団の同族結合や地縁結合から整理すれば次のようになる。公方家にしろ管領家にしろ、これに従う武士団の動向は無視できなかった。大雑把にいえば一三〇〇年代の武士団には、鎌倉期以来の名族が守護として領国規模で結合したものと、新興の地域領主ともいうべき国人《こくじん》勢力という二つがあった。前者は後者をいかに抱摂するかが課題だった。一般に国人一揆と呼称されるかれらの動向は、うちつづく東国の争乱の行方《ゆくえ》を左右したとされる。

＊　公方成氏と管領上杉憲忠の意趣ぶくみの人事は、緊迫した状況を鎌倉府内部にもたらした。この時期の状況を『鎌倉大草紙』では「おりにふれ笑中に刃をとぐ心持してあやうき事どもおほかりけり」と述べている。こうしたなかで、両上杉家の家宰長尾景仲《ながおかげなか》（山内）・太田資清《おおたすけきよ》（扇谷《おおぎがやつ》）の両者が、一四五〇年（宝徳二）成氏を襲撃した。成氏は江ノ島で千葉・小田・宇都宮の諸氏の来援をまち防戦し、長尾・太田連合軍を退散させた（江ノ島合戦）。これ以後、一時の和議は整ったが、成氏による上杉への警戒心が強大化し、憲忠殺害へとつながった。

一揆の時代

「一揆《いっき》」とは「揆を一にする」、つまり団結することを意味し、守護など外部勢力とは区別される地生えの武士（在村領主）たちの団結をいった。主体は多くが国人たちだった。

国人一揆の流れ（永原慶二『下剋上の時代』より）

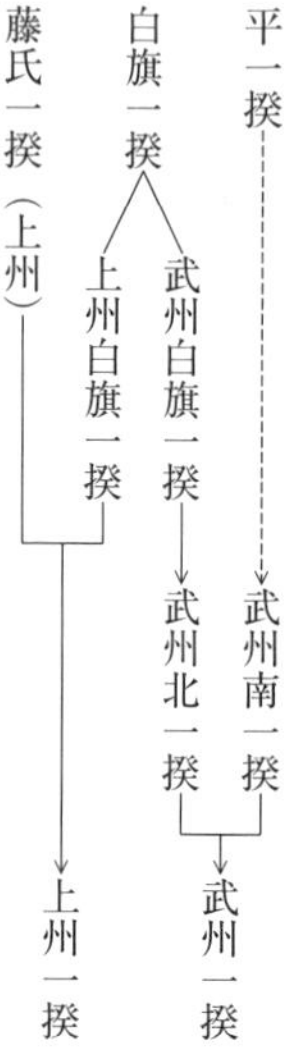

農民一揆が近世的世界に属すとすれば、国人一揆は中世のそれだったといっていい。

図を参照していただくと理解できるように、一揆は上野・武蔵・相模・上総など東国諸地域に広く存在していた。『太平記』に見える武蔵野合戦（一三五二年）には、「一揆」合戦の模様がみごとに活写されている。南北朝期に顕著になる武士団結合の在り方といえる。少なくとも一二〇〇年代前後の源平武士団にはあまり見られない。

一三〇〇年代中期の南北朝動乱期には、藤氏《とうし》一揆、白旗《しらはた》一揆、平《へい》一揆などの地方武士による同族連合が形成される。その名のとおり藤氏一揆は藤原氏、白旗一揆の場合は北武蔵や上野の源氏に属する別《べっ》符《ぷ》・久下《くげ》・高麗《こま》の諸氏、平一揆は南武蔵の河越《かわごえ》・江戸《えど》・豊島《としま》の諸氏など、平氏系の領主による連合だった。

ところが一四〇〇年代中期以降には、地域名を冠した一揆集団へと変化する。上州一揆、上総本一揆、武州一揆などの呼称はこれを示すわけで、同族結合から地域結合へと一揆の方向が変化していることがわかる。

国人一揆の主体をなす在村的武士にとって、地域農民との連携が大きかった。その限りでは、禅秀の乱以降の東国の争乱のなかで、守護レベルの武士たちの公方家・管領家のいずれかの選択は、国人やその下の農民たちの動向に規定された。

それゆえに、ある個人や組織に与同するか否かの原理は、〝状況〟により決定される。中世後期に顕著となる下剋上《げこくじょう》とは要するに〝状況主義〟にもとづく行動原理ということもできる。

話を鎌倉公方に戻せば、享徳の乱で関東は戦国時代に突入したとされている。要は鎌倉府体制の解体だった。鎌倉公方は足利成氏の古河公方（一四五五年）と義政の弟政知の堀越公方（一四五七年）に分裂した。東国には二つの公方家が登場したことになる。前者は東国武士団の根強い支持を基盤とし、後者は駿河の今川氏*などの親京都派の勢力を背負っていた。

＊今川氏は三河を拠点とした足利一門で、今川了俊《りょうしゅん》（貞世《さだよ》）が鎮西鎮圧で尊氏の信任を得て駿河の守護大名として成長した。上杉禅秀の乱では幕府の要請で持氏を援助した。この享徳の乱でも同じく幕府の追討軍として鎌倉の成氏を攻撃し、これを下総古河へと追撃、大きな武功をあげた。

応仁・文明の乱と戦国社会――一四〇〇年代後期

応仁の乱以後の幕府

まず①の幕府内部の事情については、応仁の乱後の混迷のなかで室町将軍体制は揺らぎはじめる。義政以後、義尚・義稙《よしたね》・義澄《よしずみ》へとつながる流れは、三管領家の一つ細川氏の権力掌握のなかで新しい局面をむかえる。

②の東国の動勢では、この段階は古河・堀越両公方家の分立にくわえ、関東管領家の山内・扇谷の両上杉氏の内部分裂が表面化した。さらに新興勢力の伊勢宗瑞《いせそうずい》（北条早雲《ほうじょうそううん》）が伊豆・相模をへて進出し、「鎌倉」体制の崩壊が決定的となった。

以下、この二つについて考えると、①に関しては一四七三年（文明五）、義政についで将軍となった義尚は、応仁の乱後、近江守護六角高頼《ろっかくたかより》を追討しようとしたが（一四八七年）、失敗し幕威の低下を招いた。管領家にあっては細川勝元《かつもと》の死後、子の政元《まさもと》が畠山・斯波《しば》両氏の力をおさえ勢力を強化した。

義尚の死後、将軍を継いだのは義視の子義材《よしき》（義稙《よしたね》）だったが、政元のためにわずか三年余りで更迭され、これにかわって義澄（初名義高《よしたか》）が将軍に擁立された（一四九三年）。政元のクーデターで将軍の廃絶がなされたように、将軍の地位は強大な守護大名に左右されるに至り、将軍（幕府）の求心力は急速に低下した。

新将軍義澄の父は伊豆の堀越公方政知だった。政知は京都幕府の政元と連携し、子の義澄を将軍にすることで、弱体化した関東の公方（堀越公方）の威信回復につなげようとした。この時期、東国と京都の政情は、これまで以上に密接なつながりを有した。政知の構想では、嫡男茶々丸の異母弟潤童子《じゅんどうじ》（母円満院《えんまんいん》）を後継と考えていた。これが茶々丸を刺激し、政知死後の茶々丸の異母弟殺害につながった。

後に述べるが、伊勢宗瑞による伊豆への侵攻は、政知死後の明応期（一四九二～一五〇一）の混乱に乗じたものだった。将軍義澄と母を同じくする潤童子の殺害で、茶々丸打倒は将軍（幕府）の力を後楯とする弔合戦としての様相をおびたわけで、そうしたことが宗瑞の伊豆への侵攻を容易にさせたことになる。

話が東国の場面にまで広がり、北条早雲の登場にいたったが、それにふれる前に②に関する東国の情況に急ぎ言及しておこう。

茶々丸の供養塔（願成就院，伊豆韮山）

東国の文明年間

最大のポイントは、長享《ちょうきょう》の乱（一四八七年）として知られる山内・扇谷の両上杉の内紛である。これ以前の文明年間（一四六九〜八七）、両上杉家は古河公方の成氏への対抗勢力として存在した。山内家は上野《こうずけ》国の白井《しらい》城を拠点に、そして扇谷家は武蔵国の河越城を拠点とした。

この時期、両家の家宰《かさい》（家老的存在）には長尾《ながお》氏と太田《おおた》氏が就任していた。長尾氏に支えられた山内上杉氏は歴代の関東管領を輩出した名族だった。一方、扇谷上杉氏は、太田道灌《どうかん》の活躍で急速に力を増大させつつあった。この時期、両上杉の代表は山内上杉氏が顕定《あきさだ》、扇谷上杉氏が定正《さだまさ》だった。

享徳の乱以後、関東は公方家と管領家の対立のなかで三〇年近くの歳月が流れていた。前述したように古河公方足利成氏の自立路線のなかで、幕府は関東管領上杉氏を対抗させるとともに、新たなる鎌倉公方（堀越公方政知）を下向させた。だがこの戦略は

山内上杉氏・扇谷上杉氏略系図

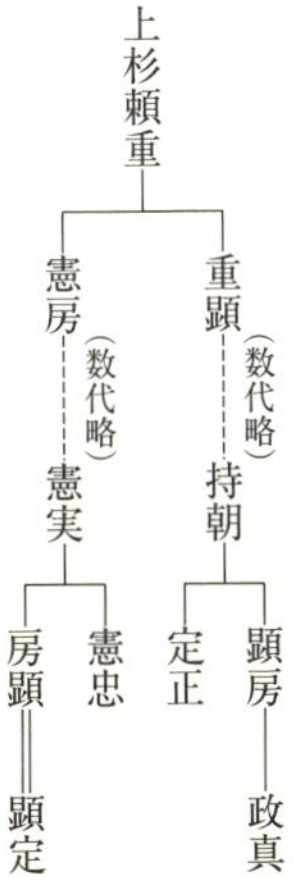

太田道灌の墓
（洞昌院，伊勢原市糟屋）

有効な手段《てだて》とはなり得なかった。

こうしたなかで一四八二年（文明一四）に、長期にわたる闘諍に終止符が打たれる。「都鄙和睦《とひわぼく》」と呼ばれる盟約である。要は幕府は「成氏が伊豆国を政知に料所として譲る」との形で手打ちがなされた。現状の追認である。別のいい方をすれば、古河公方の優位が確定したことになる。

文明年間の東国は、この「都鄙和睦」をつうじ新しい波紋も出はじめる。山内・扇谷両上杉氏は家宰の地位にあった長尾・太田両勢力が台頭、それぞれに火種をかかえていた。長尾・太田両氏は守護代たる立場で地域の国人勢力を掌握しており、その力は主家の上杉氏に脅威と映るまでになっていた。

とりわけ扇谷上杉氏の躍進のシンボル太田道灌への上杉定正の警戒感は強く、これが一四八六年（文明一八）の道灌暗殺へとつながることになる。これを皮切りに東国は再度、混乱する。

翌一四八七年（長享元）に勃発する長享の乱は、両上杉の顕定（山内）と定正（扇谷）の抗争の幕あけだった。道灌暗殺を契機としてはじまったこの乱は、公方家の権威を便宜的に利用しながら、関東諸地域の武士団を巻き込む争乱となった。

関東管領上杉氏の長享の乱は、最終的には明応段階（一四九三年）に北条早雲が介入し、終止符が打たれる。

長享段階での対立の構図は、山内家の上杉顕定と同族の越後の上杉房定の連合に対し、扇谷家の上杉定正と古河公方（成氏・政氏《まさうじ》）の連携だった。

だが、一四九四年（明応三）、扇谷家は定正が戦死し、家督を継いだ朝良《ともよし》が新興の早雲と結んだことで、公方家の政氏と敵対することになる。このことが古河公方の山内支持へとつながり、一五〇五年（永正二）、山内上杉氏の河越城攻略で扇谷上杉氏は降伏、ここに管領家の再統一が実現する。

以上、長享・明応段階における両上杉氏の動向に焦点をすえ略述した。だが、一四〇〇年代後半の東国を争乱に巻き込んだもう一つのポイントがあった。駿河・伊豆方面での伊勢宗瑞（盛時《もりとき》・北条早雲）の台頭である。太田道灌と同様、永享年間の生まれとされるこの人物の来歴は、必ずしも定かではない。

北条早雲の登場

そうした穿鑿《せんさく》は別にして、ここでは堀越公方の関連のみからの整理にとどめよう。早雲こと宗瑞（伊勢盛時）の関東への登場は、文明段階の後半から明応段階にかけてであった（五二ページの年表参照）。駿河の今川氏を足場に、伊豆そして相模方面へと侵寇を開始する。

伊豆に関して、堀越公方政知の死去（一四九一年）後の家督相続の内紛*を利用して、数年間をかけて後継茶々丸を滅亡させ、伊豆を支配下におさめた。

この間、宗瑞は伊豆の守護山内上杉と対立する一方、相模の守護扇谷上杉と連携するなど戦略を進めた。伊豆制圧後、相模へと進出した宗瑞は、やがて西相模の大森《おおもり》氏、および東相模の三浦《みうら》氏（ともに相模守護の扇谷上杉定正に属す）を滅ぼし、一五〇〇年代初頭の永正期には、相模もその配下におさめ、戦国大名のはしりとして名乗りをあげることになる。

＊　そもそも早雲の駿河下向は、姉妹にあたる今川義忠《よしただ》の室北川殿との関係によったらしい。義忠は『今川記』（『群書類従』合戦部）によれば、応仁・文明の乱で京都において活躍したが、帰国後国人一揆平定の

1400年代後半

西暦	和暦	出　来　事
1450	宝徳２	４月，長尾景仲ら，足利成氏を襲う(江ノ島合戦)
1454	享徳３	12月，足利成氏，上杉憲忠を誘殺(享徳の乱)
1455	享徳４	６月，成氏，下総古河に(古河公方)
1457	長禄１	４月，太田持資(道灌)江戸城を構築．12月，義政，弟政知を関東に下向させる(堀越公方)
1467	応仁１	５月，応仁の乱
1476	文明８	６月，長尾景春，鉢形城で上杉顕定に叛す(長尾景春の乱)
1482	文明14	「都鄙和睦」幕府と古河公方の和議
1486	文明18	７月，太田道灌殺害
1487	長享１	11月，長享の乱(山内上杉顕定と扇谷上杉定正が対立)
1491	延徳３	この年，北条早雲，堀越公方を攻略
1498	明応７	早雲，伊豆を制圧

伊豆の明応の乱関係年表

年　代	出　来　事
1476(文明８)	今川義忠，遠江の合戦で戦死，今川氏親の擁立，内紛
1487(長享１)	今川の宿老小鹿範満，宗瑞に打倒さる
1491(延徳３)	堀越公方足利政知死去(57)，茶々丸が継承
1493(明応２)	駿河，興国寺城の宗瑞が伊豆への侵攻開始
1495(明応４)	宗瑞，伊豆韮山城に拠点
1498(明応７)	茶々丸自殺，堀越公方の滅亡

北条五代の墓（早雲寺）

今川氏関係略系図

範政——範忠——義忠
　　　　　　　　‖——氏親
　　　　　　北川殿
伊勢宗瑞

途上、戦死したとされる。このため幼少の龍王丸（氏親《うじちか》）が擁立された。そのおり一族の小《お》鹿《しか》範満《のりみつ》（母は上杉政憲《まさのり》の娘）を中心とする家臣団との間に火種を宿すこととなり、調停役として早雲が甥の氏親の家督相続に尽力したという。その後、早雲は範満を攻略、その功により沼津の興国寺《こうこくじ》城を氏親から与えられた。

今川氏は元来足利一門衆で東国の出入口を扼《やく》する地勢的位置を保持し、駿河の守護に任ぜられた名族だった。その意味では幕府と常に協調関係にあり、東国の公方・管領家と将軍との仲介的立場にあった。かつて禅秀の乱で足利持氏が鎌倉を追われたとき、駿河の今川氏が幕府の援助を得て今川範政《のりまさ》が持氏を擁し、鎌倉を奪回した（『鎌倉大草紙』）。さらに享徳の乱において成氏が上杉憲忠を殺害したおりも、今川範忠《のりただ》が同じく幕府や上杉氏とともに鎌倉を回復している。

その意味では将軍義政の弟政知を公方として下向させるにさいし、この今川の力に期待したことも疑いない。ちなみに氏親以前は歴代の今川氏は京都将軍の偏諱をその実名としている。氏親の「氏」については、鎌倉公方の歴代の名である。

『今川記』によれば、堀越公方の政知は、氏満と改名したことが見えている。氏満はすでに本文でもふれたように、二代の鎌倉公方で四〇歳でその人生の過半を関東平定の戦いのなかですごし没した人物だった。政知の改名もこれにあやかることで、鎌倉殿の権威を回復しようとの意図があったという。

一四八二年以来の「都鄙和睦」で堀越公方サイドの劣勢のなかでの発案だったとの解釈もある（この点、家永遵嗣「今川氏親の名乗りと足利政知」『戦国史研究』五九号、二〇一〇年を参照）。

政知についてはすでに本文でもふれたように、この時期、子義澄が細川政元と連携、将軍に擁立されようとしていた。その限りでは政知は東国と京都両者の首長を自らの血統で固めることを構想していたと思われる。

この「氏」の字はその後、今川を母胎とした伊勢宗瑞（早雲）の子孫が共有化する。茶々丸を打倒し、堀越公方配下の家臣を吸収しつつ伊豆から相模小田原に拠点を移すさいに、鎌倉北条氏の「北条」と、鎌倉公方の「氏」の二つは、後北条（小田原北条氏）の自己認識（アイデンティティ）にとって大きかったのではないか。

それは多分に、戦国期において東国の南に位置する相模をおさえた後北条氏が、鎌倉公方（堀越公方）の継承者を自認する意識にもつながるものだった。そして、片や関東の北に位置した越後の長尾氏が、謙《けん》信《しん》の時代に関東管領上杉氏の家督を継承し、自らをその後継と自認する意識と共通するものがあった。ただし前者の後北条氏は実態が先行したし、後者の上杉氏は形式にのっとった継承の仕方という違いはあったのだが。

ともかくも、南と北に位置したこの両者の観念のなかには、公方家の部分的継承者を意識した後北条氏と、管領家を継承した上杉氏とのライバル感が潜在し、関東の争乱に種々の彩りをそえたことは否めない。

戦国への助走

扇谷家は一五〇〇年代中の天文年間に北条氏康《うじやす》に滅ぼされ（一五四六年）、山内上杉家の場合は上杉憲政が氏康に上野の平井城を逐われ、越後の長尾景虎《かげとら》（謙信）に家督を譲った。

また古河公方家のその後については、一五〇〇年代初頭の永正年間、政氏《まさうじ》―高基《たかもと》父子の対立が勃発する（一五〇四～〇八）。三度の抗争をへて高基が三代目の古河公方となった。その後、高基の弟義明《よしあき》が父政氏と連合し、下総《しもうさ》小弓《おゆみ》城（千葉市）に拠点をすえ（小弓公方）、上総武田《たけだ》氏や安房の里見《さとみ》氏の支援で地域的なブロック権力を誕生させた。

一五〇〇年代に入ると、関東は相模を拠点とした北条氏が伊豆・相模・武蔵・上野を支配、武田氏も甲斐・信濃を、さらに越後の上杉氏といった戦国大名の割拠する構図が鮮明化する。これに対し伝統的武士団たる千葉・小田・佐竹らの東国諸武士団が独自の動きを展開する。一四〇〇年代後半の助走をへて、一五〇〇年代には戦国時代が本格化することになる。

東国武士団の消長

これまで年代記風に一二〇〇年代から一五〇〇年代初頭にいたる大局を概観してきた。源平以後の東国武士団のその後を知るための骨格の提供がポイントだった。

「東国武士団の消長」を主題とする本章では、これを地域論から整理して、各有力武士団の動向について述べてゆきたい。全体から個へと目を転じたい。

一五〇〇年代に本格化する戦国時代については、とりあえず射程の外とする。以下では東国の坂東《ばんどう》八ヵ国に伊豆《いず》・甲斐《かい》をくわえた一〇ヵ国の動静を略述したい。

まずは常陸《ひたち》国では、佐竹《さたけ》氏・常陸大掾《だいじょう》氏・小田《おだ》氏の三者を取りあげよう。つづいて下野《しもつけ》国については、小山《おやま》そして宇都宮《うつのみや》の両武士団を。上野《こうずけ》国では新田《にった》氏と上杉《うえすぎ》氏を。甲斐に関しては武田《たけだ》氏をそれぞれ代表的武士団として概観する。

そして伊豆に関しては伊東《いとう》・工藤《くどう》氏を。相模《さがみ》は三浦《みうら》氏をはじめとする有力武士団を。武蔵《むさし》の場合はやはり秩父《ちちぶ》平氏《へいし》の諸勢力をはじめとする有力武士団にくわえ、武蔵七党と呼称された党的武士団にも言及する。

最後が房総（上総《かずさ》・下総《しもうさ》・安房《あわ》）の武士団である。千葉《ちば》氏や結城《ゆうき》氏を軸に上総武田氏や安房里見《さとみ》氏の動向が中心となる。

以上、一〇ヵ国の地域に限定した武士団の諸相を整理したい。これらの各武士団が時代の変革期にどのように行動し、それが時代にどう影響を与えたのか。このあたりのことを考えてみたい。

常陸国

大きく三つの有力武士団があった。常陸の中部から北部を拠点とした名族佐竹氏、国府石岡を中心に南部に展開した常陸大掾氏、そして南西部の小田氏である。最終的には佐竹氏が常陸を統合、戦国大名へと転身する。

佐竹氏は久慈《くじ》郡佐竹郷を基盤とし、清和源氏義光《せいわげんじよしみつ》流にルーツを有した。一〇〇〇年代後半の後三年合戦《ごさんねんかっせん》で兄の義家に参陣、その奥羽への干渉戦争により常陸北部に拠点を確保したのがはじまりだった。常陸大掾氏は将門《まさかど》の乱（天慶《てんぎょう》の乱）の功臣平貞盛《さだもり》の弟繁盛《しげもり》の流れに属す。これまた名族として知られる。将門の乱の再来とされた平忠常《ただつね》の乱（長元《ちょうげん》の乱）でも源頼信《よりのぶ》に助力し、常陸国衙《こくが》の有力在庁として茨城・行方《なめかた》・鹿島の諸郡を中心に広がった。

小田氏の場合、平安末期以来の佐竹氏や大掾氏の二つの武士団に比べ、鎌倉時代に台頭した新興の勢力だった。筑波《つくば》郡小田（茨城県つくば市）を拠点とした。隣国の下野の有力武士団宇都宮氏の一族八田《はった》知家《ともいえ》を祖とする。鎌倉初期の建久年間（一一九〇～九九）、知家が大掾氏の多気義幹《たけよしもと》にかわり常陸守護と

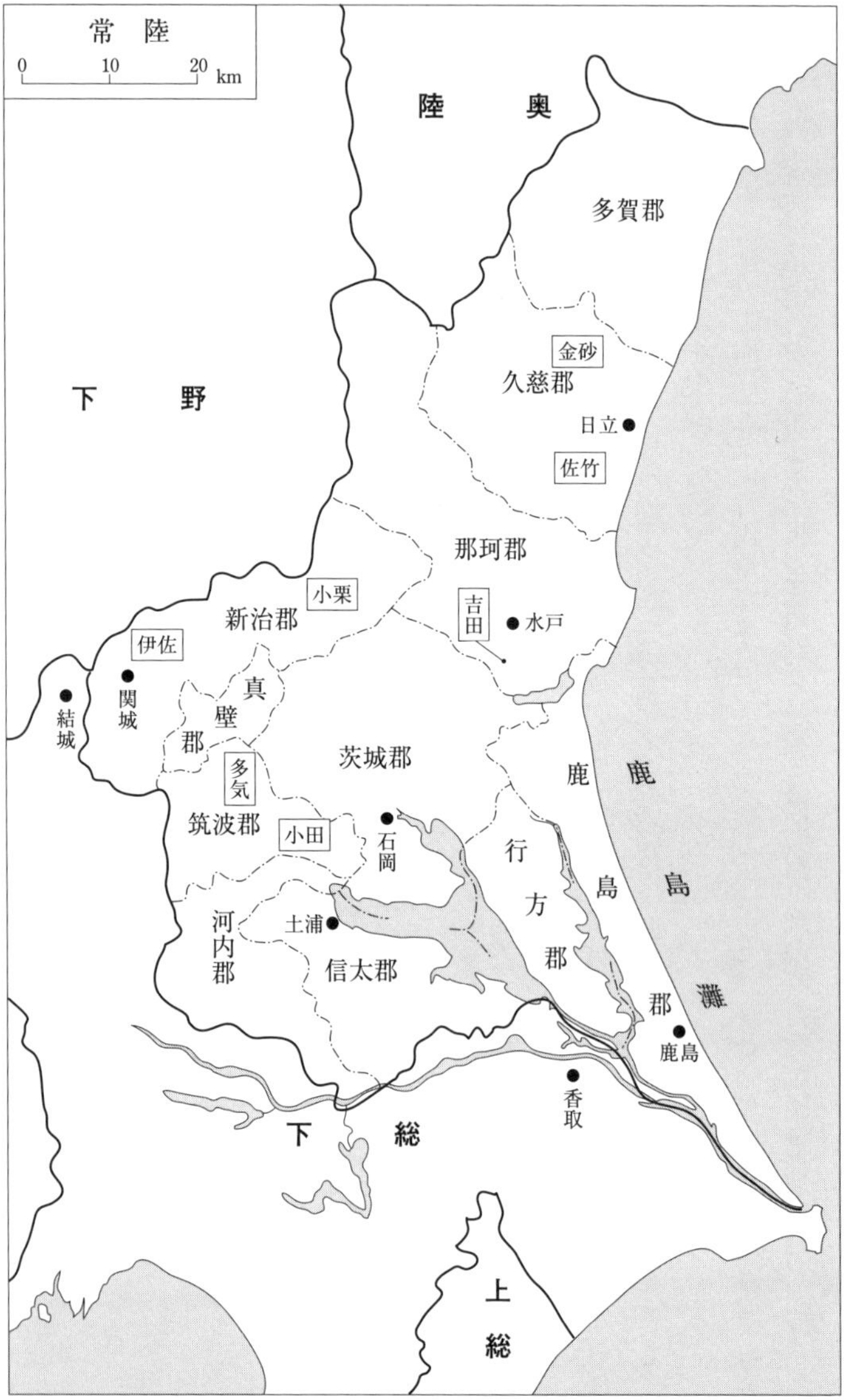
常　陸
0
10
20
km
陸　奥
多賀郡
金砂
久慈郡
日立
佐竹
下　野
那珂郡
小栗
吉田
水戸
新治郡
伊佐
関城
結城
真
壁
郡
茨城郡
多気
鹿
鹿
筑波郡
小田
石岡
行
方
郡
島
島
河
内
郡
土浦
信太郡
郡
灘
郡
鹿島
香取
下　総
上
総

なって以降、一族の宍戸《しど》氏とともに守護をつとめた。南北朝期には北畠親房《きたばたけちかふさ》を擁し南朝側に与した武士団としても知られる。

以下、代表的な三つの武士団の盛衰を略述しておく。

佐竹氏

源平争乱と佐竹氏

源平争乱期の当初、佐竹一族は頼朝への旗色を鮮明にしなかった。このため一一八〇年（治承四）一一月、頼朝軍の侵攻を受けた。この時期、惣領の隆義《たかよし》は平家に仕え上洛中で、子息秀義《ひでよし》が抗戦（金砂《かなさ》山合戦）、奥州花園城（北茨城市）へと逃亡を余儀なくされる（『吾妻鏡』）。

頼朝の常陸進攻の報のなかで、平氏側は上洛中の隆義を従五位下・常陸介《ひたちのすけ》に補任する。越後の城《じょう》氏や陸奥《むつ》の藤原秀衡《ふじわらのひでひら》への国守補任《ぶにん》と同じく、鎌倉の頼朝を封ずる戦略だった。佐竹氏はこの時期、同じ源氏ながら頼朝とは袂を別つ動きをしていた。

その後、志田義広《しだよしひろ》の乱（頼朝の叔父で為義の三男。常陸の信太《しだの》荘を拠点とした人物。信太荘は八条院領）に与同したこともあったが、平氏滅亡後は鎌倉の御家人体制に順応することとなる。一一八九年（文治五）の奥州合戦は、頼朝と敵対した勢力の仕切り直しの場でもあり、佐竹一族も秀義がこれに参陣、鎌倉殿の家人《けにん》たる立場が鮮明とされた（佐竹氏略系図参照）。

また、一二二一年（承久三）の承久《じょうきゅう》の乱《らん》でも佐竹氏は、東海道軍として参戦したことが知られる。鎌倉参陣が遅れたものの、佐竹氏はその後、奥州合戦や承久の乱などに参加、奥州や美濃《みの》方面に所領を

佐竹氏略系図

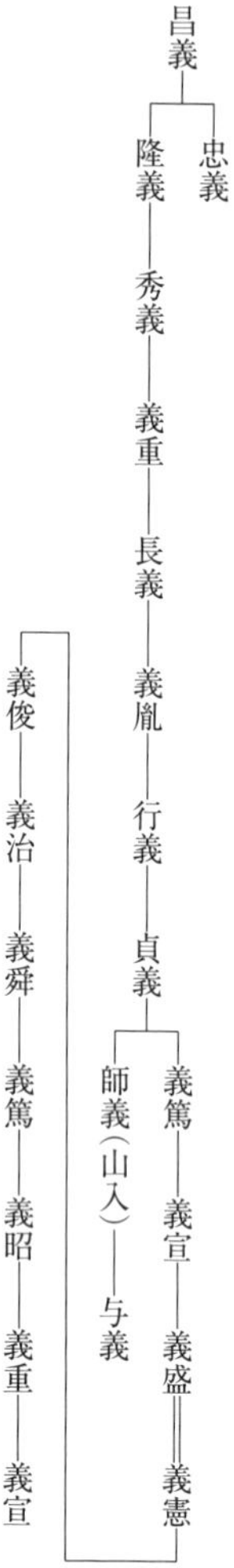

分与された。しかし、鎌倉期を通じて佐竹氏の勢力は、八田（小田）が常陸守護に任ぜられたこともあり、雌伏の時期となった。

南北朝と佐竹氏の動き

鎌倉末・南北朝期は、その佐竹氏が足利氏と共同歩調を取ることで飛躍の段階をむかえる。略系図では貞義《さだよし》以降の時代である。一三〇〇年代の常陸での戦いは、建武《けんむ》体制からの脱却をめざした尊氏《たかうじ》の北朝党と、これに抗する南朝党が国内を二分した。

佐竹貞義は尊氏・直義《ただよし》側にいち早く参陣、常陸国の守護を保証される。一三三五年（建武二）一一月、貞義は北畠顕家《あきいえ》の奥州軍を甕《かめ》の原（日立市）方面で迎撃する。佐竹氏はこれにより、足利勢力の対奥州への橋頭堡《きょうとうほ》を担うことが期待された。激戦の末、那珂通辰《なかみちとき》の顕家軍への参陣もあり、佐竹勢は敗走にいたった。その後、常陸北部の戦線は南朝側の瓜連《うりづら》城の攻防戦へと移行、翌一三三六年、佐竹側がこれを奪った。

常陸北部を制圧した佐竹勢力は、南朝側の拠点たる常陸南西部に向かう。この時期、常陸中部から東部を拠点とした大掾氏も尊氏側に属していたため、これと協同しつつ、小田治久《はるひさ》＊らの南朝勢力と対決した。

貞義の子義篤《よしあつ》の時代は、南朝側の東国方面での失地回復が活発化する。顕家戦死後（一三三八年）、親房による東国経略のテコ入れだった。常陸合戦とよばれる五年間におよぶ南北両党の戦いで、足利側は高師冬《こうのもろふゆ》（師直《もろなお》の子）を関東執事《かんとうしつじ》として東下させた。

佐竹一族は大掾氏とともにこれに加勢し、小田城以下、関《せき》・大宝《だいほう》の諸城を攻略した。佐竹氏は観応《かんのう》の擾乱《じょうらん》にさいしても、直義党の上杉憲顕《のりあき》と戦い、尊氏与党としての立ち位置は変わらなかった。

また義篤は、観応の擾乱後の武蔵野合戦・笛吹《ふえふき》峠合戦などでも、終始尊氏側に参戦しており、『太平記』（巻三一）に「佐竹右馬助」としてその名を確認できる。

＊小田城の小田治久は宇都宮流の八田氏の流れ。治久は吉野内部での和平派の台頭のなかで、戦闘意欲を喪失し高師冬に降伏した。その後、常陸での抵抗主体は親房を擁した関城の関宗祐《せきむねすけ》・宗政《むねまさ》に移る。関氏は秀郷《ひでさと》流《りゅう》藤原氏の結城《ゆうき》朝泰《ともやす》の流れに属す。大宝城は下妻《しもつま》氏の拠城で、これまた秀郷流小山氏の流れに属した。

佐竹氏と小山氏の乱

ついで義宣《よしのぶ》時代のポイントは、小山義政《おやまよしまさ》・若犬丸《わかいぬまる》の乱《らん》にさいしての難台山《なんだいさん》合戦だ（西茨城郡岩間）。南朝勢力が鎮静化した一三〇〇年代後半、鎌倉府体制が構築されつつあった。二代の鎌倉公方氏満《うじみつ》の時代、隣国下野で小山氏が南朝与党と称し挙兵するが、佐竹氏はその鎮圧を命ぜられる。長期におよぶ戦いで若犬丸が小田孝朝《たかとも》と難台山で協同戦線をはり、鎌倉府に対峙した。常陸守護の義宣が鎌倉府の命を受けこれを鎮圧した。

この義宣時代は鎌倉府体制が常陸にも浸透し、これと協調する佐竹氏の一国支配が確立する。ライバル大掾氏もこの時期は衰退し、佐竹氏は水戸を中心とする中部・東部方面への発展が可能となった。

佐竹氏の試練

つづく義憲《よしのり》の時代は、佐竹氏が大きな試練に見舞われる。「中世東国の年代記」で指摘した一四〇〇年代前半の上杉禅秀《うえすぎぜんしゅう》の乱《らん》（一四一六年）、永享《えいきょう》の乱そして結城合戦とつづく戦闘は、佐竹一族を揺るがすことになる。

佐竹の嫡流義盛《よしもり》の死後（一四〇七年）、後継は鎌倉公方持氏《もちうじ》の後押しで上杉憲定《のりさだ》の次男義憲がついだ。一門の山入《やまいり》氏はこれに異論を呈し上杉禅秀に与同した。禅秀は公方持氏や管領の山内《やまのうち》上杉憲定と対立関係にあったからだ。この禅秀の乱にさいしては、惣領家としての義憲の鎮圧の功もあり、鎌倉府の評《ひょう》定衆《じょうしゅう》の頭人となり鎌倉府の安定に寄与した。

その後、公方持氏と幕府側との対立のなかで、義憲は公方側に与力する。持氏滅亡後はその延長たる結城合戦においても、鎌倉公方体制を維持しようとする結城氏朝軍に加勢した。＊この結果、幕府と敵対し追討を受けるが、嘉吉《かきつ》の乱での義教横死で難をのがれた。

＊鎌倉府の基盤整備として、三代目の鎌倉公方満兼《みつかね》の時代に、「関東八館《かんとうはちだて》」制を設定した。京都の三管領・四職《しき》の制に対抗し、東国武士団の家格を制定したものだった。常陸にあっては佐竹と小田氏が、下野では小山・宇都宮・那須・長沼の諸氏が、下総では結城・千葉がそれぞれ任ぜられた。

他方、幕府側では鎌倉公方の独走をコントロールすべく「京都御扶持衆《ごふちしゅう》」を設け、対抗させた。佐竹氏に関しては惣領の義憲が公方側として鎌倉府体制維持の動きをすれば、庶子家の代表山入氏側は「京都御扶持衆」たる立場で対抗する。結城合戦は、この惣庶関係の一族内の対立と関東の鎌倉府と京都の幕府の対立が重なっている。

享徳以後の佐竹氏

一四〇〇年代半ばに勃発した享徳《きょうとく》の乱は、関東大乱と称されるほどの深刻さをもたらし、これが戦国時代の助走を画することはすでにふれた。佐竹氏は義憲以後、その家督をめぐり実定《さねさだ》（義憲の子で上杉憲実の養子）・義俊《よしとし》兄弟との対立があり、その後の義治《よしはる》の時代にいたり、国人《こくじん》勢力や譜代衆たる江戸氏や小野崎氏らの自立化のなかで多難な状況に直面する。

この間、古河公方成氏《しげうじ》に与力する義治と、これに敵対する一族の山入氏との抗争はつづけられた。一五〇〇年代に入り義舜《よしきよ》の時代は、古河公方家内部での内紛（永正《えいしょう》の乱）が長期化する。政氏《まさうじ》・高基《たかもと》父子の対立のなかで、小山氏の助勢を乞うた政氏が義舜にも援軍の要請をしている（一五一二年）。

その後義昭《よしあき》の時代には、小田原北条氏の台頭のなかで劣勢を強いられた山内上杉氏の憲政《のりまさ》が家運回復に向け、この義昭を養嗣とすべく、上杉の名跡と関東管領《かんとうかんれい》の譲与を打診するが、源氏の血脈を自負する義昭はこれを拒んだとされる。

戦国争乱の義重《よししげ》の時代は、北関東の名族たる矜持をかけ、宇都宮氏らとともに北条の進攻を阻止、来るべき秀吉時代に備えることになる。

大掾氏

天慶の乱の功臣

大掾氏は佐竹氏とともに、常陸の名族として知られる。[*1] すでにふれたように、天慶《てんぎょう》の乱の功臣の子孫として在庁の大掾職《だいじょうしき》を家職として世襲、略系図に見るように、多気《たけ》・吉田・鹿島《かしま》・下妻・小栗《おぐり》などの郡郷に一族が広がった。

志田義広《しだよしひろ》の乱で多くの大掾一族が与同したため所領を没収されている。頼朝の叔父として信太荘（茨

大掾氏略系図

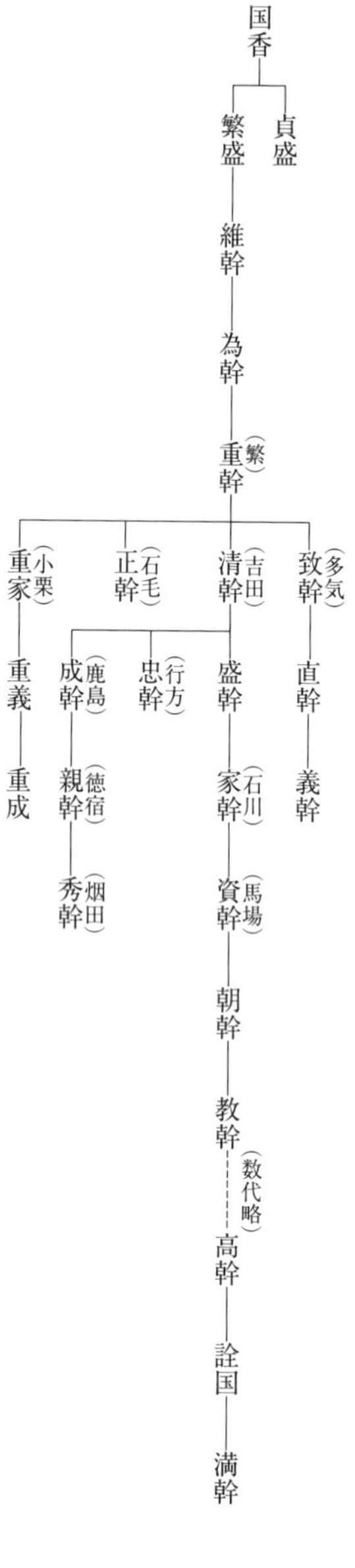

城県稲敷郡桜川）を拠点とした義広は、八条院領の預所的地位にあり、貴種的立場から中央とのパイプもあったらしい。地域的に大掾氏の勢力と重なっていたこともあり、この一族は頼朝への参陣につまずいた。

西海での平氏追討戦や奥州合戦で、大掾氏は一族をあげて内乱の時代を漕ぎぬく。『吾妻鏡』には一族の鹿島政幹《まさもと》・宗幹《むねもと》らが、義経に従軍していたことが記されている。大掾氏の惣領は致幹《むねもと》以来多気郡を基盤とした。

この致幹の孫義幹《よしもと》の時代に二つ目のつまずきがあった。新興勢力の八田（小田）氏による攻勢である。頼朝への旗色を鮮明にし、当初より常陸守護の立場にあった八田知家が一一九三年（建久四）の富士の巻き狩りにさいし、義幹の鹿島社遷宮造事役の遅滞の件を報じた。あわせて義幹は曽我事件での参陣拒否の件を知家によって作為的に報告されたため没落する（『吾妻鏡』）。これにかわり、大掾氏の宗家の地位を継承したのは、多気重幹《しげもと》の次男の系統に位置した馬場資幹《ばばすけもと》だった。[*2]

*1　天慶《てんぎょう》の乱の功臣である貞盛流、そして繁盛流の末裔たちは、多く東国を拠点とした。かれらは「兵」（つわもの）として、『今昔物語《こんじやくものがたり》』その他にしばしば登場する。一般にそうした存在は「辺境軍事貴族」と概念化されている。

とりわけ常陸国は繁盛流の基盤となった地域で、維幹《これもと》（惟基）は、『今昔物語』に平忠常《たいらのただつね》の乱の平定に源頼信とともにかかわった人物として登場する。

さらにその子為賢《ためかた》は新治《にいはり》郡伊佐《いさ》荘を拠点とした伊佐氏の祖とされる人物でもある。伊佐氏の祖については山陰《やまかげ》流藤原氏に出自を有するとの説もあるが（『姓氏家系大辞典』）、この大掾氏をルーツとするとの理解が一般的とされる。伊佐氏は頼朝の奥州合戦に参陣、その功で奥州の伊達《だて》郡に地頭職《じとうしき》を与えられ、東北の戦国大名伊達一族の祖に位置する。

ちなみに流祖の為賢《ためかた》については、一一世紀初頭に北九州に襲来した刀伊《とい》入寇事件（一〇一九年）で活躍、「府止無武者《ふのやんごとなきむしゃ》」の一人として登場する（『小右記《しょうゆうき》』『朝野群載《ちょうやぐんさい》』などを参照。なお、この点については拙著『武士の誕生』参照）。

為賢の鎮西下向はおそらく、この刀伊事件で活躍した藤原隆家《たかいえ》（関白道隆《かんぱくみちたか》の子で、大宰帥《だざいのそち》として陣頭指揮にあたった）に従ってきたものと推測される。当時天慶の乱の功臣のなかには、公雅《きみまさ》流平氏のように、京都におもむき、「都ノ武者」として活躍した「兵」もいた。

為賢の場合は繁盛流だが、その動きは京都から鎮西へとかなりの流動性と広域性を有していた。こうした関係で為賢の子孫は北にのびて伊達氏へとつながる勢力もあれば、南の鎮西・肥前にのびて松浦《まつら》党へと広がる流れもあった。地域領主（在地領主）として為賢の行動に見られるように、一一世紀初頭くらいまではかなりの広域的活動を有しており、それが「兵」たる軍事貴族の性格でもあった。地域領主としての武士・武士団の成立は、そうした「兵」的側面を脱却することで始まる。

＊2　大掾氏が相伝した大掾職は、公武兼帯職とされるもので常陸武士団のシンボリックな要素も随伴した。新興武士団の八田氏は、守護職とともにこれを手中におさめることを渇望した。

頼朝は多気義幹の惣領職（大掾職）を没収し、これを一族ではあるが別系の馬場氏に新恩給与することで、八田氏の強大化を制するとともに、国衙有力在庁たる大掾氏を幕府体制に包摂することを企図した。本領安堵という形で多気氏に相伝させた場合の影響を推しはかっての判断だったろう。

常陸の場合、守護の八田氏と在庁（大掾職）の大掾氏の両者による、二重体制がその後も継続された。他の諸国が多く守護による国衙支配の吸収という流れであるのとは、様相を異にする。

南北朝と大掾氏

資幹以降の大掾氏の動向として、一三〇〇年代以降の鎌倉末・南北朝が注目される。大掾氏の庶流のなかには、小田氏と連携し早くから新田側に参じた一族もいた。すでに六二ページの佐竹氏の項でふれた一三三六年（建武三）の瓜連《うりづら》城の戦闘では、足利側の佐竹氏と交戦しており、建武政権への意志を表明していた。

だが、足利氏優勢の状況のなかで、大掾氏は方向転換を余儀なくされる。惣領の高幹を中心に府中石岡城で、南朝の小田氏に抗戦している（一三三八年）。この時期、大掾氏の庶流で鹿島一族に属した烟田《かまた》氏の戦いぶりが「烟田文書」（これについては『烟田氏史料』中世史料編、鉾田町史編さん委員会編、一九九九年）に残されている。惣領大掾氏と歩調を同じくしたもので、前述した北畠親房の常陸合戦（小田城・関城・大宝城）において、その攻略の様子が語られている。

高幹についてはその後、鎌倉公方基氏に近仕し、「鎌倉府奉公衆」の立場だった。一三六四年（貞治三）に「関東御所近習《きんじゆう》」の一人として、「沙弥浄永」の名で六波羅蜜寺《ろくはらみつじ》再建にさいし馬を献上している（『税所《さいしょ》文書』）。またその子詮国《あきくに》の時代には、鎌倉府が大田文《おおたぶみ》の提出の職責を与えており、鎌倉府との良好な関係が推測される。

大掾氏と禅秀の乱

そして大掾満幹《みつもと》の時代、岐路がおとずれる。大掾家の惣領満幹は「京都御扶持衆」として動く。前述の上杉禅秀の乱における満幹の与党化だ。一四〇〇年代前期のこの騒乱で、禅秀に味方したのは、武田・千葉・岩松・那須の諸氏で、常陸にあっては佐竹の一門の山入氏、そして小田持家・大掾満幹だった。図を参照すればわかるように、それぞれが婚姻ネットワークで結ばれている。

在庁系武士団の大掾氏の選択は、反持氏（反公方派）としての行動だった。山内上杉の血脈を導入（義憲の佐竹入り）することで、鎌倉府体制に順応し守護たる立場を堅持する佐竹とは、やはり異旗を立てざるを得なかった。この在庁系と守護系の対抗関係が両武士団対抗の背景にある。

禅秀の乱での敗北で満幹は苦境に立たされ、その所領も府中（石岡）の枠内に権限が縮少させられる。その後、公方持氏の禅秀与党に対する報復が強まってゆく。特に「京都御扶持衆」への強圧は激しくなる。室町将軍義持《よしもち》が死去、ついで義教の時代になると、この持氏との対立が激化し、これにともない親幕派に対する持氏の攻撃もエスカレートするにいたる。大掾氏の一門で、「京都御扶持衆」の代表格小栗《おぐり》氏の拠点小栗城も、持氏の攻撃で陥落することになる（一四二一年）。

一四二九年（永享元）一二月、この満幹は鎌倉雪ノ下の大掾氏邸を持氏に急襲され、殺された。これ

諸氏の婚姻ネットワーク

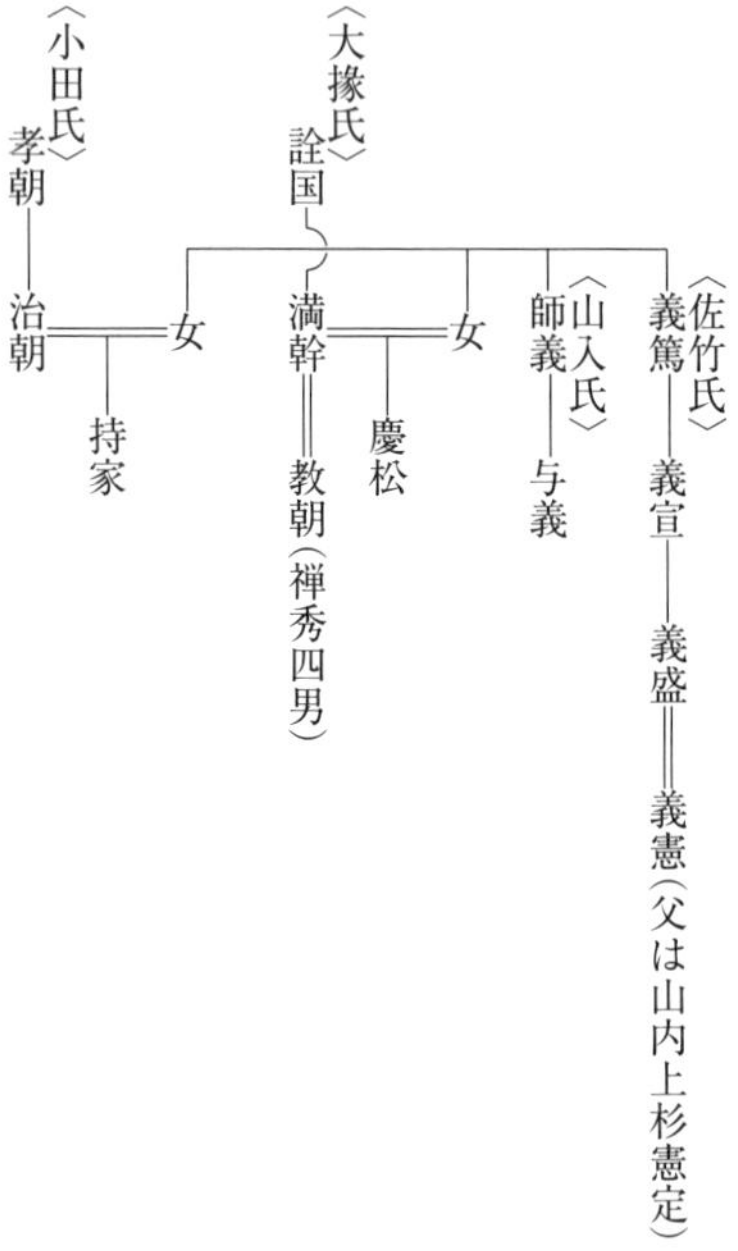

以前、大掾氏の拠点だった水戸城も佐竹配下の江戸氏に奪われ、大掾氏の斜陽化が進んでいた。

いずれにしても大掾本宗満幹父子の滅亡は、家運隆盛のもくろみとは別に、その後の大掾一族の衰退を決定づけたことになる。

以上は大掾氏主流の動きだが、庶子家は必ずしも歩調をともにしていないようだ。以前にふれた鹿島・烟田氏の一族は、禅秀の乱にさいしては、公方持氏側に参戦した。*

＊ このような本宗大掾氏の動きとは別に、庶子家は独自の動きが見られた。前述した鹿島・烟田一族は今日まで残されている諸種の軍忠状《ぐんちゅうじょう》などから、禅秀の乱にさいしては大掾満幹とは別に、持氏側に参じている。『鎌倉大草紙』や『烟田文書』（「烟田遠江守幹胤軍忠状」）などからもこのことを推測できる。

小田氏

源平争乱と小田氏

小田氏の場合、それぞれの政治変動にさいし、佐竹氏とは反対の立場が少なかった。これは守護職の争奪がかかわっている。鎌倉時代に常陸守護だった八田（小田）氏は、室町時代には守護職を佐竹氏に掌握された。両者はライバルだった。常陸の三つの有力武士団のうち佐竹氏と小田氏はそれぞれに概して旗色鮮明だったのに比べ、大掾氏はすでに見たように状況主義がうまく作動せず、衰運を招く結果となった。

小田氏の祖は隣国下野《しもつけ》の宇都宮宗円《そうえん》に始まる。遠祖は粟田関白《あわたのかんぱく》として知られる藤原道兼《みちかね》（道長《みちなが》の兄）と伝える。玄孫の知家の時代に小田氏を称した。略系図からもわかるように庶流に茂木《もてぎ》・宍戸《ししど》・中条《ちゅうじょう》などの一族がいる。

知家は頼朝から常陸守護を与えられ、一族の発展の基礎をきずいた。知家の姉妹に寒河尼《さむかわあま》（頼朝《よりとも》の乳母、小山朝政《ともまさ》・結城朝光《ゆうきともみつ》の母）がいる。治承《じしょう》・寿永《じゅえい》の乱では知家は源範頼《のりより》軍に属していた（『吾妻鏡』）。また以前にもふれた志田義広《しだよしひろ》の乱では小山一族とともにその討伐軍に参じ、論功行賞で大掾一族の拠点たる筑波郡の地を与えられ、常陸進出の足場をきずいた。

その後、文治年間（一一八五〜九〇）には同国の守護的地位にあったようで、例の一一九三年（建久四）の多気《たけ》大掾義幹《よしもと》事件でその地位を決定的なものとした。頼朝の猶子《ゆうし》とされる知家は下館《しもだて》にある八田の地から、筑波郡の小田の地に移りここに居館を構えた。そのため惣領家は小田を称するようになるが、以後の一族は北条得宗家の偏諱《へんき》を実名《じつみょう》にしており、概して良好な関係を維持した（泰知《やすとも》・時知《ときとも》・宗知《むねとも》・

小田氏略系図

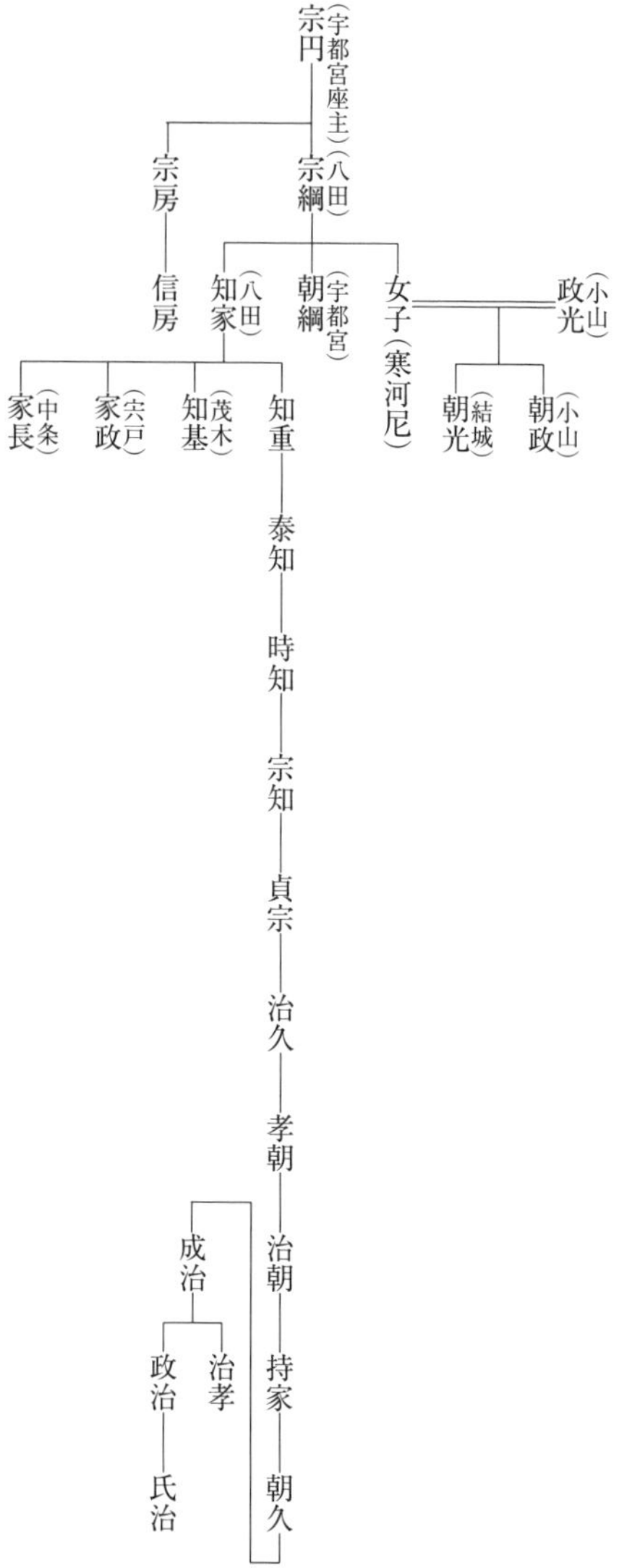

貞宗《さだむね》など）。

小田氏にとって、名族大掾氏が帯有していた大掾職の領有は望みの的だったらしく、大掾職の補任《ぶにん》要請などを幕府におこなっている。

南北朝以後の盛衰

一族のターニングポイントはやはり元弘・建武の乱だった。鎌倉末期の貞宗《さだむね》の時代には一族の内紛で守護職を失い、本領筑波郡や北部の諸郷の領有にとどまった。

その後の治久《はるひさ》（初名高知《たかとも》）は幕命で陸奥《むつ》の安東氏の乱を鎮圧、幕府滅亡にさいし常陸に配流《はいる》されていた万里小路藤房《までのこうじふじふさ》の帰洛に同道し、建武政府に従った。そのため北条氏に没収された守護職は再び安堵されたが、旧領の多くは足利氏の手中に帰した。守護職もその後足利氏により佐竹一族に安堵されることとなり、治久は瓜連城合戦でいち早く建武政権側に参戦、佐竹氏と戦った。

すでにふれたように、一三三八年（暦応元・延元三）の北畠親房《きたばたけちかふさ》を擁しての常陸合戦では、関東の南軍の中心として小田城で高師冬《こうのもろふゆ》以下の北軍と戦ったが、その後、足利側の軍門に降った小田勢は関《せき》・大宝《だいほう》城の包囲戦に参戦した。しかしながらこの足利側への参陣も遅きに失し、守護職の回復はかなわなかった。

小田氏と古河公方

治久の子孝朝《たかとも》の時代、小山義政の乱（一三八〇年）にさいし、その鎮圧に武功をあげた。しかし鎌倉公方足利氏満の処遇を不満として、若犬丸の挙兵のおりには、これに与同し男体山《なんたいさん》合戦（常陸、宍戸）で上杉朝宗《ともむね》らの討伐軍と戦った。その後、降伏し赦された。

小田城跡

関城跡

つづく持家《もちいえ》は結城合戦（一四四〇年）のおりに幕府側に参戦、その子朝久《ともひさ》の時代には享徳の乱（一四五四年）において、古河公方足利成氏に従い古河を守備した。その後、氏治《うじはる》の時代には、古河公方家の二代政氏《まさうじ》とその子高基《たかもと》との間での内紛（永正の乱）が勃発、氏治は高基側に参じ一五一六年（永正一三）に土浦城を占領した。

一五〇〇年代後半の関東は、北条と越後上杉との対抗の場となったが、小田氏は最終的に北条側に立ち、佐竹義重《さたけよししげ》の軍勢と対峙、一五六九年（永禄一二）の片野・手這《てはい》坂などの合戦で敗退する。この結果、小田氏は衰亡することになった。

下野国

下野武士団として著名なものは、やはり小山・宇都宮の両勢力だろう。小山氏には長沼《ながぬま》・結城・薬師寺《やくしじ》諸氏が分出、東部から隣国下総にかけて広がった。源平内乱期に活躍する下河辺《しもこうべ》や大河戸《おおかわど》氏、さらに南北朝期の関《せき》氏や下妻《しもつま》氏は、いずれもこの小山氏と同族だった。天慶《てんぎょう》の乱の功臣藤原秀郷《ひでさと》を祖とする名族で、後述するように、その動向は幾多の騒乱事件にあって注目される。

宇都宮氏も同様だ。氏家《うじいえ》・塩谷《しおや》・芳賀《はが》・益子《ましこ》の諸氏を分出、下野中央部に勢力を有した。伝承では粟田関白《あわたのかんぱく》として知られる道兼《みちかね》を流祖としている。下野国一宮《いちのみや》だった宇都宮の社家でもあり、小山氏とは婚姻関係で深く結ばれていた。婚姻関係といえば和歌の家として知られる冷泉《れいぜい》家との血脈を有し、鎌倉期には宇都宮歌壇を形成したことでも知られる。小山氏と同様、室町期には「関東八館《かんとうはちだて》」の一つに数えられ、旧族領主層の代表的存在だった。

この両氏以外にも、下野東北部の那須《なす》郡を拠点にし

秀郷流藤原氏

秀郷——千常（数代略）……成行（足利大夫）——成綱——家綱——忠綱

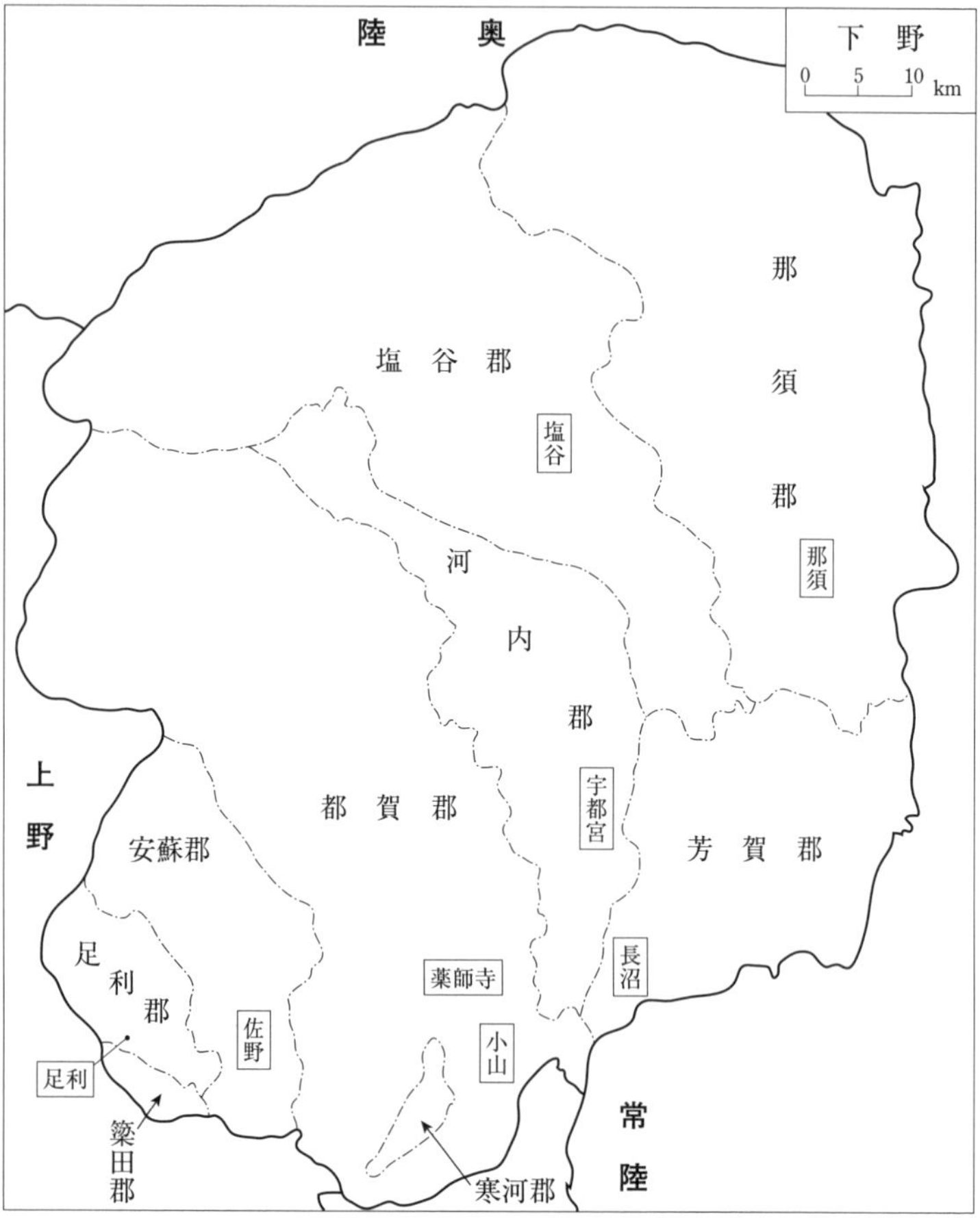
陸　奥
下　野
0 5 10 km
那
須
郡
那須
塩　谷　郡
塩谷
河
内
郡
宇都宮
上
野
都　賀　郡
安蘇郡
芳　賀　郡
足
利
郡
足利
佐野
薬師寺
長沼
小山
簗
田
郡
寒河郡
常
陸

た那須氏もいる。『平家物語』の屋島《やしま》合戦での那須与一宗隆《よいちむねたか》の存在はあまりに有名だろう。「那須衆」とか「那須七騎」など南北朝・室町期の諸史料に見え、一族に福原《ふくはら》・千本《せんぼん》・伊王野《いおうの》などの諸氏や大田原《おおたわら》・大関《おおぜき》氏がいたという（『姓氏家系大辞典』）。

そして、この下野が輩出した最大の勢力は何といっても足利一族である。よく知られていることだが、足利の地を名字とする勢力には、秀郷流の藤原氏の系統と源氏の足利氏の両者があった。後者については既にふれたので（二二ページ参照）、ここでは秀郷流に関して指摘しておく。

この足利氏は、小山氏とともに、「一国の両虎」（『吾妻鏡《あずまかがみ》』）と称されるほどの有勢者だった。源平争乱期に平家方の武将として活躍、『平家物語』や『吾妻鏡』にも足利又太郎忠綱《ただつな》の名はしばしば登場する。特に一一八〇年（治承四）の以仁王《もちひとおう》の挙兵にさいし、宇治川合戦で頼政と戦ったことは有名である。本流の足利氏は忠綱が頼朝に滅ぼされるが、この一門には大胡《おおご》・園田《そのだ》・深栖《ふかす》・山上などの諸氏が輩出した。

小山氏

名族小山氏

小山氏は都賀《つが》郡の寒河御厨《さむかわのみくりや》（小山荘）を本貫とした。略系図を参照すればわかるように、小山氏の祖政光《まさみつ》の妻寒河尼は頼朝の乳母でもあり、宇都宮氏の出身である。有力在庁の小山氏の所領は国府周辺に散在し、その家職たる「大介職《おおすけしき》」は平安末期以来、同一族が相伝したもので、鎌倉時代を通じて下野守護としての地位を担う条件が整っていることもわかる。*『吾妻鏡』にも語られている小山氏の来歴は平安期以来、検断《けんだん》系の押領使《おうりょうし》の職責を担う有力在庁の家系だった。

小山氏略系図

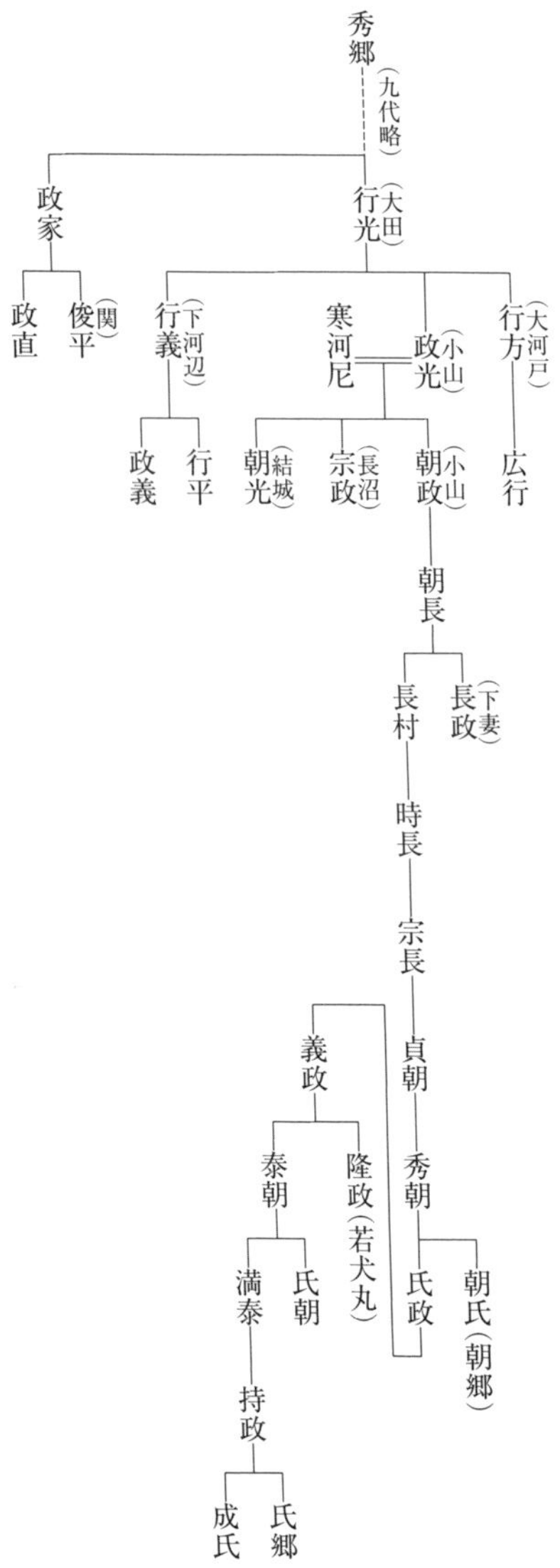

以下略系図にしたがって政光以降の流れについてふれることとする。

＊　有力在庁と守護との連続性について言及した石井進氏は、かつて小山氏の下野国内の所領分布に言及し、「『守護領』の内容をみると、その名字の地であり『重代の屋敷』である寒河御厨＝小山荘を中核としながら、所領群はいずれも国府を中心とする『国府郡』およびごく近傍の地帯に展開しており、『古国府・国分寺敷地・惣府敷地』など、国衙《こくが》機構との密接な関係なしには考えられぬ地域をふくみこんでいる」と指摘している（『日本中世国家史の研究』岩波書店、一九七五年、四三七ページ）。

鎌倉期の小山一族

まずは朝政《ともまさ》である。頼朝軍に参じ武功を立てたことで、下野の守護職に補任された。一一八三年（寿永二）の志田義広《しだよしひろ》の乱には、一族結束してこれにあたり、その賞として村田下荘《むらたしも》（常陸《ひたち》）・日向野郷《ひがの》（下野）の地頭職を与えられている。また西海合戦では範頼軍に属し、その後は奥州合戦《おうしゅうかっせん》に従軍している。さらに一一九〇年（建久元）の頼朝上洛に供奉《ぐぶ》し、翌年には播磨《はりま》守護に任ぜられた。承久《じょうきゅう》の乱にさいしては、宿老《しゅくろう》として鎌倉にとどまった。八四歳の長寿を保ち、小山氏発展の礎をきずいた。

後継の嫡子朝長《ともなが》は承久の乱で上洛軍にあったが、父に先立ち死去したため、朝長の子長村《ながむら》に一族の所領が譲与された。ここには下野の権大介職《ごんのおおすけしき》をはじめとした下野国内の所領・所職以外にも武蔵《むさし》・陸《む》奥《つ》・尾張《おわり》・播磨《はりま》などにも所領があったことが譲状《ゆずりじょう》から知られる（寛喜二年二月二〇日譲状）。

鎌倉期をつうじ北条得宗《とくそう》家の偏諱《へんき》が一族の実名《じつみょう》に見られることは、系図が示すとおりだ。幕閣への参加では、門流の結城朝光が泰時《やすとき》時代に評定衆《ひょうじょうしゅう》に加わったことが『吾妻鏡』に見えており、小山氏の場合も鎌倉末期の貞朝《さだとも》が評定衆であった。

多くの東国武士団に共通するように、鎌倉末・南北朝期の動乱がその浮沈を決定づけた。この小山氏の場合もそうだった。

小山氏の南北朝

貞朝の子秀朝《ひでとも》は、幕府軍にくわわり、下野守護として一三三一年（元弘元）後醍醐《ごだいご》天皇がこもる笠置《かさぎ》攻めをおこなっている。その後新田義貞《にったよしさだ》の挙兵で討幕に参じ、建武政権下では下野守に任ぜられた。やがて一三三五年（建武二）中先代《なかせんだい》の乱《らん》では、鎌倉攻略を企図する北条時行《ときゆき》軍を武蔵府中で迎撃したが、この戦いで秀朝は敗死した（『梅松論《ばいしょうろん》』『太平記』）。

秀朝の子朝郷《ともさと》（『尊卑分脈《そんぴぶんみやく》』では秀朝の弟高朝《たかとも》の子）は初名朝氏《ともうじ》と称した。足利政権下で下野守に任ぜられたが、守護職はこの時期弟の氏政《うじまさ》であったようだ。一三三五年（建武二）、箱根竹ノ下の合戦で敗走する新田義貞の軍勢を黄瀬《きせ》川で迎撃したことが、『太平記』に見えている。一三三七年冬の北畠顕家《きたばたけあきいえ》軍の攻勢で小山城が陥落、朝郷は生虜《せいりよ》されるが、一門の結城氏の助命嘆願で難をのがれた。

その後、北畠親房《ちかふさ》の常陸合戦にさいしては、南軍派に傾きつつも結城氏とともに形勢を傍観、旗色を鮮明にしなかった。一三四一年（暦応四）、前関白近衛経忠《このえつねただ》と協力しながら藤氏一揆《とうしいっき》を組織、自らも「坂東管領《ばんどうかんれい》」と称し、経忠を軸に新たな構想を模索する。護良親王《もりよししんのう》の子興良《おきよし》を小山城に迎えたうえでの

小山氏の居城鷲城跡

小山城跡

方策だったが、失敗に終わった。

南朝・北朝に対する第三王朝の樹立をめざそうとしたとされる。その後は南軍勢力の衰えとともに、朝郷も足利側に属することになる。北関東にあって名族たる自負が幻の「坂東管領」への飛躍を抱かせたのだろうか。

小山氏の乱

小山氏の危機が間もなく訪れる。義政《よしまさ》・若犬丸《わかいぬまる》の乱である。

義政は朝郷の弟氏政《うじまさ》の子だったが、父の氏政が若死にしたことで家督を継承する。氏政については、文和年間（一三五二〜五六）での京都周辺での合戦に尊氏・義詮《よしあきら》の馬廻《うままわり》衆の一員で活躍したことが、『源威集《げんいしゅう》』などから知られる。

小山義政（栃木県立博物館所蔵）

義政は一三六六年（貞治五）ころから一三八〇年（康暦二）までの一四年間、下野守護に補任《ぶにん》され、宇都宮氏とともに国務にあずかった。下野にあって、「関東八館」の地位に就いていたこの両氏はライバルでもあり、所領紛争も手伝って義政による宇都宮基綱《もとつな》との戦いを誘発したようだ。

一三八〇年五月に勃発したこの戦いは、その後鎌倉公方氏満《うじみつ》による義政追討へと拡大する。子息若犬丸へと継承されたこの反乱は、一八年間にもわたった。乱の経過をふくめ東国武士たちの動向に関しては、『鎌倉大草紙《かまくらおおぞうし》』が詳細に伝えるところでもある。

その挙兵に関して、「吉野宮方と号し逆心しければ」（『鎌倉大

小山氏の乱の経過

1380(康暦2)	5.16	義政，宇都宮基綱と争い殺す
	6.1	足利氏満，義政追放令を発す．武蔵府中に出陣
	8.12	上杉憲方(山内)・上杉朝宗(犬懸)，下野の大聖寺に布陣
	8.29	義政の拠点，小山城(祇園城)にせまる
	9.19	義政，和議を請う．氏満受諾，武蔵府中に帰陣
1381(永徳1)	1.18	京都将軍・義満からの討伐許可
	2.15	上杉朝宗らによる小山城攻略の再開
	8.12〜11.19	小山城の近隣の鷲城の攻防戦
	12.6	義政らの祇園城の敗走と降伏
	12.14	義政が出家(永賢)，降伏．若犬丸とともに氏満に帰陣．太刀・馬を献上
1382(永徳2)	3.12	義政(永賢)，祇園城を焼き，若犬丸とともに都賀郡糟尾山に逃亡
	4.8	氏満，再度，糟尾の長野城攻略
	4.13	義政(永賢)，糟尾山中で自害．若犬丸は陸奥の田村氏のもとに逃亡
1386(至徳3)	5.27	若犬丸，田村則義の後援を得て，再度挙兵
	7.2	氏満，若犬丸打倒のため古河に出陣
	7.12	若犬丸，祇園城を放棄，逃亡
	12月	氏満，鎌倉帰着
1387(嘉慶1)	5.13	若犬丸，常陸小田城の小田孝朝のもとにいることが発覚
	7.19	氏満，上杉朝宗らに小田城を攻撃させる．若犬丸，常陸宍戸の男体山(難台山)城に逃走
1388(嘉慶2)	5.18	朝宗，包囲10ヵ月にして男体山城を攻略．若犬丸，三春城の田村義則らのもとに逃走
1396(応永3)	2.28	若犬丸，新田義宗の子とともに田村で挙兵．氏満，鎮圧のために鎌倉出立
	6.1	氏満，白河の結城満朝の館に入る
	7.1	氏満，鎌倉に帰着
1397(応永4)	1.15	会津に逃走した若犬丸が自殺

草紙』）と見えている。これは表面上の理由にすぎなかったようで、下野国内における宇都宮氏との覇権争いが影響していたとされる。義政―若犬丸へと継承されたこの反乱は（別表参照）、南陸奥の田村《たむら》氏や常陸の小田氏らのかつての南朝勢力を動員した広汎囲にわたるものだった。

鎌倉公方氏満の生涯の過半は、この小山氏の乱の鎮圧についやされたわけで、東国武士団の帰趨《きすう》は、なお予断を許さないものがあった。

小山氏は若犬丸の遺子二人が殺されたことで、正嫡は滅亡する。家名は、乱の鎮圧にさいし、幕府・上杉方として活躍した一族の結城基光《もとみつ》の子泰朝《やすとも》に継承された。その後、泰朝の孫持政《もちまさ》の時代に、結城合戦が勃発、そのおりには上杉・幕府方となって結城氏から自立した。

享徳の乱では、小田・宇都宮・佐竹などの北関東の武士団とともに、足利成氏《しげうじ》に属して戦った。この再興後の小山氏も宇都宮氏らの勢力にはばまれ、戦国期には北条氏に属し、その滅亡とともに滅んだ。

宇都宮氏

朝綱から頼綱へ

出自に関しては下毛野《しもつけぬ》・中原・藤原などの諸説があるようだ。家伝では粟田関白《あわたのかんぱく》と知られる道兼《みちかね》の末裔と伝える。宇都宮氏略系図に見える宗円《そうえん》を始祖とする。前九年《ぜんくねん》合戦のおり、安倍《あべ》氏調伏《ちょうぶく》のため下野国一宮の宇都宮（二荒山《ふたあらやま》神社）に下り、座主《ざす》として土着したという。

同一族の飛躍は、やはり源平争乱期の朝綱《ともつな》の時代だった。

一宮の神主職を相伝した朝綱は、頼朝の御家人となって以来幕府に重きをおいた。『吾妻鏡』や『平家物語』には、この朝綱について、次のような話も伝える。平家の方人《かたうど》だった朝綱は、平家都落ちにさ

宇都宮氏略系図

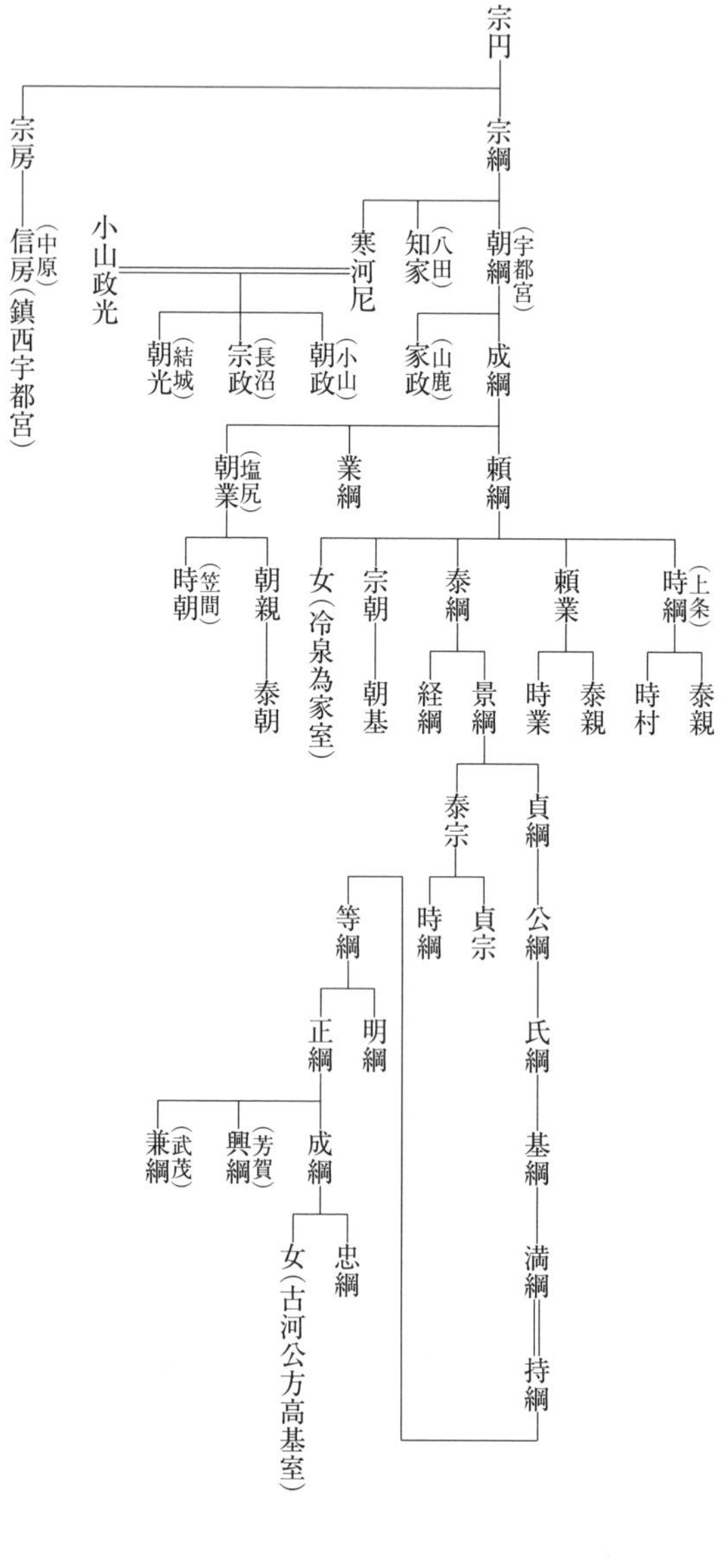
宗円
宗綱
宗房
信房（中原）（鎮西宇都宮）
朝綱（宇都宮）
知家（八田）
寒河尼
小山政光
成綱
家政（山鹿）
朝政（小山）
宗政（長沼）
朝光（結城）
頼綱
業綱
朝業（塩尻）
時綱（上条）
頼業
泰綱
宗朝
女（冷泉為家室）
朝親
時朝（笠間）
泰親
時村
泰親
時業
景綱
経綱
朝基
泰朝
貞綱
泰宗
貞宗
時綱
公綱
氏綱
基綱
満綱
持綱
等綱
明綱
正綱
成綱
興綱（芳賀）
兼綱（武茂）
忠綱
女（古河公方高基室）

いし関東下向《げこう》を願ったが許されず、平家の侍 平 貞能《たいらのさだよし》の助力で本国への下向がかなう。平家滅亡後に降人となった貞能に対し、かつての芳情に報いるため、朝綱は貞能を匿《かくま》い頼朝に助命を嘆願したとある。

朝綱の孫頼綱《よりつな》は、北条時政《ときまさ》の女婿でもあった。頼綱は一一八九年（文治五）の奥州合戦に参陣、さらに一二〇五年（元久二）の畠山重忠《しげただ》の乱のおりにも北条側に参戦している。

その後、時政の牧方《まきのかた》陰謀事件にかかわったとの疑いで出家した。法名を蓮生《れんせい》と号し証空《しょうくう》（浄土宗西山派）に帰依し、歌人としても知られる。ちなみに頼綱の娘は藤原定家《ふじわらのていか》の息為家《ためいえ》に嫁した。有名な「百人一首」は定家が頼綱の要請によって選したものとされる（『明月記《めいげつき》』）。

泰綱《やすつな》は「宇都宮系図」によれば評定衆に加わり、下野守となった。母は時政の娘、つづく景綱《かげつな》も北条朝時《ともとき》（名越《なごえ》流）の娘を母とした。有名な「宇都宮家式条《うつのみやけしきじょう》」はこの景綱の制定にかかるもので、早期の家法に位置づけられる。その後の貞綱《さだつな》も下野・三河《みかわ》の国守を歴任、母は秋田城介《あきたじょうのすけ》義景《よしかげ》の娘とされる。この人物は蒙古襲来の弘安合戦（一二八一年）で活躍している。

公綱《きんつな》の時代はおりしも元弘・建武の乱にあたり、その去就が問われた。「宇都宮系図」には、初名は歴代の惣領と同じく得宗・執権《しっけん》の実名にちなみ、高綱《たかつな》と称したようだ。

薩埵山合戦と宇都宮一族

この人物は『太平記』では中先代の乱（一三三五年）後、上洛した尊氏軍と行動をともにしている。三井寺《みいでら》合戦のおり、紀清両党（紀党＝益子《ましこ》氏、清党＝芳賀《はが》氏）の武士団[*1]を下野からよび寄せ義貞《よしさだ》軍と戦ったことが見えている。また、その後は後醍醐天皇側に従い吉野におもむき、南朝側に身を投じた。

その子氏綱《うじつな》は観応《かんのう》の擾乱《じょうらん》（一三五〇～五二年）のおり、その命運を決する駿河《するが》の薩埵山《さったやま》合戦（一三五一年）で直義軍の背後をつき、尊氏に勝利をもたらした（『太平記』）。その功績により、氏綱は直義与党だった上杉憲顕《のりあき》の上野・越後《えちご》の守護職を与えられた。*2

基綱は小山氏の項で説明したように、義政の乱（一三八〇年）で宇都宮近くの裳原《もばら》で三一歳で敗死する（『茂木《もてぎ》文書』には毛原）。

つづく満綱《みつつな》・持綱《もちつな》らは、それぞれ足利（斯波《しば》）高経《たかつね》・細川頼元《ほそかわよりもと》・一色満範《いっしきみつのり》らの足利一門の有力大名たちと婚姻関係を有した。持綱は『鎌倉大草紙』によれば、足利持氏の追討を受けた小栗満重《みつしげ》に与同し、敗死したことが見えている。

等綱《ともつな》・明綱《あきつな》の時代は享徳《きょうとく》の乱（一四五四年）の時期で、鎌倉公方の足利成氏《しげうじ》に敵対した。上杉方として参戦したが劣勢をさとり、その後は家門存続をはかり成氏側の軍門に降ったと伝えられる（『鎌倉大草紙』）。

*1　ただし、『太平記』には公綱に関して、尊氏の鎮西下向後の西上にさいし、義貞軍に属し西国合戦（白旗《しろはた》城合戦・船坂《ふなさか》合戦・福山合戦など）に参陣したことが見えている。したがって、宇都宮一族の去就については、一貫して足利側ではなかった。

*2　下野武士団として、宇都宮氏と密接な関係を構築したのが芳賀一族だった。越後・上野の守護代として、宇都宮氏綱はこの芳賀氏の最有力者禅可《ぜんか》（高名《たかな》）を任じた。芳賀氏は下野芳賀郡を拠点とした武士団で、ルーツは清原《きよはら》氏とも紀《き》氏ともいわれる。『太平記』に「清ノ旗頭《はたがしら》芳賀入道禅可」とも登場し、氏綱の父公綱が南朝側についたのに対し、北朝に参じた一族だった。宇都宮氏と婚姻関係にもあり、多くの史料に紀清両党として登場する中核は、この芳賀氏だった。

のちにも「武蔵国」の河越氏の項でふれるが（一五六ページ）、この芳賀禅可・宇都宮氏綱が薩埵山合戦の勲功で与えられた両国守護職を足利基氏から没収されたことを不満として、一三六二年（貞治元）武蔵苦林野《にがばやし》（埼玉県毛呂山町）で基氏軍と合戦になった。

宇都宮氏のそれから

その後、宇都宮氏は明応《めいおう》から永正にかけて、多くの旧族領主層と同じく一族内での内紛に見まわれる。系図からもわかるように、本宗の明綱・正綱《まさつな》（母はともに小山持政の妹）の後継となった成綱《しげつな》の時代に、一族の内紛が表面化した。

同族の芳賀・武茂《むも》氏らが台頭、「宇都宮錯乱《うつのみやさくらん》」*とよばれる事件が勃発する。一族中の芳賀氏が台頭、主家の成綱と対立をきたし、これが引き金となり混乱にいたった。当時、公方家内部にあっても政氏・高基父子の対立があり、高基はその妻を宇都宮氏からむかえていた関係で、いち早く成綱支持の立場を表明、こうしたことも手伝って、成綱とこれにつづく忠綱《ただつな》の時代には、その混乱を乗り切ることに成功した。

＊　一五一二年（永正九）に一族の芳賀高勝《たかかつ》が主家の宇都宮成綱と対立し、自殺に追い込まれた事件。芳賀氏は宇都宮の譜代の家臣であり、その台頭のなかで主家と主導権を争っていた。そのおり、公方家の足利高基は、その妻が成綱の娘であったことから、いち早く成綱支持を表明、宇都宮氏を二分した対立は、成綱とその子忠綱の時代に終止符が打たれた。なお、一五〇〇年代前期の宇都宮氏の動向については、市村高男『東国の戦国合戦』（吉川弘文館、二〇〇八年）なども参照のこと。

上野国

隣国の下野《しもつけ》とともに関東の中央部に位置したこの地域は、これまた有力武士団を登場させた。鎌倉道《みち》（近世には鎌倉街道と通称）の一つ「上《かみ》ノ道」が貫通し、北の越後から武蔵・相模方面への重要なラインに位置した。下野の小山・宇都宮が「中《なか》ノ道」の拠点だったことを考えれば、上野《こうずけ》の地勢的重要性もわかるだろう。

上野武士団では、藤原姓足利氏（秀郷流《ひでさと》）とともに新田《にった》氏が有名である。平氏に加担した秀郷流の足利氏は、源平の争乱で没落する。鎌倉期にあっては新田氏とともに、新しく上野守護となった安達氏が勢力を有した。盛長《もりなが》・景盛《かげもり》・義景《よしかげ》・泰盛《やすもり》の四代にわたり影響を保持した。

元弘・建武期は新田義貞《よしさだ》が上野の守護と国司を兼任した。やがて足利政権下では、上杉憲房《のりふさ》（妹は尊氏・直義の母）以降、上杉氏の領国となり戦国の時代をむかえる。

この間、中小の武士団の興亡があったが、以下では「鎌倉」体制に最もかかわりが深い新田氏と上杉氏について、概観しておこう。

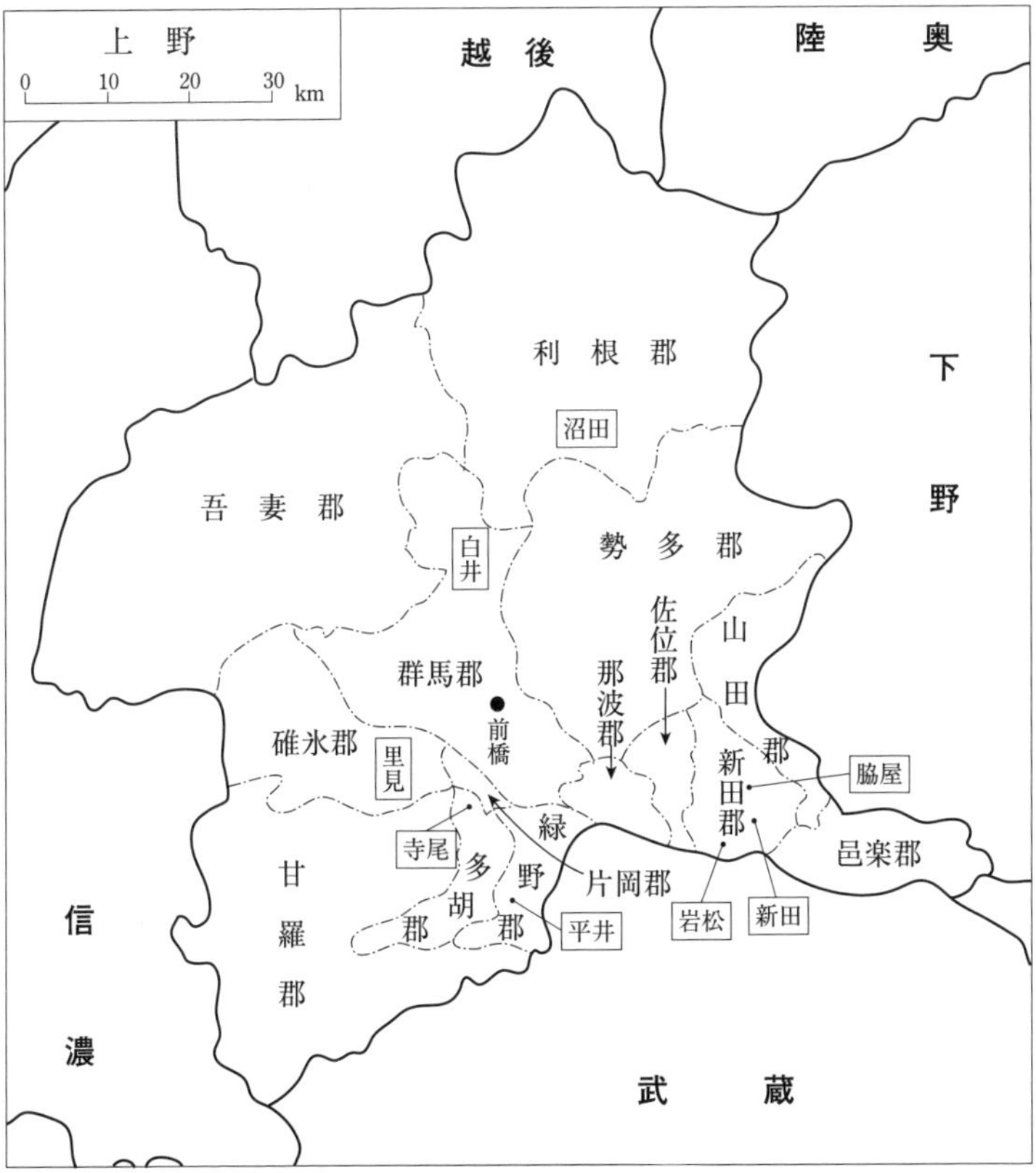
上　野
0
10
20
30
km
越　後
陸　　奥
下
野
利　根　郡
沼田
吾　妻　郡
白井
勢　多　郡
佐位郡
山
田
郡
群馬郡
前橋
那波郡
碓氷郡
里見
新田郡
脇屋
緑
邑楽郡
寺尾
多
胡
郡
野
郡
片岡郡
甘
羅
郡
平井
岩松
新田
信
濃
武　　蔵

この両氏に言及する前に、他の武士たちにも、若干ふれておこう。

源平争乱期の武士団で参考となるのは、『保元物語《ほうげんものがたり》』や『平治物語《へいじ》』に見える軍勢ぞろいの描写である。上野国で義朝側に参じた武士として、保元合戦では瀬下《せしも》・物射《ものい》・岡下《おかもと》・那波《なは》の各武士が（「官軍勢沙《せいぞろへ》」）、平治合戦では大胡《おおご》・大室《おおむろ》・大類《おおるい》などの名が（「源氏勢沙《せいぞろへ》の事」）見えている。いずれも郎等《ろうとう》級の武士と考えられる。かれらの多くは治承《じしょう》・寿永《じゅえい》の乱にも参加している。

『吾妻鏡』には、一一九五年（建久六）の東大寺再建供養に従軍した東国武士たちの顔ぶれが登場する。瀬下奥太郎（富岡地域）、那波太郎政宏《まさひろ》（伊勢崎地域）、大胡太郎重俊《しげとし》（前橋地域）などの面々だ。

この建久六年の随兵メンバーとして、他に新田義兼《よしかね》・山名義範《よしのり》・里見義成《さとみよしなり》などの新田一族をはじめ、佐貫《さぬき》氏（館林地域）・倉賀野《くらがの》氏（高崎地域）・園田《そのだ》氏（桐生地域）・沼田《ぬまた》氏（沼田地域）・渋河《しぶかわ》氏（渋川地域）など十数名の武士たちの名が散見される。

とりわけ佐貫四郎に関しては、源平争乱期に範頼《のりより》・義経《よしつね》に従軍し、淡路《あわじ》や但馬《たじま》に地頭職《じとうしき》を領有したことが知られている。また園田氏の出身で『法然上人絵伝《ほうねんしょうにんえでん》』に登場する園田太郎成家は、法然に感化され出家した人物である。

上野には武蔵七党の児玉《こだま》党に属する武士たちも少なくない。「武蔵七党系図」に登場する阿佐見《あさみ》・大類・倉賀野・片山《かたやま》などの諸氏は、中央部から西部を拠点とした一族だった。

地頭領主級のこれらの武士たちのなかには、上野守護の安達氏との関係を強めた武士もいた。たとえば、児玉党に属した片山基重《もとしげ》がそうだ。基重は安達泰盛の霜月騒動《しもつきそうどう》（一二八五年）に加担して誅されている。この安達氏の没落で守護職は北条得宗家が掌握することとなり、守護代に御内人《みうちびと》・長崎《ながさき》氏の影響がくわわった。こうした得宗家の被官としては、多胡《たご》郡を拠点とした小串《おぐし》氏（丹党）が知られる。

新田氏

新田一族の流れ

源氏の名族として新田郡一帯に一族は広がっていた。山名・里見・岩松《いわまつ》・大館《おおだち》・堀《ほり》口《ぐち》・江《え》田《だ》、世《せ》良《ら》田《だ》などの諸氏に分流した。名字の地は、由《ゆ》良《ら》郷を中心とした新田の本宗家の周辺部に展開している。

一族の祖は義家の孫の義重《よししげ》で、没年から逆算し一一三五年（保延元）の生まれと推測される。新田郡の南西部を拠点とした開発《かいほつ》領主《りょうしゅ》で、新田荘は藤原忠雅《ただまさ》（花山院《かざんいん》）にその所領を寄進したことで成立した。源平争乱期の当初、義重は平宗盛《むねもり》の家人《けにん》として在京していた。帰国後、八幡《やわた》荘（高崎地域）の寺尾《てらお》城に籠もり頼朝の動きを静観、子孫の里見義成《よしなり》や山名義範《よしのり》に遅れ頼朝に参じた。このため頼朝の勘気をこうむったことが『吾妻鏡《あずまかがみ》』に見えている。源氏一族の宿老《しゅくろう》的存在だったが、頼朝との関係は円滑を欠き、守護は安達氏に与えられた。

義重の新田荘はその後六つの家々に分割された。義兼《よしかね》（本宗家）・義俊《よしとし》（里見氏）・義範（山名氏）・義《よし》季《すえ》（得川・世良田氏）・経義《つねよし》（額戸《ごうど》氏）と、義重の孫娘が足利義純《よしずみ》に嫁し生まれた時兼《ときかね》（岩松氏）の家々である（新田氏略系図参照）。

義兼については、新田荘の中央部を領有し、大館・堀口・脇屋《わきや》などの庶家が子孫として分出した。義兼は『吾妻鏡』の勝長寿院《しょうちょうじゅいん》の落慶供養（一一八五年）にさいし、有力武将の一人として参列したことが見える。「新田蔵人」とあり、同名の足利義兼《よしかね》が「上総介《かずさのすけ》」であったのに比べ、源家一門内での地位

新田氏略系図

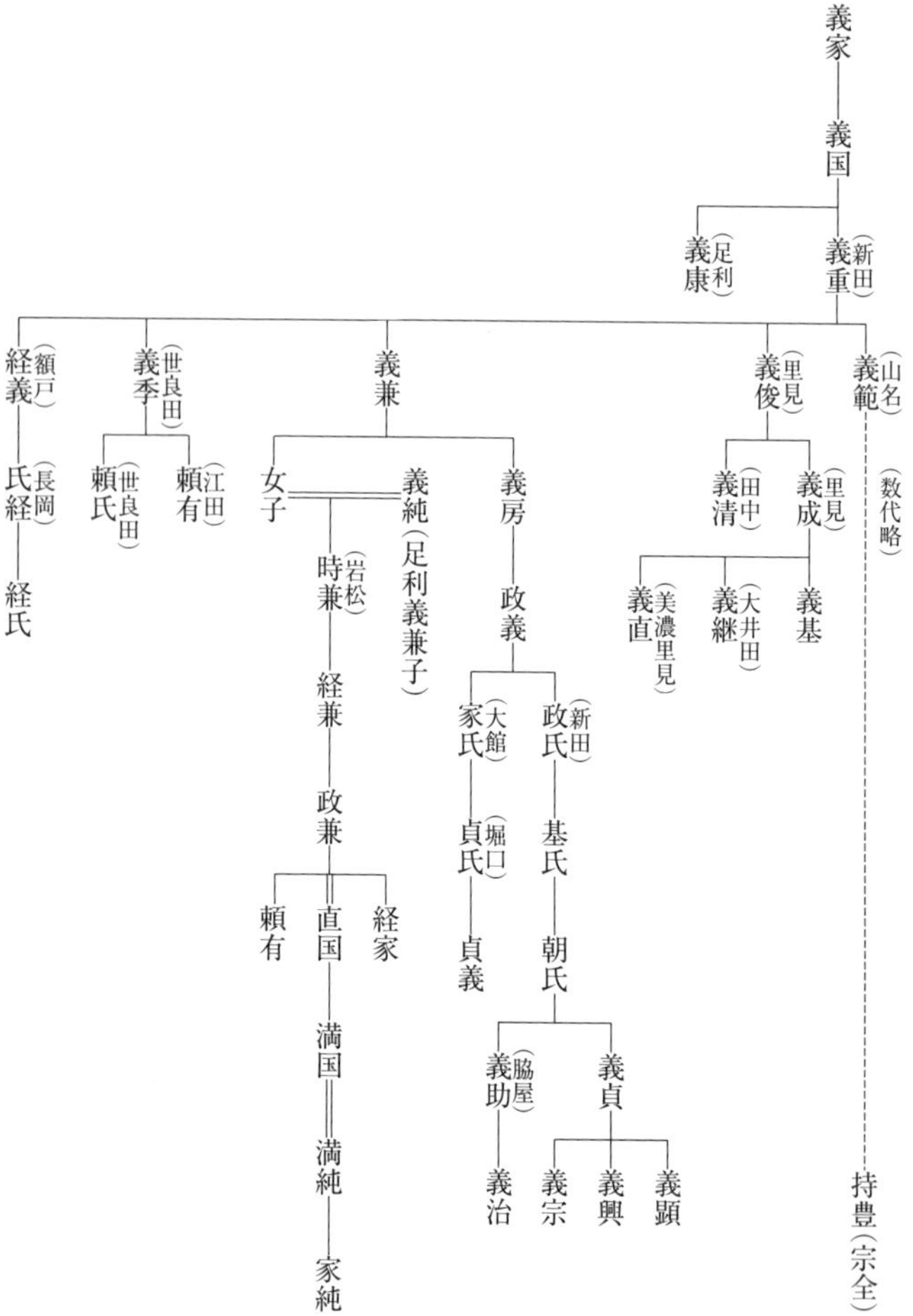
義家
義国
義重（新田）
義康（足利）
義範（山名）
義俊（里見）
義兼
義季（世良田）
経義（額戸）
（数代略）
義成（里見）
義清（田中）
義房
義純（足利義兼子）
女子
頼有（江田）
頼氏（世良田）
氏経（長岡）
義基
義継（大井田）
義直（美濃里見）
政義
時兼（岩松）
経氏
政氏（新田）
家氏（大館）
経兼
基氏
貞氏（堀口）
政兼
経家
直国
頼有
朝氏
貞義
義貞
義助（脇屋）
満国
満純
家純
義顕
義興
義宗
義治
持豊（宗全）

はいささか低い。一二〇五年（元久二）には、実朝から新田荘一一ヵ郷の地頭に補任されている。この他、東大寺再建供養の頼朝上洛にさいし、天王寺《てんのうじ》参詣の随兵にもその名が見えている。

この義兼と同世代に義範がいる。義重の嫡男で山名郷（高崎地域）を名字としたので、この流れは山名氏を称した。父義重とは異なり、早くから頼朝に参じ西海合戦で活躍、源平争乱後は源家六人受領の一人として伊豆守に補任されている。同じ新田一門ではあるが、本宗家以上に幕府内で有力な地位を与えられた。義範から七代の時氏《ときうじ》以降、元弘・建武の乱で足利尊氏軍に参じ室町幕府では有力大名となった。*1

その意味では里見を名乗った義俊の子義成の場合も同じだろう。碓氷《うすい》郡里見（群馬県榛名《はるな》町）を本拠としたこの人物は、「里見冠者《かじゃ》」として『吾妻鏡』に散見する。義成も義範同様、義重に先んじ、頼朝挙兵に参陣、その信頼を得て伊賀《いが》守となった。

この山名・里見両氏は新田一族とはいいながら、独立性が強い。*2 上野中央部を拠点とした山名氏と同国西部碓氷郡を擁した里見氏の場合（越後の波多荘・羽川荘方面にも庶子が分出）、地勢的に本宗家に包摂されない領主経営を展開したと思われる。その後の南北朝動乱期に足利尊氏・直義側に近い立場をとったのも、そうした関係によった。

*1　山名一族は、時氏が尊氏に属し伯耆《ほうき》国の守護職に補任（一三三七年）されて以降、山陰方面に進出、一三〇〇年代後半には一族の守護職は一一ヵ国におよび、「六分一殿《ろくぶんのいちどの》」と称された。すでに前述したように、山名氏清《うじきよ》あるいは持豊《もちとよ》（宗全《そうぜん》）など、明徳《めいとく》の乱や嘉吉《かきつ》の乱、さらに応仁《おうにん》の乱で名を馳せた人物は、いずれも義範の末裔たちだった。

＊2　安房《あわ》を拠点とした里見氏もこの一族の末裔で、古河公方《こがくぼう》の足利成氏《しげうじ》によって配備され、有力大名となった。上総《かずさ》方面に入った上総武田氏とともに、古河公方家を房総で支え両翼として期待された（この点後述）。

新田氏のターニングポイント　新田本宗家に話をもどそう。義兼以降、この一族が自己主張するのは、やはり元弘・建武の乱で活躍する義貞ということになる。『太平記』や『梅松論《ばいしょうろん》』が伝える足跡は、あまりに有名である。①上野での挙兵、②鎌倉攻略、③建武政権への参加、④中先代《なかせんだい》の乱、⑤義貞東下、⑥箱根合戦、⑦義貞敗走、⑧上洛・播磨合戦、⑨湊川《みなとがわ》合戦、⑩越前《えちぜん》金ヶ崎合戦・藤島での敗死、という流れとなろうか。

このうち①から⑤までは、勝者の立場の流れである。鎌倉道を南下、入間《いるま》川・久米川・多摩・分倍河原《ぶばいがわら》での各合戦で勝利、稲村ヶ崎からの鎌倉進攻にいたる様子は、『太平記』の独壇場でもある。そして新政下ではその恩賞として従四位上《じゅしいじょう》に叙せられ、上野・越後・播磨の国司に任ぜられ旭日の勢いだった。

けれども、④の中先代の乱（一三三五年）とこれにつづく⑤関東下向を機に、その流れは変化する。⑥から⑩までは敗者たる立場ということになる。尊氏との対立は鎌倉占領段階からあったが、両軍の直接対立は⑥の箱根竹ノ下合戦以降のことだ。

ここでの敗走以後、京都争奪戦で奥州軍の北畠顕家《きたばたけあきいえ》軍の助力で一時的に尊氏を西走させたが、その後は赤松円心《あかまつえんしん》討伐の失敗、湊川合戦での敗北、そして越前での敗走とつづく。『太平記』に説くように、「三鱗《みつうろこ》」（北条）から「二引両《にひきりょう》」（足利）、そして「一引両《いっぴきりょう》＝大中黒《おおなかぐろ》」（新田）への比喩のごとく、一時期は武相を手中におさめる状況にあった義貞だったが、その夢は水泡に帰した。

義貞と尊氏

以上の流れのなかで、ライバル尊氏との関係は注目される。幕府再建路線に立脚する尊氏に対し、義貞は明確な路線を提案できなかった。もちろん建武政権擁護の立場は表明したものの、自己と自己を取りまく武士にどう向き合うかの色合いが、はっきりしなかった。このあたりが、新田一族の結束を乱すことにもなる。

①から⑤までの段階は、対北条攻略という明確な目標のなかで、鎌倉を攻略し一門の結束は強かったが、その後の⑥から⑩の段階は、山名・里見・岩松の諸氏は尊氏側に参陣し、義貞側とは異なる動きを見せていた。

新田宗家の義貞の滅亡で、南朝与党の武的基盤は弱体化を招いた。義貞死後、義宗《よしむね》・義興《よしおき》兄弟（義貞の子）や義治《よしはる》（義貞の弟義助《よしすけ》の子）らの次世代が抵抗勢力として、反足利の立場を継承した。おりしも尊氏・直義両者の対立（観応《かんのう》の擾乱《じょうらん》）後の混乱に乗じて、越後・上野方面から勢力の挽回を策した。新田一族は武蔵野合戦や鎌倉合戦で一時的勝利を得たこともあったが、その後は散発的な形での動きで終わった。* 新田義貞父子の滅亡で、本宗の地位に就いたのは岩松氏だった。

新田義貞（総持寺所蔵）

＊「武蔵野合戦」や「鎌倉合戦」の模様については、『太平記』（巻第三一）に詳しい。南朝の後村《ごむら》上《かみ》天皇の命を受けた新田義興・義宗・義治の三者は、一三五二年閏二月武蔵・相模方面に進撃する

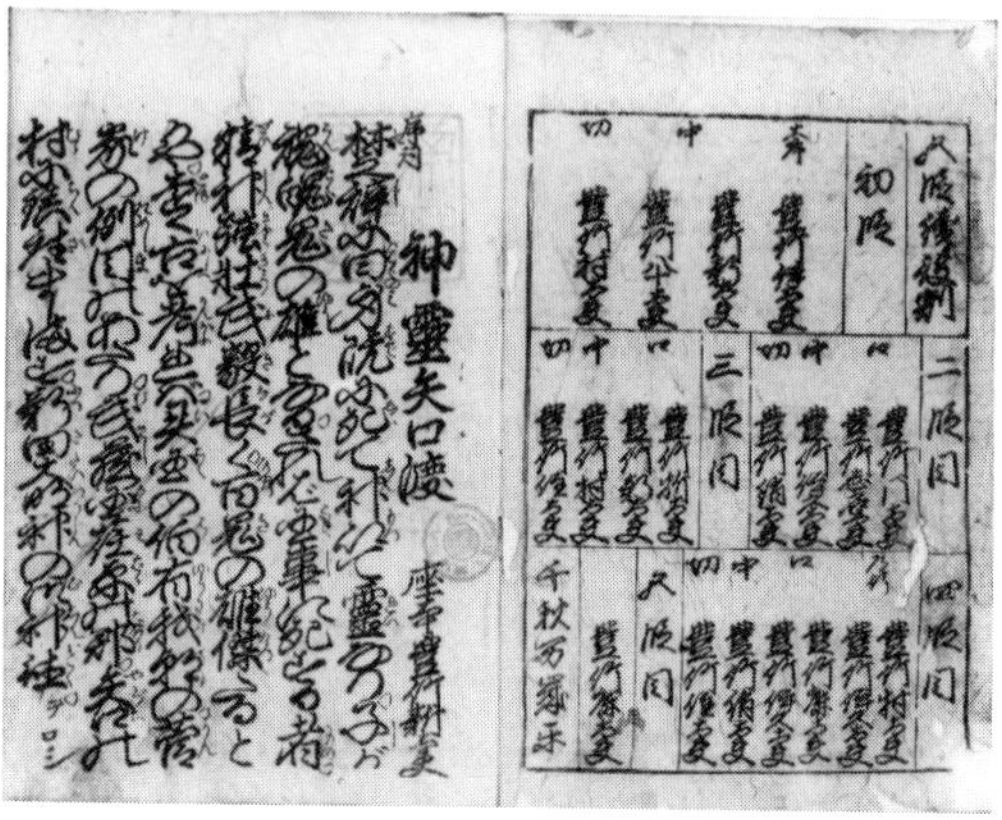

神霊矢口渡（早稲田大学演劇博物館所蔵）

畠山・岩松関係図

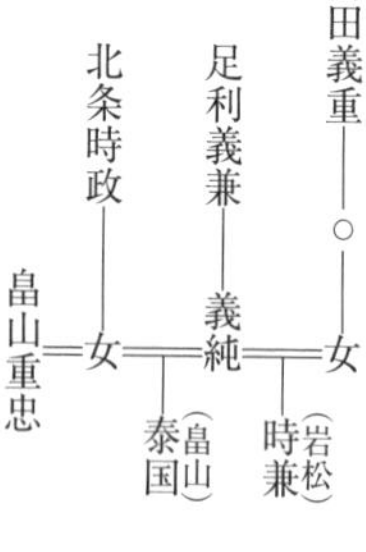

が、笛吹峠《ふえふきとうげ》の戦《たたかい》で敗北する。その六年後、勢力回復を企図した義興が独力で鎌倉をめざすが、武蔵矢口渡《やぐちのわたし》（東京都大田区矢口）で尊氏側の畠山国清《はたけやまくにきよ》らの謀殺計画で滅ぶことになる。『太平記』が語るこの義興の壮絶な最期に取材したものが、平賀源内《ひらがげんない》『神霊矢口渡《しんれいやぐちのわたし》』である（この点、鈴木哲・関幸彦『闘諍と鎮魂の中世』山川出版社、二〇一〇年、参照）。義興滅亡後、新田一族の抵抗はさらに弱体化し、その後は小山若犬丸の乱にさいし、相模箱根方面や南奥州方面での活動が散見される（『鎌倉大草紙《かまくらおおぞうし》』）。

岩松氏と禅秀の乱

すでにふれたように、岩松氏は足利党として早い段階に尊氏側に参陣しており、新田荘の基盤を受け継ぐこととなった。岩松氏は義重の孫娘が足利義純に嫁し、生まれた時兼が岩松を名乗ったことに始まる。*

時兼の曾孫経家《つねいえ》は鎌倉攻めの恩賞として、飛騨《ひだ》国守護職をはじめ旧北条氏所領の地頭職《じとうしき》を与えられている。新田一族のなかでも突出した恩賞だった。北条時行の中先代の乱では、時行軍を武蔵の女影原《おなかげはら》（埼玉県日高市）の戦いで迎撃するが戦死した（一三三五年七月、『太平記』）。

岩松の流れはその後弟の直国《ただくに》が継承する。直国の孫の養子満純《みつずみ》（法名天用）は、一四一六年（応永二三）の上杉禅秀《ぜんしゆう》の乱にさいし、禅秀（氏憲《うじのり》）与党として勢力をふるった。反鎌倉《かまくら》公方《くぼう》持氏《もちうじ》派の急先鋒として、その活躍ぶりは『鎌倉大草紙』に詳しい。

満純は義貞あるいはその子義宗の血脈に属し、そのため禅秀の乱で上野に帰り新田氏を称し、館林《たてばやし》方面でも戦っている。禅秀敗死後は、翌一四一七年上野の岩松で再挙兵したが、五月入間川合戦で敗走・捕縛、鎌倉で斬られた。

その子家純《いえずみ》は美濃《みの》の土岐《とき》氏のもとに逃れ、永享《えいきょう》の乱（一四三八年）後、関東帰還が許された。家純は一四六九年（文明元）に東上野を支配におさめ、金山《かなやま》城を築くまでにいたったが、家宰《かさい》の横瀬《よこせ》氏（のち由良《ゆら》氏）が台頭して力を失った。

＊足利義純には新田一族の岩松の流れ（時兼を祖）と、もう一つ畠山重忠《しげただ》（秩父平氏良文流《ちちぶへいしよしぶみ》）の滅亡後、重忠の妻（北条時政の娘）が足利義純に再嫁し、その子泰国《やすくに》が畠山の家系を名乗る流れがある。この泰国の畠山一族は足利一門に属し、室町期の幕政の中枢にかかわる。初期の鎌倉府にあっても重要な役割を演じた（この点「武蔵国」畠山氏の項で言及）。

上杉重房（明月院所蔵）

足利氏婚姻関係図

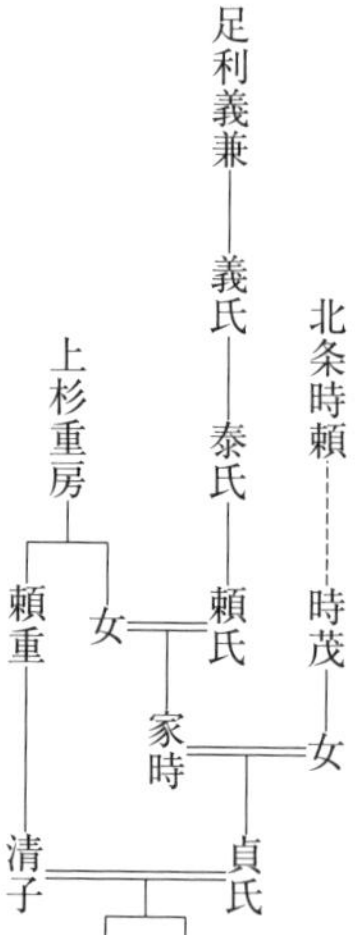

上杉氏

上杉氏のルーツ

新田・岩松系の武士団が、在地密着型だとすれば、上杉氏は非在地型に分けられる。鎌倉期の守護安達氏にかわり、室町期をとおし上野を領国としたのは、この一族だった。守護代長尾氏による間接支配ながら、ここを活動の基盤とした。上杉氏に関しては武蔵・相模とも密接なつながりがあるが、便宜上ここに一括して整理しておく。

上杉氏のルーツは勧修寺《かじゅうじ》流（高藤《たかふじ》流）の藤原氏である。丹波《たんば》国何鹿《いかるが》郡上杉荘（京都府綾部市）を領有、これを名字の地とした。上杉氏の祖重房は、鎌倉将軍となった宗尊《むねたか》親王（父は後嵯峨《ごさが》天皇）に供奉《ぐぶ》し東国に下向したと伝えられる。一二五二年（建長四）のことだ。

以後足利氏との血脈関係を深め、その子孫は南北朝・室町期にあって東国屈指の勢力をほこった。重房の娘は足利頼氏《よりうじ》に嫁し、重房の子頼重《よりしげ》の娘清子は、同じく足利貞氏《さだうじ》に嫁した。婚姻関係図でも明らかなように、清子は尊氏・直義の母にあたる。

上杉氏の諸流

上杉氏の台頭はいうまでもなく、尊氏とともに討幕に参じた結果だった。その隆盛の基礎を築くのが清子の兄憲房《のりふさ》である。今川了俊《いまがわりょうしゅん》の『難太平記《なんたいへいき》』には、尊氏に挙兵をすすめた人物として登場する。建武政権下では雑訴決断所《ざつそけつだんしょ》の奉行《ぶぎょう》となり、新政権離脱後は尊氏により新田一族のおさえとして上野守護となった。一三三六年（建武三・延元元）の四条河原《しじょうがわら》合戦で、尊氏・直義の苦難を救い死去した（『太平記』）。

上野国はこの憲房が守護になって以来、越後とともに上杉一族の最も重要な拠点となった。* 憲房以後の上杉氏は、山内《やまのうち》・扇谷《おうぎがやつ》・犬懸《いぬかけ》・宅間《たくま》の四家に分流しながら広がる。便宜上各家ごとにその動向を略記しておこう（上杉氏諸流略系図参照）。

長尾氏諸流略系図

〈白井長尾氏略系図〉

景行─清景─景守＝景仲─景信─景春
（景行の子）忠房
（清景の子）房政
（景仲の子）忠景、景明

〈総社長尾氏略系図〉

景行─忠房─忠綱─忠政─景棟＝忠景─顕忠
（忠房の子）忠利
（忠綱の子）憲明（高津長尾）
（忠景の子）景致

＊　上杉氏の上野・越後の領有は、実質支配は守護代の長尾氏によって進められた。地勢的・軍事的観点から、関東での上野の役割は、相模・鎌倉からの北国ルートの幹線に位置した。南朝の新田のおさえとともに、戦略的に信濃方面・越後方面の要衝だった。関東管領《かんとうかんれい》という職責を担う上杉氏にとって、上野はその中軸的位置を占めていた。

ついでながら、以下、いささか長くなるが、上杉氏の守護代として一四〇〇年代〜一五〇〇年代に、上野での有力武士団を形成した長尾《ながお》氏についてもふれておこう。

この一族は、元来は相模国鎌倉郡長尾（横浜市戸塚区）を本貫とした。鎌倉長尾氏が宝治《ほうじ》合戦（一二四七年）で滅亡後、家を継承した長尾景忠《かげただ》の子（景兼《かげかど》＝越後長尾、景直《かげなお》＝鎌倉長尾、景行《かげゆき》＝白井《しろい》長尾・総社《そうじゃ》長尾）に分流する。上野の長尾氏は白井（群馬県北群馬郡子持）と総社（前橋市）の二つを拠点とした。

白井長尾氏は景行—清景《きよかげ》—景守《かげもり》—景仲《かげなか》—景信《かげのぶ》—景春《かげはる》と一三〇〇年代半ばから一四〇〇年代後半にかけて上野守護代として勢力を有した。とりわけ景春については、山内上杉氏の家宰職から排されたために、山内顕定に叛《そむ》き乱をおこした（長尾景春の乱〈一四七六年〉）。この白井長尾氏はその後衰亡、上杉謙信《うえすぎけんしん》などに属したあと、小田原北条氏に属し滅亡した。

また総社長尾の場合、その祖景行—忠房《ただふさ》—忠綱《ただつな》—忠政《ただまさ》—景棟《かげむね》—忠景《ただかげ》—顕忠《あきただ》とつづく。とりわけ忠政の時代は全盛で、上杉憲基《のりもと》（禅秀の乱で持氏とともに鎌倉退去）—憲実《のりざね》（永享《えいきょう》の乱《らん》で持氏と対立）—清方《きよかた》（結城合戦）の三代の家宰職となった。

忠政以後、家宰は一四〇〇年代後半の文明期に白井長尾氏の景仲・景信父子が就任する。この後、景信の死後その弟で総社長尾を嗣いだ忠景が家宰職となる。景信の子景春による反乱は、これが原因で勃発した。忠景ののち、上杉家の家宰は、一五〇〇年代初頭の永正期にその子顕忠がつとめた。その後、武田氏の進攻のなかで、越後へ退却する（『国史大辞典』の長尾氏の項を参照）。

山内上杉氏

山内上杉氏は憲房の子憲顕《のりあき》が山《やま》ノ内《のうち》に居館を定めたことに始まる（一三七九年）。憲顕の戦場での動向は『太平記』や『梅松論』を参照してもらうとして、特筆されるのは、足利与党ながら直義に属したことだ。

上杉氏諸流略系図

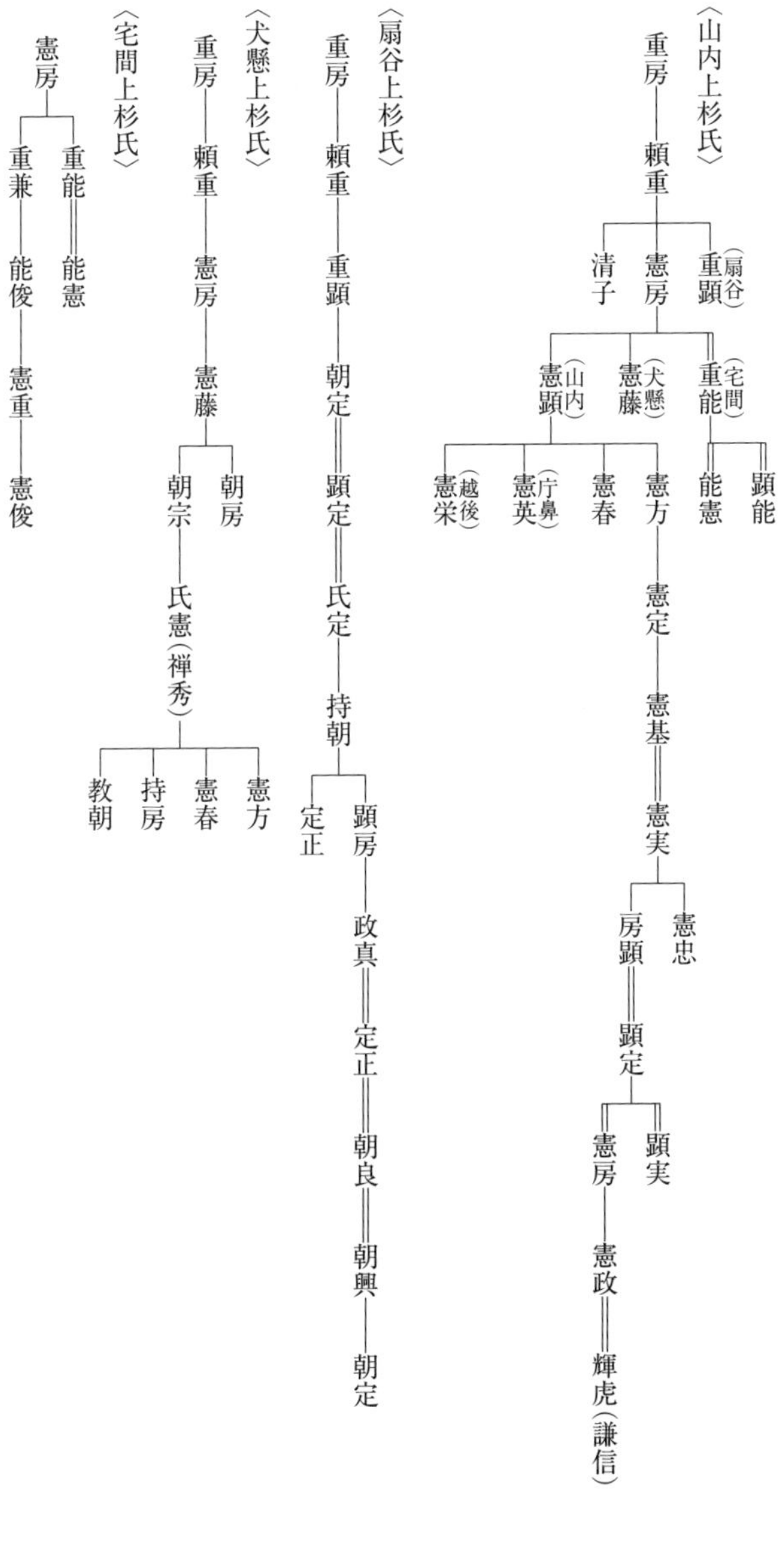
〈山内上杉氏〉
重房
頼重
重顕（扇谷）
憲房
清子
重能（宅間）
憲藤（犬懸）
憲顕（山内）
顕能
能憲
憲方
憲春
憲英（庁鼻）
憲栄（越後）
憲定
憲基
憲実
憲忠
房顕
顕定
顕実
憲房
憲政
輝虎（謙信）
〈扇谷上杉氏〉
重房
頼重
重顕
朝定
顕定
氏定
持朝
顕房
定正
政真
定正
朝良
朝興
朝定
〈犬懸上杉氏〉
重房
頼重
憲房
憲藤
朝房
朝宗
氏憲（禅秀）
憲方
憲春
持房
教朝
〈宅間上杉氏〉
憲房
重能
重兼
能憲
能俊
憲重
憲俊

高師冬《こうのもろふゆ》との確執をへて、観応《かんのう》の擾乱《じょうらん》（一三五二年）で直義が殺されると、憲顕は尊氏に反旗をひるがえし、一時は新田義興・義宗軍とともに武蔵野合戦から笛吹峠での戦闘に参加した。

その後、北国方面で雌伏していたが、尊氏の次男基氏が初代鎌倉府長官として東国経営にあたると、この基氏の強い要請でそれまでの畠山国清に代わり、憲顕が関東管領の地位に就くこととなった（『喜連川判鑑《きつれがわはんかがみ》』）。

憲顕以後、憲春《のりはる》・憲方《のりかた》兄弟が管領職をついだ。憲春については、二代氏《うじ》満《みつ》の鎌倉府独立路線を、自らの死をもって諫めた人物として知られる（『鎌倉大草紙』）。その後、憲方・憲孝《のりたか》・憲定《のりさだ》と管領は継承される。

憲定の子憲基《のりもと》の時代に上杉禅秀の乱が勃発する。佐助《さすけ》ヶ谷にあった憲基の館が禅秀軍に攻撃され、公方の持氏とともに鎌倉を脱出、憲基は越後へ、持氏は駿河の今川氏のもとに逃れた。

その後、憲基と持氏は鎌倉を奪回、禅秀の乱を鎮圧した。憲基のあとは越後上杉の房方《ふさかた》の子憲実が継ぐことになる。「中世東国の年代記」でもふれたように、憲実は公方持氏と対立、永享の乱（一四三八年）で将軍義教の後援を得て持氏を滅ぼした。乱後、憲実は出家し伊豆の国清寺《こくしょうじ》（憲顕の建立）に入った。

足利学校の再興など、憲実には多くの事蹟がある。憲実は、持氏を死に追いやったことへの自責は強いものがあったという。憲実の引退は東国に政治的混乱を招くこととなった。

国清寺（静岡県韮山）

憲実の後継には還俗《げんぞく》した憲忠《のりただ》が就位するが、新たに鎌倉公方となった成氏は上杉氏への警戒からこれを殺害するに至る。享徳《きょうとく》の乱とよばれるこの事件で、成氏は鎌倉を追われ、下総古河《しもうさこが》へとその拠点を移す。上杉氏らとの長期にわたる対立がここに始まる。

憲忠殺害後、関東管領は弟の房顕《ふさあき》が継ぐ。その房顕もまた武蔵の五十子《いかっこ》合戦（一四六六年）のおりに病没、これに代わり越後上杉の房定《ふささだ》の子顕定《あきさだ》が家督を継承することになる。一四〇〇年代末期の長享《ちょうきょう》の乱で、顕定は扇谷上杉の定正《さだまさ》と抗争、これを敗北させた。その後、越後において守護代長尾氏との戦いで敗死した（一五一〇年）。

顕定以後、家督は顕実《あきざね》（足利成氏の子）・憲房《のりふさ》・憲寛《のりひろ》（足利高基《たかもと》の子）へ継承され、最後の憲政《のりまさ》へとつづく。憲政は小田原北条氏との抗争に敗れ、上野の平井城を放棄、越後の守護代長尾景虎《かげとら》（謙信）に家督を譲った。

扇谷上杉氏

扇谷の名字は頼重の子重顕《しげあき》の居所にちなむ。この一族で特筆される人物として氏定《うじさだ》があげられる。『鎌倉大草紙』には禅秀の乱にさいし、持氏・憲基側に参じ、禅秀勢と戦い負傷し藤沢の遊行寺《ゆぎょうじ》（清浄光寺）で自害したと伝える。

その後は家督が持定《もちさだ》・持朝《もちとも》・顕房《あきふさ》・政真《まさざね》と継承される。顕房・政真の時期、扇谷家の家宰（家老）として太田一族が台頭した。資清《すけきよ》・資長《すけなが》（道灌《どうかん》）は武蔵の五十子合戦で戦没した政真にかわり、叔父の定正をむかえ家督を継がせた。

ライバル山内上杉の家宰長尾氏とともに、扇谷上杉家の太田氏は両上杉氏の双軸的存在だった。しかし定正は台頭する資長に脅威を察知、これを相模糟屋で誘殺（一四八六年）した。

犬懸上杉邸旧蹟

協調関係にあった山内上杉の顕定とも、長享の乱（一四八七年）以降、対立をまし、相模・武蔵での合戦後、武蔵高見原の陣中で没した。以後、朝良《ともよし》・朝興《ともおき》へと家督は継がれるが、台頭する小田原北条氏との戦いで衰亡した。

犬懸上杉氏

憲房の子の憲藤《のりふじ》が鎌倉の犬懸を居所としたことにちなむ。六浦道《むつらみち》（金沢街道）沿いに位置し、報国寺《ほうこくじ》に隣接した地域が犬懸である。この近傍は浄妙寺をふくめ、鎌倉公方御所にも近く、鎌倉府の中心に位置した。

初代の憲藤については、『鎌倉大草紙』に尊氏が「関東の執権」（関東管領）に任じたが、一三三八年（暦応元）、信濃で戦死したとある。このため、幼少の朝房《ともふさ》・朝宗《ともむね》兄弟に信濃・越後と上総をそれぞれに与えたとする。朝宗は三代の公方満兼《みつかね》を幼少より関東管領の立場で補佐したが、満兼死去（一四〇九年）にともないその地位を子の氏憲（禅秀）に譲った。

これまで幾度もふれたが、禅秀は四代の公方持氏と反りが合わず、山内上杉氏との確執も手つだって蜂起にいたった。「鎌倉大乱」（『鎌倉大草紙』）とよばれたこの乱は、関東全域を巻き込む騒乱となった。この禅秀の乱で犬懸上杉は滅亡することになる。

宅間上杉氏

憲房の養子重能《しげよし》*が鎌倉の宅間谷《たくまがやつ》（犬懸の近傍）に住したため、これを名乗った。重能は直義党として知られ、『太平記』によれば対立した高師直《こうのもろなお》のために配流先の越前で殺さ

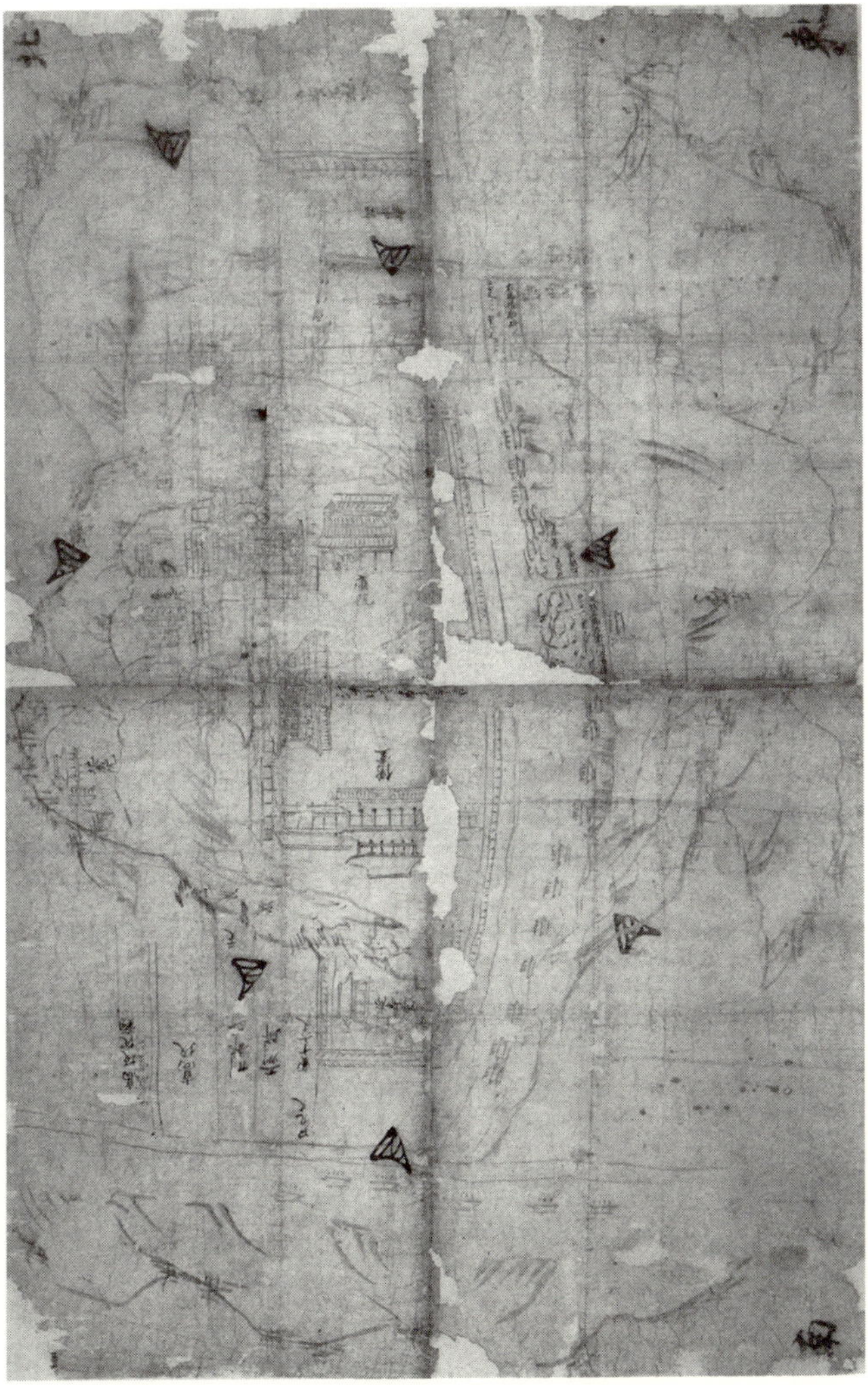

浄光明寺敷地絵図（浄光明寺所蔵）

れている（一三四九年）。

その子能憲《よしのり》（実父憲顕）は、その師直を一三五一年（観応二）、摂津《せっつ》の武庫川《むこがわ》合戦で敗走させ、捕縛後殺害し、養父重能の仇を討ったことが見えている。高・上杉両者の対立は、よく知られるように、その後の観応《かんのう》の擾乱《じょうらん》の引き金となった。

＊　ちなみに重能については、近年発見された建武年間の「浄光明寺《じょうこうみょうじ》敷地絵図」に、この重能の花押が七ヵ所確認される。鎌倉扇谷に所在する浄光明寺は、中先代《なかせんだい》の乱後、鎌倉を奪回した尊氏が謹慎した所とされている。尊氏の妻は、執権赤橋守時《あかはしもりとき》（長時流北条氏）の妹登子であり、そうした縁故で尊氏も入寺したと思われる。

この絵図は建武政権下での寺領安堵の必要から、作成されたものだった。かつて守時の屋敷に隣接していた浄光明寺の境内が精緻に描写されており、同時期の円覚寺の境内絵図とともに、重要な情報を提供してくれる。

敷地絵図に見える重能の花押は、建武政権下での鎌倉の寺領安堵の状況を語ってくれる。そこには、直義あるいは尊氏の意をうけた重能が、所務沙汰に関与していたことをうかがわせる（この絵図について、大三輪龍彦編『浄光明寺敷地絵図の研究』新人物往来社、二〇〇五年、参照）。

ふりがな ご氏名		年齢　　　歳　　男・女
〒 □□□-□□□□ ご住所	電話	
ご職業	所属学会等	
ご購読 新聞名	ご購読 雑誌名	

今後、吉川弘文館の「新刊案内」等をお送りいたします(年に数回を予定)。
ご承諾いただける方は右の□の中に✓をご記入ください。　□

注 文 書

月　　日

書　　名	定　価	部　数
	円	部
	円	部
	円	部
	円	部
	円	部

配本は、○印を付けた方法にして下さい。

イ. 下記書店へ配本して下さい。

(直接書店にお渡し下さい)

(書店・取次帖合印)

書店様へ=書店帖合印を捺印下さい。

ロ. 直接送本して下さい。

代金(書籍代+送料・手数料)は、お届けの際に現品と引換えにお支払下さい。送料・手数料は、書籍代計1,500円未満530円、1,500円以上230円です(いずれも税込)。

＊お急ぎのご注文には電話、FAXもご利用ください。
電話 03−3813−9151(代)
FAX 03−3812−3544

愛読者カード

本書をお買い上げいただきまして、まことにありがとうございました。このハガキを、小社へのご意見またはご注文にご利用下さい。

お買上**書名**

＊本書に関するご感想、ご批判をお聞かせ下さい。

＊出版を希望するテーマ・執筆者名をお聞かせ下さい。

お買上 書店名	区市町	書店

甲斐国

ここは坂東八ヵ国には入らないが、鎌倉府の領国としてその支配内に数えられる。甲斐は隣国の信濃とともに馬牧が多く、その数は東国でも屈指にあたる。武士団の形成と馬牧との関係は、古くから指摘されているところでもある。

源平争乱期、南北朝動乱、そして戦国にいたるまでの一二〇〇年代から一五〇〇年代まで、武田の武士団が盤踞した。甲斐源氏略系図に示した逸見《へみ》・安田《やすだ》・加賀美《かがみ》・一条《いちじょう》・板垣《いたがき》・秋山《あきやま》・小笠原《おがさわら》・南部《なんぶ》・穴山《あなやま》・大井《おおい》などの名字を有した家々は、いずれも武田から分出した流れであった。

甲斐源氏と通称される武田氏のルーツは、義光《よしみつ》の子義清《よしきよ》が常陸国那珂《なか》郡武田郷（茨城県勝田市）を領したことに始まるとされる。*その後義清が甲斐の市河荘（市川大門町《いちかわだいもん》）に配流され、この地に土着したところから勢力拡大が進む。

甲斐源氏の原点ともいうべき市河荘は、甲斐四郡（巨摩《こま》・八代《やつしろ》・山梨・都留《つる》）のうち八代郡西部にわたる広大な荘域を有した荘園で、その内部には逸見・加賀美・小笠原などの地域もふくまれていた。特に

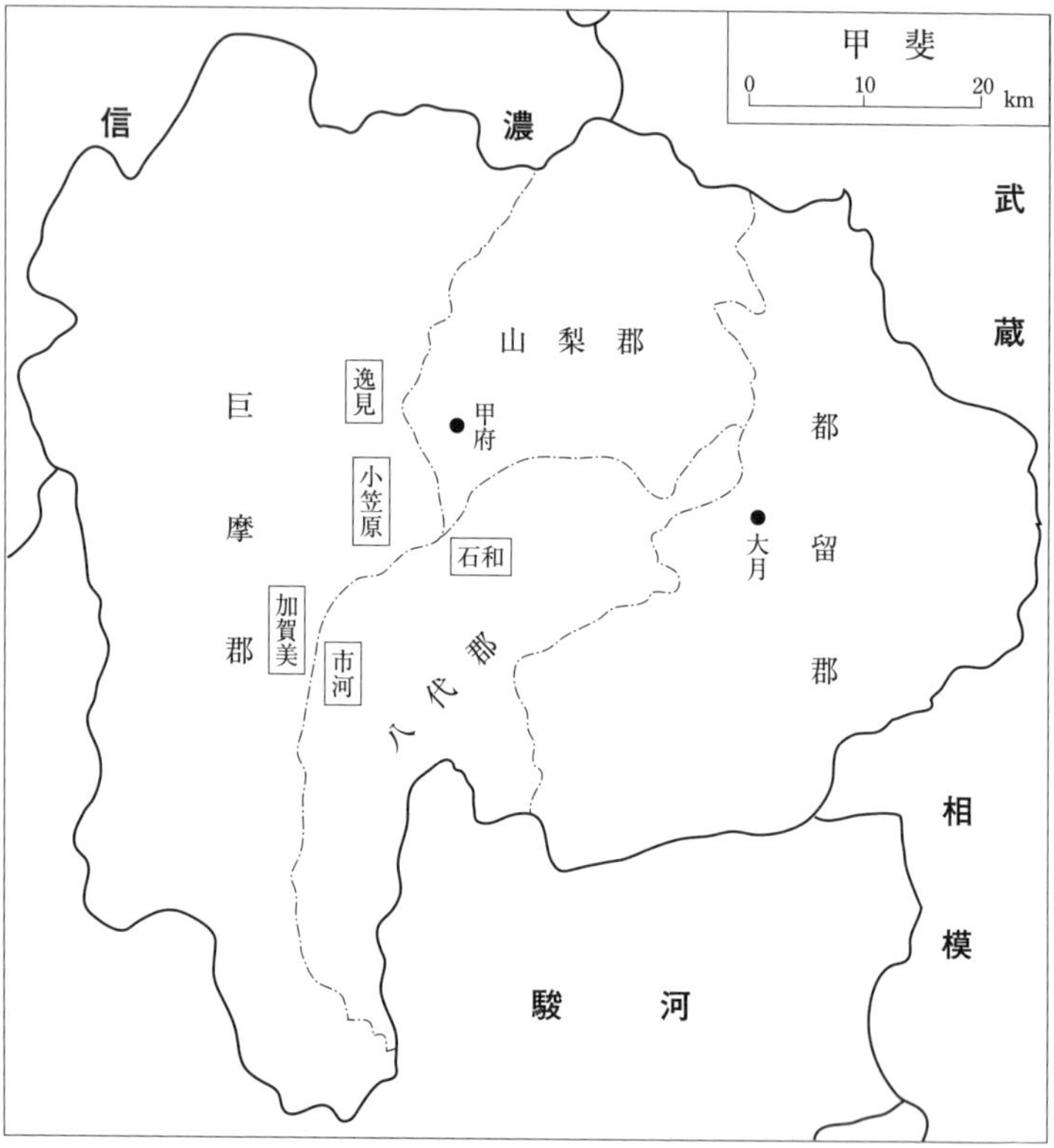
甲　斐
0
10
20
km
信
濃
武
蔵
相
模
駿　河
山　梨　郡
巨
摩
郡
都
留
郡
八　代　郡
逸見
小笠原
加賀美
市河
石和
甲府
大月

巨摩郡の八ヶ岳南麓に位置した逸見方面は馬牧も多く、信濃へと通ずる要衝だった。早くからここをおさえた清光《きよみつ》は、急速にその勢力をのばしていった。

甲斐源氏の活躍は、源平争乱期に『平家物語』に登場する富士川合戦の一齣でもよく知られる。頼朝挙兵に源氏一門として力を合わせたが、内乱終息とともに勢力はしだいにそがれてゆく。承久の乱（一二二一年）後には、武田信義《のぶよし》・信光《のぶみつ》父子の流れと、加賀美遠光《とおみつ》・長清《ながきよ》父子の流れが残ることになる。

このうち後者の加賀美一族は、加賀美荘の北方にある小笠原牧《おがさわらのまき》を領した長清の流れが、信濃国守護となり発展する。前者の武田氏は石和御厨《いさわのみくりや》を領し、鎌倉期を通し甲斐国の守護職を掌握していった。

甲斐源氏略系図

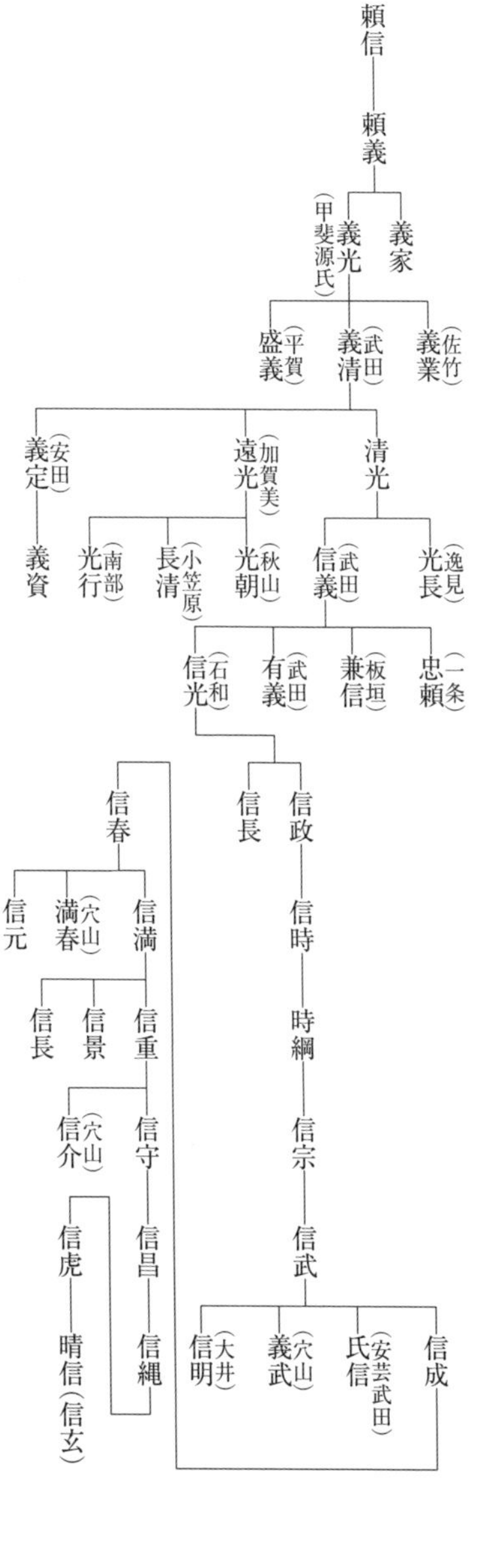

以下では、その武田氏の来歴について述べる。

＊　甲斐と源氏とのかかわりに関しては、河内源氏《かわちげんじ》の祖とされる源頼信《よりのぶ》が一一世紀前半の平忠常《ただつね》の乱（長元の乱〈一〇二八年〉）で、これを鎮圧するために甲斐守に補任されたことに始まる。房総一帯を巻き込んだこの乱では、平将門《まさかど》の乱にちなみ当初は敵人登用策（同族内でのライバルを登用）で対応しようとしたが失敗し、源氏の頼信を任じこれを鎮圧した。

王朝国家期の武力鎮圧の一般的方式は、争乱当該地域近傍の国守に追討令が出され、関係諸国の国衙《こくが》の軍事力を利用し反乱を鎮圧した。頼信の甲斐守の任命もそうした王朝国家期の武力発動に対応したものだった。その後、頼信の孫義光が後三年合戦《ごさんねんかっせん》に参じ東北に下向、乱後に常陸介・甲斐守に任ぜられたという。ただし義光の甲斐守補任は確証がなく、義光の子義清以降に伝承化されたものだろう。

武田氏

源平争乱と甲斐源氏

源平争乱期での甲斐源氏の動きは、前述の富士川合戦から始まる。頼朝の挙兵に参じた武田信義以下の甲斐源氏は、平氏敗走の賞として、信義が駿河の守護に、弟の安田義定《よしさだ》が遠江《とおとうみ》の守護に任じられた。

『吾妻鏡』に見える有名なこの記事に登場する守護は、制度化された後世の守護ではなく、内乱期の占領地域での軍政官的なそれであろう。甲斐源氏が頼朝そして信濃の義仲《よしなか》とならぶ、第三極的存在だったことを示唆する。富士川合戦前後での甲斐源氏の活躍はめざましく、その後も義仲追討や西海合戦で大きな力を発揮する。

しかし、平氏西走後に頼朝の政治的優位が確定すると、甲斐源氏への粛清が開始される。頼朝は信義の子一条忠頼《ただより》を誅殺（一一八四年）、その家督は信光へと受けつがれる。また信義の弟で加賀美の祖となる遠光の子孫については、長子光朝《みつとも》（秋山）が義仲に与したため、長清《ながきよ》（小笠原・加賀美）の流れが主流となってゆく。

同じく信義の弟義定（義定の実父は義清、清光の養子）は前述のように遠江の守護で、一一八三年（寿永二）の八月には従五位下遠江守に補任された。武的な軍政官（検断《けんだん》業務）と行政官（国政業務）を兼ねるほどになった。

西海合戦では義経軍に属したが、その立場は対等に近く、義定配下の部隊は平経正《つねまさ》、師盛《もろもり》を討っている（『吾妻鏡』）。義定が頼朝の軍門に完全に入ったのは源平合戦後といえる。

その後、子の義資《よしすけ》は頼朝の知行《ちぎょう》国だった越後守に任ぜられた。建久年間（一一九〇〜九九）には後白河院との間で公事《くじ》をめぐり懸隔を生じた。さらに義定は永福寺《ようふくじ》薬師堂供養のさいに、女房の聴聞所《ちょうもんどころ》に艶書《えんしょ》を投じた咎もあり、やがて義定・義資父子は力を失う。

武田の家督を継承した信光は石和《いさわ》五郎と称し、その兄たちの兼信《かねのぶ》（板垣）・有義《ありよし》（武田）とは対照的に幕府内部に根をおろした。兼信については『吾妻鏡』に西海合戦で土肥実平《どひさねひら》と反りが合わず対立したことが見えている。その後、一一九〇年に隠岐《おき》に配流、没落した。

有義は源平争乱以前、平重盛《しげもり》の侍だった。内乱期には鎌倉側に参じたが、頼朝死後に勃発した梶原景時《かじわらかげとき》の乱（一二〇〇年）でこれに与し没落した。*1

忠頼以下の兄たちが没落するなかで、その地位を守った信光は、和田義盛《わだよしもり》の建保《けんぽう》合戦（一二一三年）

でも武功をたて、承久の乱では東山道《とうさんどう》大将軍として上洛、功により安芸《あき》国守護職を与えられた。*2 信光以後、武田本宗家の地位はゆるがず、元弘の乱では武田三郎（政義《まさよし》）率いる甲斐武士団が、幕府上洛軍の一員とし、楠木の赤坂城攻略に参じている。

＊1　頼朝死後、景時は甲斐源氏の有義をその後継候補として画策していたが、この策動は信光によって幕府に報ぜられた。また『源平盛衰記《げんぺいせいすいき》』によれば、信光は女婿に木曽義仲《きそよしなか》の嫡子清水冠者《かじゃ》を望んだが許されず、ために逆に義仲の悪口を頼朝に告げ、両者の不仲をさそったとされる。これが事実だとすれば、状況主義に徹した信光の行動は、内乱期を巧みに泳ぎぬいた人物の典型ともいえる。

＊2　恩賞として与えられた安芸国守護職はその後、武田の一族が継承、室町期には若狭《わかさ》守護にも任ぜられている。この一族の流れはその後、北海道の松前《まつまえ》氏のルーツにもなる。松前氏の来歴をしるす『新羅之記』は、新羅三郎義光《しんらさぶろうよしみつ》を祖とする武田氏が、松前氏へといたる流れをストーリー化した記録でもある。なお、信光とともに甲斐・信濃方面の有力武士団を構成した小笠原氏の祖長清も、この承久の乱の戦功として阿波守護職を与えられた。そうした関係で一族には阿波《あわ》の三好《みよし》郡を拠点に三好氏を称する流れもあった。これが戦国大名で知られる三好氏の原点となる。三好氏は室町期に阿波国守護となる細川氏の守護代として活躍した。

武田一族の南北朝

その後の建武政権から南北朝期にかけて、信武《のぶたけ》・信成《のぶしげ》・信春《のぶはる》の時代は早くから足利側に参じたことで、守護の地位を安定させた。信武は安芸の守護として、尊氏の挙兵に参陣した。当時、甲斐守護は前述の政義（石和派）だったが、南朝側に与したことで信武がこれを兼任する。

信成は尊氏・直義兄弟の対立（観応の擾乱）のおり、甲斐にあって尊氏側に属し富士河原や蒲原合戦で活躍した。また『太平記』には、観応の擾乱後の新田義宗・義興の挙兵にさいし、武蔵野合戦や笛吹峠合戦（一三五二年）で信武・信成父子が尊氏に参じたことが見えている。信武の次男氏信《うじのぶ》は、系図にあるように安芸武田氏の祖となっている。

信春の時代も散発的ながら反尊氏勢力が甲斐・信濃方面で蜂起している。一三五五年信春は甲斐柏尾《かしお》山《さん》に陣し、国内の南朝勢力を排撃しようとして、大善寺《だいぜんじ》衆徒に寺領の寄進を約して祈禱させている。

信満と鎌倉公方持氏

その後、信春の子信満《のぶみつ》の時代に危機がおとずれる。上杉禅秀の乱（一四一六年）で、この信満は禅秀（氏憲）の舅《しゅうと》であったため挙兵した。いったんは禅秀勢が優位に立ったが、鎌倉公方持氏に反撃され、敗北した。

鎌倉府軍に攻め込まれた信満は木賊《とくさ》山（山梨県東山梨郡大和）で自害した。この信満のこともふくめ、以下での流れはいずれも『鎌倉大草紙』に詳しく見えるものだ。

信満死後、甲斐では同族の逸見氏が勢力を拡大させた。逸見有直《ありなお》は足利持氏に接近、信満敗退後の甲斐守護を要請した。持氏はこの人事を幕府（将軍義持《よしもち》）に要望するが、幕府サイドでは持氏の独断的行為を警戒し、武田一族の守護継承を確認した。

当時、信満の子信重《のぶしげ》は出家し高野山《こうやさん》に入り難をのがれようとした。また、叔父の信元《のぶもと》も同じく高野山で出家（空山）していた。幕府は信元を守護に任じ、姻戚関係にある信濃守護の小笠原を後見として甲斐入国をはかったが失敗した。逸見氏の勢力が強かったためである。

信元の死後、養子となった伊豆千代丸《いずちよまる》（実父は信長）も同じく入国は困難をきわめた。幕府は固辞する信重を守護に任ずることで、事態の終息をはかろうとした。この時期、信重の弟の信長《のぶなが》が逸見氏と対

武田氏婚姻関係図

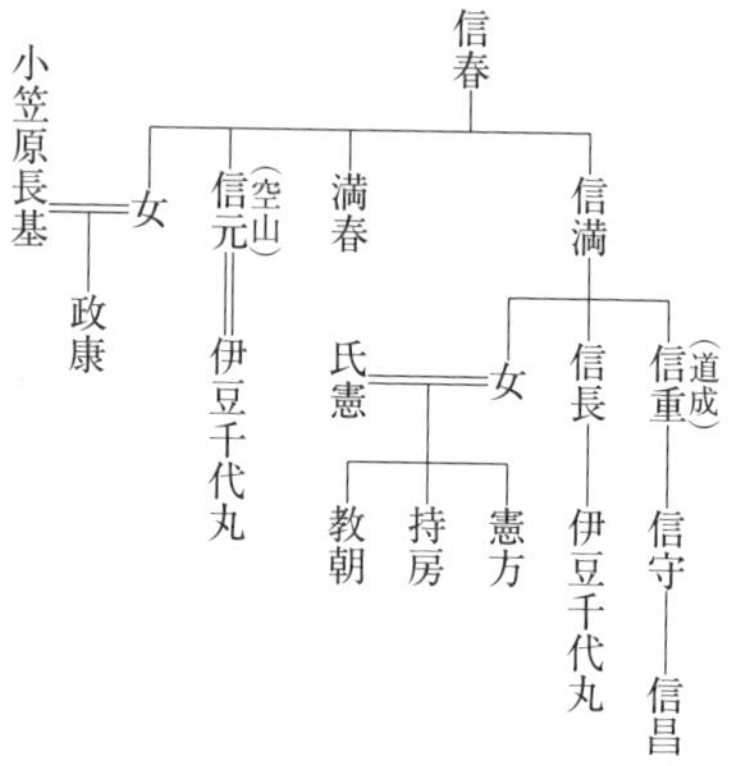

武田信虎（大泉寺所蔵）

戦し、勢力回復をはかっていた。逸見氏側からの要請で出撃した持氏は、猿橋方面から攻略し、一四二六年（応永三三）の八月、ついに信長を軍門にくだしたという。

信長は鎌倉府に出仕、その地位を上昇させ、持氏や上杉家に次ぐ立場となった。その後、持氏と対立した信長は、京都との関係を密にして、甲斐での復権をはかろうとした。結城合戦ではその攻戦にくわわり旧領を回復、信長は足利成氏の鎌倉公方復帰にともない鎌倉府公習《きんじゅう》となった。

しかし、甲斐国内での勢力は弱く、これが成氏への接近を強くさせた。享徳の乱の原因となった上杉憲忠の襲撃も、成氏の意を受けてのことだった。そうした関係で、成氏は古河へと移った段階もこの信長を重用し、上総方面へと派遣、武田氏のこの地域での勢力扶植に力を与えた（なお、信長と鎌倉府の動きについては昨今のものとして、杉山一弥「室町期上総武田氏の興起の基底」『武田氏研究』二五号、二〇〇二年、がある）。

流浪の守護

『鎌倉大草紙』によれば、当該期の甲斐国には輪宝《りんぽう》一揆、日《ひ》一揆と称した党的武士団があり、守護代跡部《あとべ》氏の勢力もくわわり、複雑な様相だったとある。最終的にはその跡部氏が幕府へ要請し、信重との協調を約した。

かくして守護信重の甲斐入国が実現した。一四三八年（永享一〇）のことだった。流浪の守護とも形容される信重の帰国の実現には、将軍義教の援護もあった。信重の子信守《のぶもり》は短命で、次の信昌《のぶまさ》が幼少で家督をつぎ、これを補佐し専権をふるったのが守護代の跡部氏だった。

その跡部氏もその後、一四六五年（寛正六）、信昌に滅ぼされた。信昌の時代、甲斐国の守護権の回復が実現された。ただし、これ以後長男信縄《のぶつな》と次男信恵《のぶよし》との間で家督をめぐる争いが勃発、国内は両派に分かれ対立したが、一五〇〇年代に入ると信縄の長男信虎《のぶとら》（信玄《しんげん》の父）が力をたくわえ、争乱を終わらせる。

伊豆国

甲斐とならび、ここも鎌倉府の管轄に帰していた領域だった。当国の特色はその地勢的位置にあった。東国＝坂東の要所の一つ足柄坂《あしがらのさか》・箱根坂ルートにあたり、国府三島は相模・駿河・伊豆三ヵ国の中軸にあたった。そのため坂東八ヵ国・関八州への出入口ともいうべき役割を与えられていた。

頼朝の伊豆での挙兵はもとより、時代の節目には必ずこの地域が登場する。南北朝動乱のさきがけともいうべき新田義貞《にったよしさだ》・足利尊氏《あしかがたかうじ》との箱根路での戦い、さらには戦国時代の幕明けとなった北条早雲《ほうじょうそううん》（伊勢宗瑞）の伊豆での戦い、そして豊臣秀吉《とよとみひでよし》による統一戦争における小田原攻め等々である。

隣国駿河[*1]との関係は密接で、北条時政《ときまさ》の後妻牧《まき》の方《かた》は駿河大岡牧（沼津《ぬまづ》付近）の出身であった。あるいは早雲の伊豆進攻の拠点も沼津の興国寺《こうこくじ》城だった。原《はら》・岡部《おかべ》・吉香《きっか》・船越《ふなこし》などの駿河武士団は、『平家物語』あるいは『吾妻鏡《あずまかがみ》』にも登場する。かれらの多くは北条氏をはじめとする伊豆の武士団と婚姻関係を有した。

中世の幕明けの震源は、この伊豆だった。一一〇〇年代末の源平の争乱の主役、頼朝の挙兵はここか

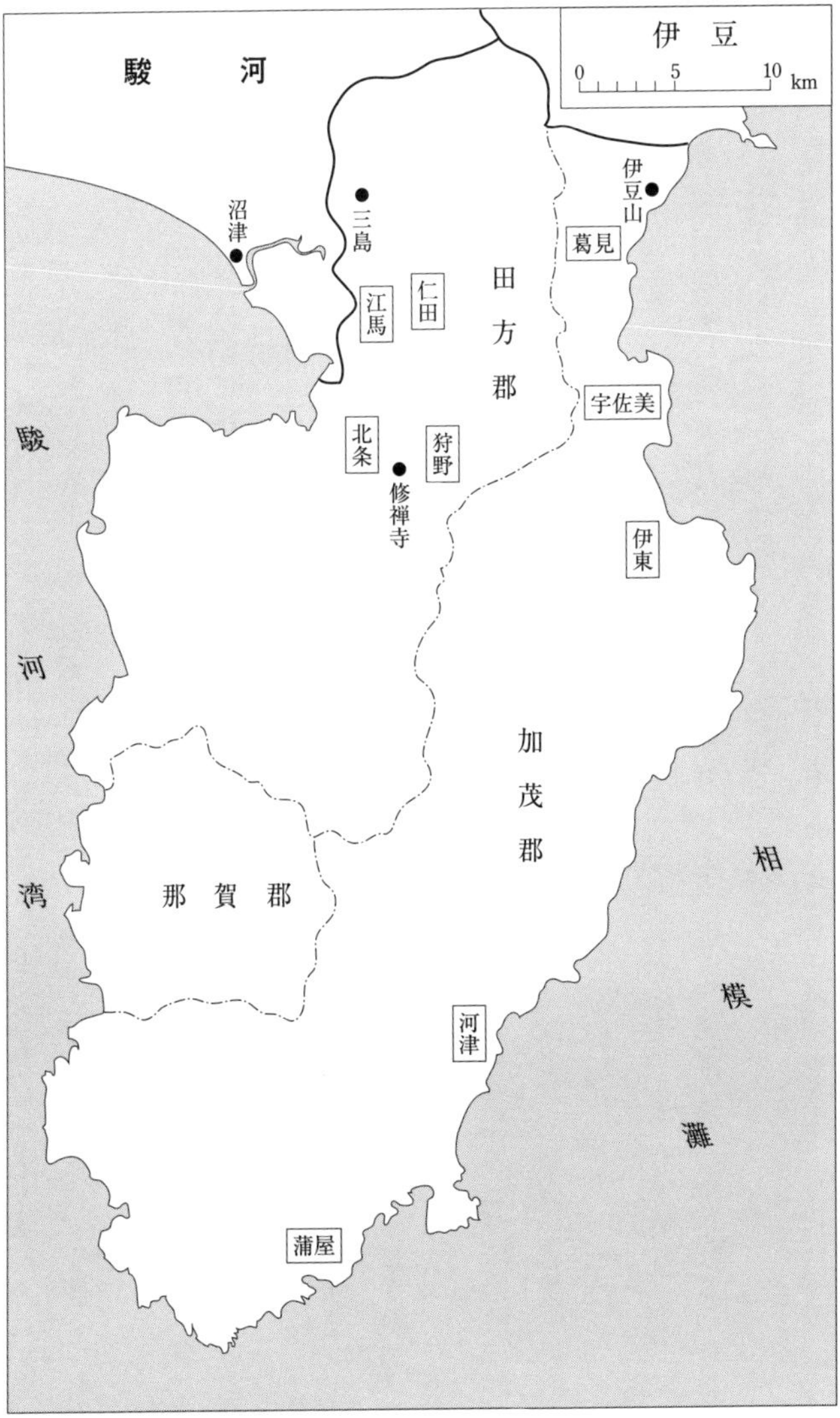
伊 豆
0 5 10 km
駿 河
沼津
三島
伊豆山
葛見
江馬
仁田
田方郡
宇佐美
北条
狩野
修禅寺
伊東
駿河湾
加茂郡
相模灘
那賀郡
河津
蒲屋

らはじまる。

『吾妻鏡』には緒戦の山木兼隆《やまきかねたか》攻略後、石橋山合戦《いしばしやまかっせん》に参陣した武士たちの交名《きょうみょう》が載せられている。北条時政以下、五〇名弱におよぶ武士たちの名が確認される。このうち伊豆出身者は、工藤《くどう》*2・宇佐美《うさみ》・天野《あまの》・仁田《にった》・大見《おおみ》・那古屋《なごや》の諸氏の面々だった。

石橋山合戦でのかれらの奮戦の様子は、『吾妻鏡』に詳しいが、同書にはまた、房総再起後の相模国府での論功行賞のことも記されている。そこには本領安堵《あんど》をうけた伊豆武士団の面々に、天野遠景《とおかげ》・狩野親光《かのうちかみつ》・工藤景光《かげみつ》・工藤祐茂《すけもち》・宇佐美実政《さねまさ》・大見家秀《いえひで》らの名も見えている。

北条氏に代表される貞盛流平氏以外は、圧倒的に維幾《これちか》流藤原氏が多い。祖である藤原維幾は、武智麻呂《むちまろ》の末裔で、将門の乱のおり襲撃された常陸の国司だったことでも知られる。その子孫が駿河・伊豆方面に土着、一族を繁茂させ、当国の有力武士団となった。

伊豆は北部の田方《たがた》郡、東部から南部に広がる加茂《かも》郡、そして南西部の那賀《なか》郡の三つに分けられる。このうち田方郡を代表する武士団が北条氏ということになる。鎌倉北条氏として歴史の表舞台におどり出た一族であり、ここで改めて取り上げることはしない。

北条氏以外の有力武士団として注目されるのは、加茂郡一帯に勢力を有した伊東氏や工藤氏をふくめた一族である。頼朝挙兵時、これに敵対した伊東祐親《いとうすけちか》、あるいは曽我《そが》兄弟とのかかわりで知られる工藤祐経《すけつね》など、『源平盛衰記《げんぺいせいすいき》』『曽我物語《そがものがたり》』などでもおなじみだろう。

ここでは、源平争乱期の武士団のその後の行方をおさえることが課題となる。さらに、一四〇〇年代後半に駿河から伊豆へと攻め込み、東国の台風の目ともなった北条早雲（伊勢宗瑞）の動きも射程に入れたい。

＊1　駿河の武士団については、本書では言及しないが、ここも伊豆と同様に南北朝・室町期に外部の守護勢力と地域武士団の統合が進んだところだ。足利一門の今川《いまがわ》氏が、関東への入り口のこの国をおさえていたのは軍略的に重要だった。

今川氏は京都幕府に力添えをした。禅秀の乱にさいし、鎌倉を追われた足利持氏を今川範政《のりまさ》は駿河にむかえ、幕府の援助で持氏とともに鎌倉奪回をはたした。また持氏《もちうじ》の子成氏《しげうじ》の享徳の乱（一四五四年）にさいしても、今川範忠《のりただ》の力で鎌倉を奪い返し、成氏を下総古河《しもうさこが》へと動かすこととなった。その意味で今川氏は鎌倉府（鎌倉公方《かまくらくぼう》）を東海道方面で外護・援護する役割を担っていた。

堀越《ほりごえ》公方政知《まさとも》が、伊豆の堀越で拠点を定めるさいに、援護したのはこの今川氏だった。そして、何よりも今川と姻戚関係にある伊勢宗瑞が、その食客的立場で駿河に立場を築き、ここから関東へとその勢力を拡大させたことを考えるとき、駿河の地勢的役割の大きさが、あらためて理解される。

＊2　工藤氏の出自については、甲斐出身と解する立場も提起されている（今野慶信「藤原南家武智麿四男乙麻呂流鎌倉御家人の系図」、峰岸純夫他編『中世武家系図の史料論』上巻所収、高志書院、二〇〇七年）。ただし、なお種々の議論もあり、ここでは主要な活動の舞台が伊豆であったことから、取り上げることとする。

工藤氏・狩野氏

狩野《かのう》氏・工藤氏略系図で、注目されるのは、工藤（狩野）茂光《しげみつ》・親光《ちかみつ》父子である。茂光は保元《ほうげん》の乱《らん》で大島に配流《はいる》された源為朝《みなもとのためとも》の追討に、有力在庁の一人として従軍したとされる（『保元物語』）。子息の親光ともども石橋山合戦で頼朝に参陣したが、茂光は自害、親光はその後、奥州合戦《おうしゅうかっせん》で武功をたてている。*

伊豆武士団と源平の争乱

この系統とは別の景任《かげとう》流の工藤氏に景光《かげみつ》・行光《ゆきみつ》父子がいる。かれらも頼朝に参陣したが、当初は甲斐《かい》源氏《げんじ》の安田義定《やすだよしさだ》軍に属し、富士川合戦の前哨戦《ぜんしょうせん》ともいうべき駿河の波志太《はした》山合戦で、平家側の俣野景久《またのかげひさ》を捕え軍功をなした。行光は阿津賀志《あつかし》山の合戦で奥州軍と戦い、その武功で岩井郡を頼朝から与えられ、東北での工藤氏の発展の基礎をきずく。

同じく源平争乱期に活躍した伊豆の武士に、宇佐美《うさみ》・仁田《にった》・天野《あまの》の諸氏がいる。いずれも工藤・狩野氏の流れに属した。ただし宇佐美氏については、桓武《かんむ》平氏流の宇佐美氏にも留意を要す。この流れに実政《さねまさ》がいる。田方郡大見荘の住人で大見平次と称し、兄政光《まさみつ》とともに石橋山合戦に参陣した。奥州合戦のおりには比企能員《ひきよしかず》とともに北陸道大将軍の立場で従軍、その後、泰衡《やすひら》の郎従《ろうじゅう》大河兼任《おおかわかねとう》の乱（一一九〇年）で戦死した。

また工藤・狩野流の宇佐美氏として、『吾妻鏡』に登場する祐茂《すけもち》がいる。兄が有名な工藤祐経《すけつね》である。

そして天野氏については、遠景の存在が大きい。田方郡天野を拠点としたこの人物は、西海合戦で範頼《のりより》軍に属し、内乱後は鎮西《ちんぜい》奉行（守護人）の立場で、頼朝の命で鬼界島《きかいがしま》征討に従軍したことで知られ

狩野氏・工藤氏略系図

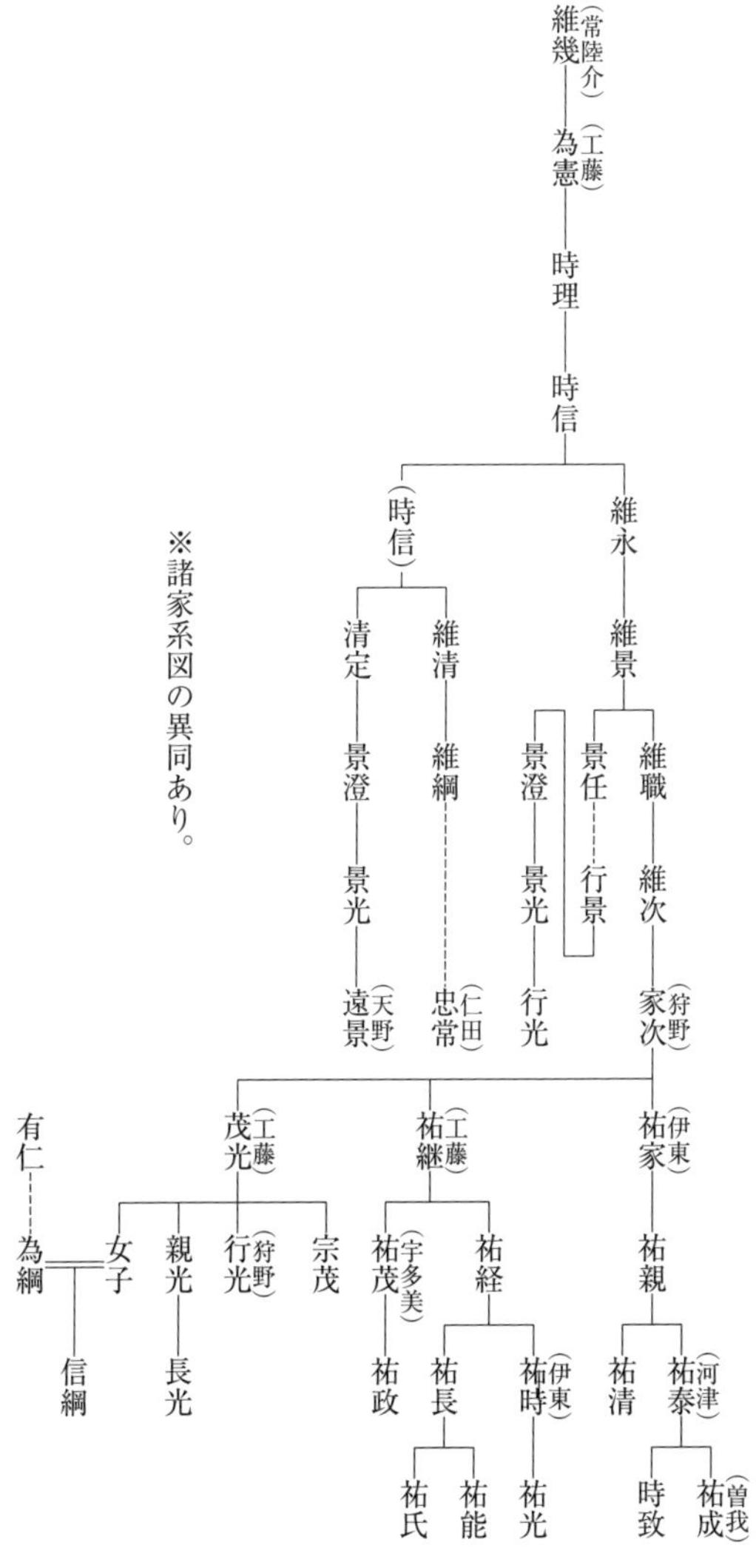

※諸家系図の異同あり。

る。

仁田忠常《ただつね》もまた『吾妻鏡』に載せる伊豆武士団の雄の一人だ。天野と同じく田方郡の出身で、仁田(新田)を名字とした。頼朝挙兵より参じ、二代頼家に信任され、一二〇三年(建仁三)の富士山麓の風穴探検は有名だろう。その後比企能員の事件で北条氏に討滅された。

＊ 親光は阿津賀志山合戦で藤原国衡《くにひら》軍と戦い戦死している。また、系図を参照すると、茂光の孫に田代信綱《たしろのぶつな》がいる。この人物は後三条《ごさんじょう》天皇の第三皇子輔仁《すけひと》親王から五代の孫と伝えられ、父は伊豆守為綱《ためつな》あるいはその子為経《ためつね》とされる。茂光はこの信綱の母方の祖父にあたる。信綱はこの茂光のもとで養育され、『吾妻鏡』に田代冠者《かじゃ》として登場する。

石橋山合戦では工藤茂光とともに参加、祖父自害のおりにその介錯《かいしゃく》をつとめた。内乱時代には義経軍にしたがい屋島《やしま》合戦でもその名をとどめている。また親光の兄弟宗茂《むねしげ》は、『吾妻鏡』によれば一一八四年(元暦元)三月に平家の武将平重衡《たいらのしげひら》を預かっている。

伊豆の守護は北条時政・義時《よしとき》と継承され、北条得宗《とくそう》家の掌握するところだった。伊豆の有力在庁として国務にかかわった狩野氏は、北条氏台頭前の鎌倉初期までは、北条氏とともに同国の守護的職責を分掌していた可能性もあるという(佐藤進一『鎌倉幕府守護制度の研究』東京大学出版会、一九七一年)。

工藤氏・狩野氏の来歴

以下では本流工藤氏について述べておく。「尊卑分脈《そんぴぶんみゃく》」には維幾《これちか》の子で遠江《とおとうみ》権守為憲《ためのり》のとき、木工助《もくのすけ》に任ぜられ、工藤大夫と号したとある。為憲の子孫駿河守維景《これかげ》は伊豆国狩野を拠点とし、その子維職《これもと》は伊豆の押領使《おうりょうし》となっている。諸国一般の事情と同じく、武力に秀でた兵《つわもの》的存在として当該地域に勢力を扶植《ふしょく》し始めた段階だろう。一一世紀前後の時期と推測される。

系図に見える源平争乱期の武士団は、その曽孫以降の人物だった。

とりわけ注目されるのは、『曽我物語』[*1]の主役をなす曽我兄弟とその相手の工藤祐経だろう。人口に膾炙《かいしゃ》している話だが、平安末から鎌倉期の東国武士の所領経営や相続、婚姻関係を知るうえで参考となるはずだ。[*2]

頼朝の寵臣だった祐経の家系は、「伊東系図」によれば祐時《すけとき》―祐光《すけみつ》―祐宗《すけむね》―貞祐《さだすけ》とつづき、北条得宗家との関係を維持したことがうかがえる。その曽孫の氏祐《うじすけ》の時代はおりしも元弘《げんこう》の乱《らん》（一三三三年）の時代で、尊氏に味方し「氏字拝領《うじのじはいりょう》」と見えている。

工藤・狩野氏については、承久《じょうきゅう》の乱《らん》（一二二一年）で北条泰時《やすとき》・時房《ときふさ》率いる東海道軍のなかにその名をとどめる。狩野介入道・伊藤左衛門尉・宇佐美五郎兵衛の面々である[*3]（『承久記』）。

また南北朝動乱期には宗良《むねよし》親王の東海地域での南朝拠点化に呼応し、狩野介貞長《さだなが》が駿河の安倍城にあって、同族の工藤・伊東・天野の諸勢力を糾合する動きも見せている。

＊1　謡曲に「夜討曽我」「小袖曽我」などの作品があり、歌舞伎も曽我物というジャンルが確立するほど庶民の人気を博した。『吾妻鏡』の一一九三年（建久四）五月二八日条には、曽我事件のあらましが詳述されている。それによれば事件勃発の当日は、小雨模様で夜には雷鳴をともなう大雨だったとある。

曽我十郎祐成《すけなり》と五郎時致《ときむね》兄弟が富士野の神野の幕営に推参、工藤祐経と王藤内なる人物を殺害におよんだ。兄の祐成は仁田忠常に討たれるが、弟の五郎は「御前ヲ差シテ奔走」したとあり、頼朝の寝所をめざし突撃したが捕縛されたとしるされている。

曽我兄弟の供養塔（城前寺）

曽我物語の人物関係

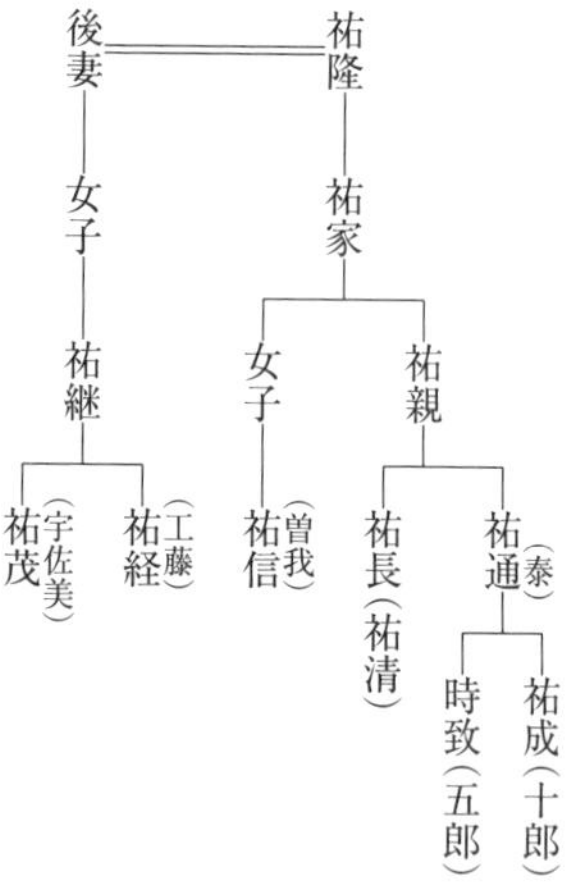

翌日、五郎は尋問のために頼朝の前に召し出され、工藤祐経殺害におよぶ経緯を語った。「聞ク者、舌ヲ鳴ラサズトイフコトナシ」とは、頼朝と五郎の問答を聴く者たちの感想だが、頼朝はその堂々たる勇士ぶりに五郎を許そうとしたが、祐経の遺児の要望で梟された（曽我事件のあらましに関しては、鈴木哲・関幸彦『闘諍と鎮魂の中世』山川出版社、二〇一〇年、も参照）。

＊2　『曽我物語』からの人脈関係図を整理すれば次のようになる。系図中の人物、狩野・伊東・河津《かわづ》・宇佐美はいずれも地名に由来する。開発領主《かいほつりょうしゅ》として地域社会に根をおろした武士だった。曽我兄弟の父河津三郎祐通《すけみち》（祐泰《すけやす》）は河津荘を領有した。曽祖父の祐隆《すけたか》は久須美入道と称し、広範囲の開発所領を領有していた。祐隆は後妻の連れ子だった娘に生ませた祐継《すけつぐ》に所領の多くを譲与したが、嫡孫の祐親《すけちか》を養子にし

て河津荘を譲った。祐親は『平家物語』『吾妻鏡』にも登場する有名人物で、流人《るにん》時代の頼朝はこの祐親の娘（伊東三女）に通じ子をもうけたが、平氏をはばかり祐親はこれを害した。

この祐親の息子が祐通だった。一方祐親と対立関係にあったのが、祐継だった。祐継はその後、病に倒れ、祐親と和解、幼少の祐経《すけつね》のこともふくめ後事を託し他界する。だが、祐経が長ずるに及んでも、祐親からの所領返還はなく、これがために祐経はついに実力行使に出る。祐親と息子の祐通（祐泰）を襲撃した。一一七六年（安元二）の一〇月のことだった。その襲撃事件で祐通（祐泰）は殺される。これが曽我事件の発端だった。兄弟の母は祖父祐親のすすめで、曽我荘の曽我祐信《すけのぶ》のもとに嫁したので、幼少で残された兄弟は、そこで育つことになる。

＊3　多くの伊豆武士団は北条氏（幕府）側に従ったが、天野氏のなかでも天野四郎左衛門尉は京方に属したようだ。「天野系図」での肩書・通称から判断して時景《ときかげ》・景盛《かげもり》の両人のいずれかの可能性が高い。ついでながら、承久の乱は東国武士の西遷という点で大きな画期となった。とりわけ有名なのが隣国駿河の武士団の相良《さがら》氏や吉香《きっか》（吉川）氏だ。相良氏は肥後《ひご》国の人吉《ひとよし》荘の地頭職《じとうしき》を承久の乱以前から与えられているが、承久の乱が鎮西での拠点化に寄与した。

また、吉香氏は安芸《あき》国での地頭職分与をテコに、この方面に勢力を有することとなり、戦国大名毛利《もうり》氏の一門の吉川氏として活躍する。

南北朝以降の動向

一方で、『太平記《たいへいき》』に登場する狩野重光《しげみつ》のようないただけない行為をなす人物もいた。鎌倉滅亡のおり、北条一門の塩田俊時《しおだとしとき》とその父道祐《みちすけ》を裏切り、自害させたうえで、鎧《よろい》・太刀を奪う行為をなしたとある。同じく『太平記』には畠山国清《はたけやまくにきよ》の乱（一三六一年、足利基氏の執事《しつじ》畠山国清が基氏に叛いた事件）で、国清の配下の人物に「狩野介」（実名不詳）の名が見える。

早雲供養塔

いずれにしても、源平争乱期の名族、工藤氏・狩野氏は南北朝・室町期も地域領主として命脈を保っていたことがわかる。

伊豆国はその後、関東管領《かんとうかんれい》上杉《うえすぎ》氏の領国となり、一方では堀越公方《ほりごえくぼう》足利政知《まさとも》が影響力を行使した。工藤・狩野一族は、多く守護上杉氏や堀越公方支配下に属したが、一四〇〇年代末から一五〇〇年代にかけて北条早雲の伊豆侵攻にみまわれ、在来武士団の多くがその軍門に降ることになる。

狩野・工藤氏もその例外ではなく、伊豆の明応の乱（一四九八年）において、堀越公方の滅亡とともに後北条体制へと組みこまれる。

早雲の登場

北条早雲の登場については、「中世東国の年代記」で解説した（五一ページ参照）。東国の地域統合の核となった人物だ。早雲こと伊勢宗瑞が、室町幕府の中枢吏僚《りりょう》伊勢氏の出身たることもふれた。ナゾ多きこの人物の出自に関しては、種々の尾ヒレもつく。『豆相記《ずそうき》』では、なぜに北条を名乗ったかについても、それらしき説明をほどこされている。

中先代の乱の主役北条時行は敗走後の行方が定かではなかった。この時行が南朝に帰順、その拠点たる伊勢に潜伏し、そしてその末裔が伊勢氏を称し、早雲はその子孫だったとする。くわえて、父祖の地伊豆韮山《にらやま》で堀越公方茶々丸を打倒したため北条を名乗ることとなったとある。もちろん信用に足るものではないが、そうしたストーリーを創作する構想力がおもしろい。

相模国

関東南部に位置したこの国は、武蔵とともに東国武士団の温床だった。鎌倉をかかえた相模国は、南を海に、西側は箱根の坂で遮断された地域で、東国中世の開幕を演じた場でもあった。「鎌倉」体制の基盤をなす武士団がこの地域から誕生した。坂東八平氏《ばんどうはちへいし》の武士は、この相模を拠点としたものが少なくない。良文流《よしぶみりゅう》平氏の中村《なかむら》・土肥《どひ》・土屋《つちや》・二宮《にのみや》諸氏の流れ、良茂《よしもち》・良正《よしまさ》流平氏の三浦《みうら》・長尾《ながお》・大庭《おおば》・梶《かじ》原《わら》・岡崎《おかざき》諸氏の流れがこれだ（相模・平氏略系図参照）。

秀郷《ひでさと》流藤原氏の勢力では、波多野《はたの》・鎌田《かまた》・山内首藤《やまのうちすどう》諸氏の流れも大きい。秀郷流は多くが北関東から東北方面で発展したが、南関東方面にも足跡を残している（相模・秀郷流藤原氏略系図）。

そして、武蔵七党《むさししちとう》の一つ横山党の流れに属した海老名《えびな》・愛甲《あいこう》諸氏も注目される（横山党・海老名氏・愛甲氏略系図参照）。

紙幅の関係で、網羅的説明は県史や地域史の専書にゆずり、ここでは相模西部・中部・東部の三地域から各武士団を俯瞰しておこう。

相模・平氏略系図

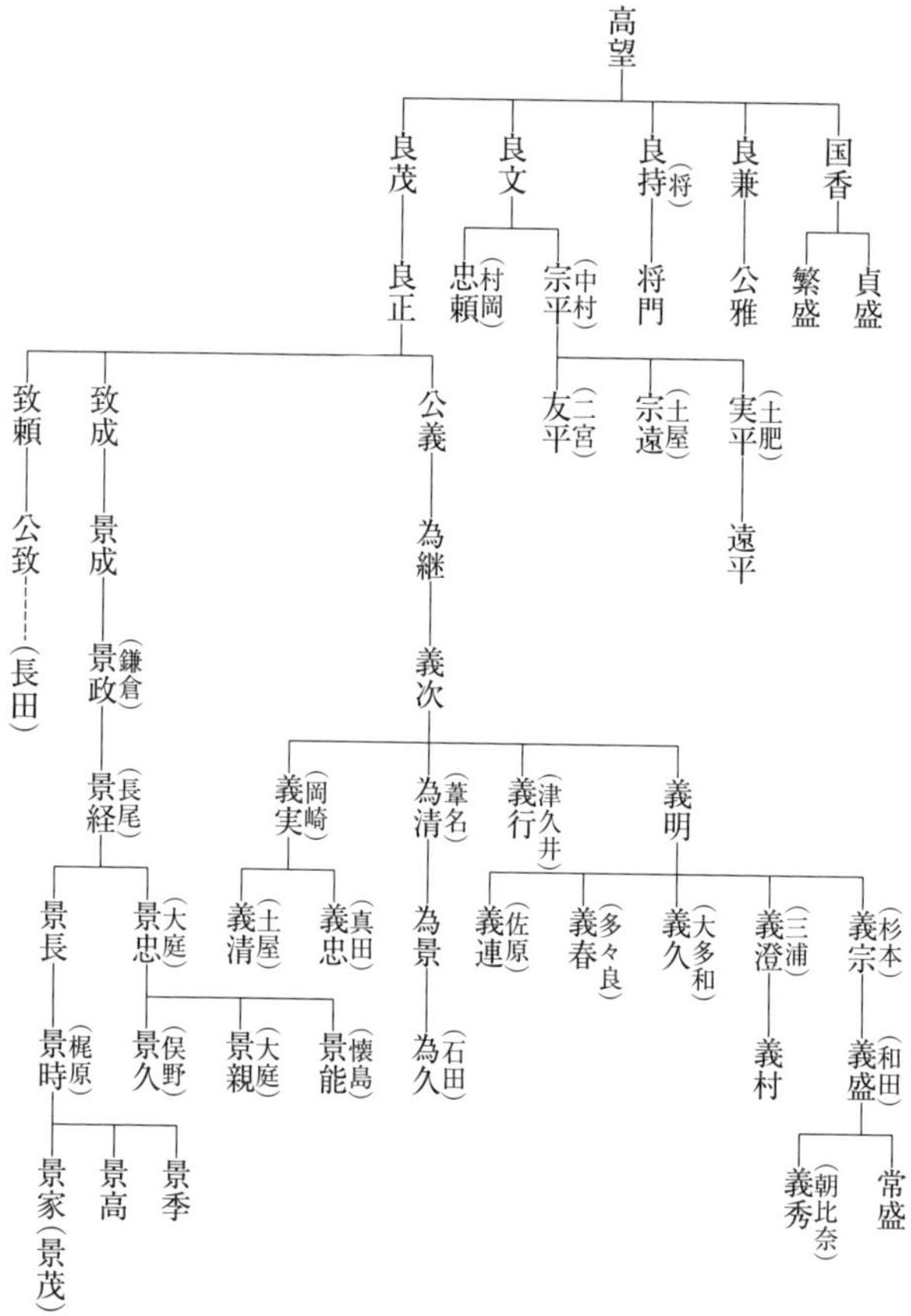
高望
国香
貞盛
繁盛
良兼
公雅
良持（将）
将門
良文
宗平（中村）
実平（土肥）
遠平
宗遠（土屋）
友平（二宮）
忠頼（村岡）
良茂
良正
公義
為継
義次
義明
義宗（杉本）
義盛（和田）
常盛
義秀（朝比奈）
義澄（三浦）
義村
義久（大多和）
義春（多々良）
義連（佐原）
義行（津久井）
為清（葦名）
為景
為久（石田）
義実（岡崎）
義忠（真田）
義清（土屋）
致成
景成
景政（鎌倉）
景経（長尾）
景忠（大庭）
景能（懐島）
景親（大庭）
景久（俣野）
景長
景時（梶原）
景季
景高
景家（景茂）
致頼
公致
（長田）

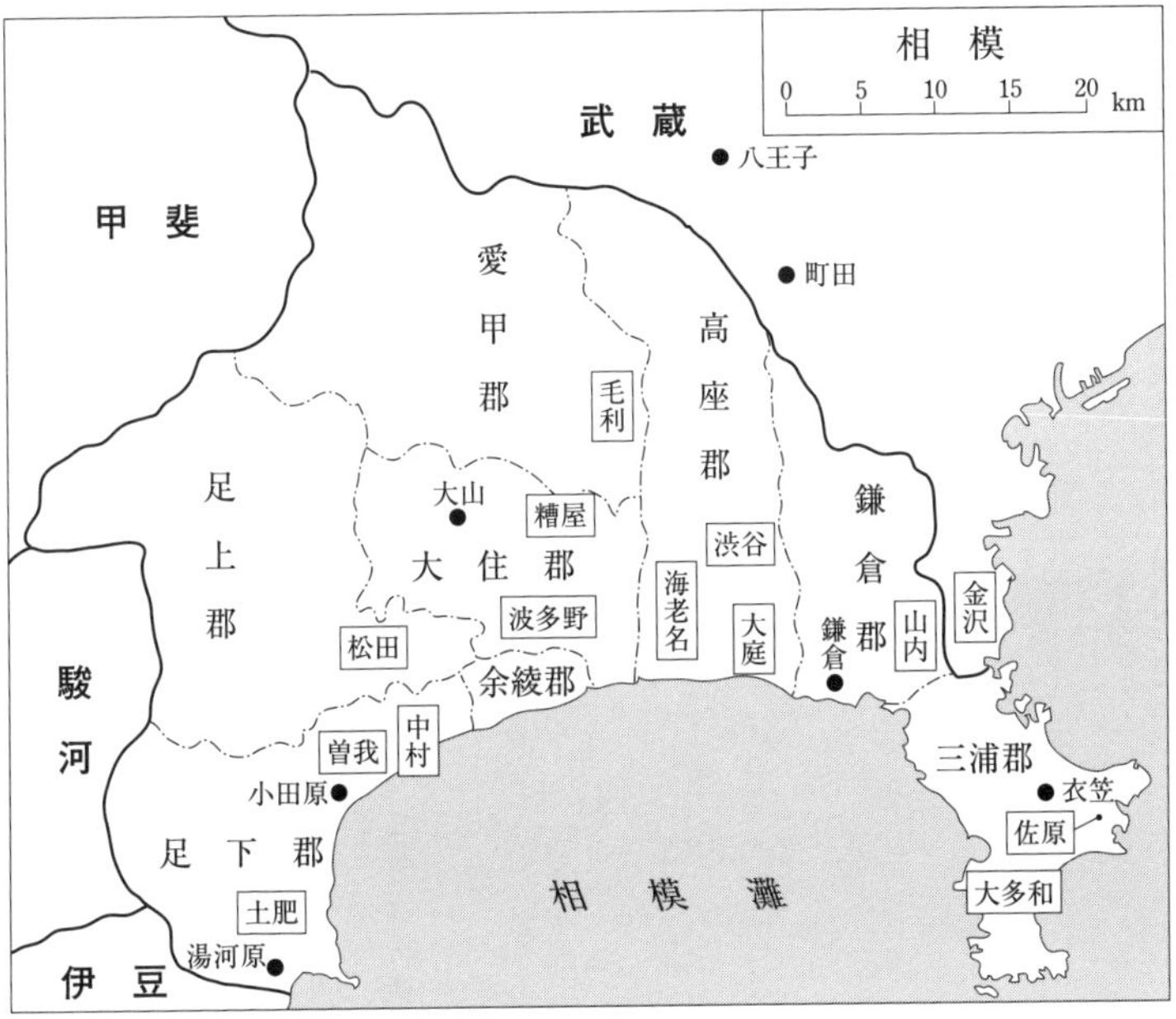

中村氏・土肥氏

内乱期の功臣

まず西部では、源平争乱期にいち早く頼朝に呼応した中村・土肥一族の足跡が大きい。足柄郡を拠点としたこの武士団は、伊豆に隣接しており、周辺武士団との競合関係から頼朝との結びつきに活路を見出そうとした。

挙兵の情況をキャッチしこれにすばやく反応した。前にふれたように、石橋山合戦での頼朝麾下の武士交名《きょうみょう》にあって、一族をあげて参陣している。相模東部の雄族三浦氏[*1]とともに、頼朝が挙兵時から期待した武士団だった。

石橋山敗走後、その側近として湯河原《ゆがわら》・箱根方面逃亡ルートの確保にあたり、房総再起にむけての最大の功労者が、土肥実平の一族である。『吾妻鏡』でおなじみの岡《おか》

相模・秀郷流藤原氏略系図

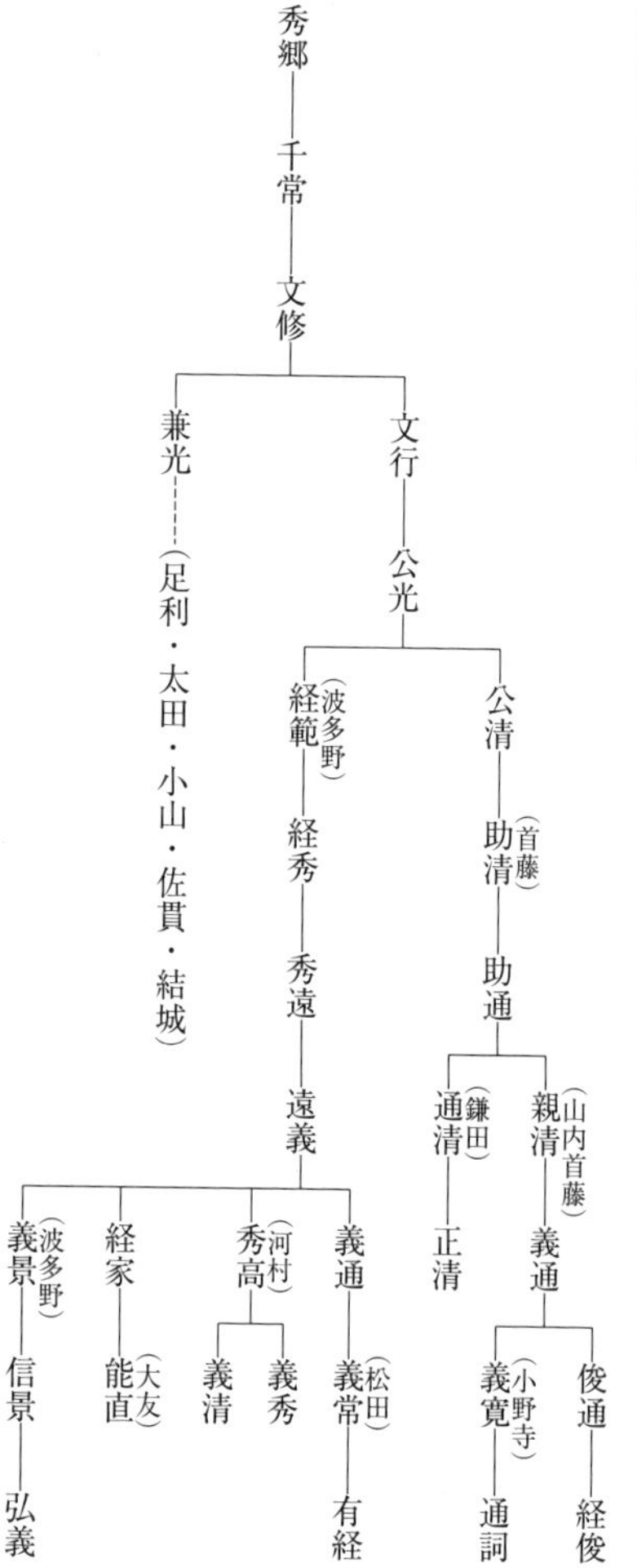

横山党・海老名氏・愛甲氏略系図

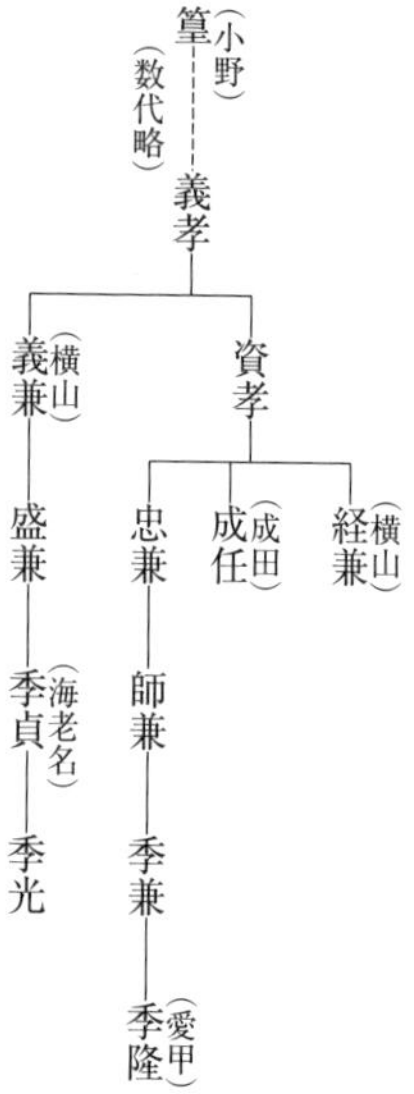

崎義実《ざきよしざね》（三浦一族）やその息子の佐奈田《さなだ》（真田）余一《よいち》も、この中村一族と婚姻関係にあった。

実平に関しては、『延慶本《えんぎょうぼん》平家物語』に平家の大番役《おおばんやく》に勤仕し、南都の悪僧土佐坊昌俊《しょうしゅん》（義経を襲撃したことで知られる）の東国護送に関与したとある。京都方面の事情にも暗くなく、その後の西海合戦では義経配下の副将的役割を与えられた。こうしたことが備前《びぜん》・備中《びっちゅう》・備後《びんご》の惣追捕使《そうついぶし》（守護）の実平補任につながった。[*2]

また岡崎義実に関しては、三浦義明《よしあき》の弟で中村氏の開発領域で領主制を展開させた。息子余一義忠《よしただ》を石橋山合戦で失うが、たびたび『吾妻鏡』に顔をのぞかせる。この義実は、相模の西にいた中村・土肥一族と東の三浦一族を結ぶ媒介的存在だった。

＊1　相模国の守護的職責は当初、三浦一族が担った。三浦氏滅亡後は、幕府の政所《まんどころ》・侍所《さむらいどころ》が守護職《しゅごしき》の機能を分掌したと推測されている（佐藤進一『鎌倉幕府守護制度の研究』）。このため北関東のような旧族領主の勢力の成長が進まず、多くが北条政権下にあって政変・反乱のなかで没落する。あるいは西国方面で地頭職を与えられ、この方面に活路を見出す武士団もあった。中村・土肥の一族だった小早川《こばやかわ》氏はその典型といえる。

＊2　実平《さねひら》の嫡子遠平《とおひら》は西海合戦で父とともに活躍したが、実平の補任された三ヵ国の守護職を継承した証はない。その子惟平《これひら》が和田合戦で滅亡したため、平賀義信《よしのぶ》の子景平《かげひら》が養子となった。その子茂平《しげひら》のとき、安芸国沼田《ぬた》荘に移住、本拠早河荘の地名をとり、小早川を姓とした。戦国大名小早川氏はその子孫である。

土肥一族の墓所（城願寺，湯河原）

大森氏・三浦氏・上杉氏婚姻関係図

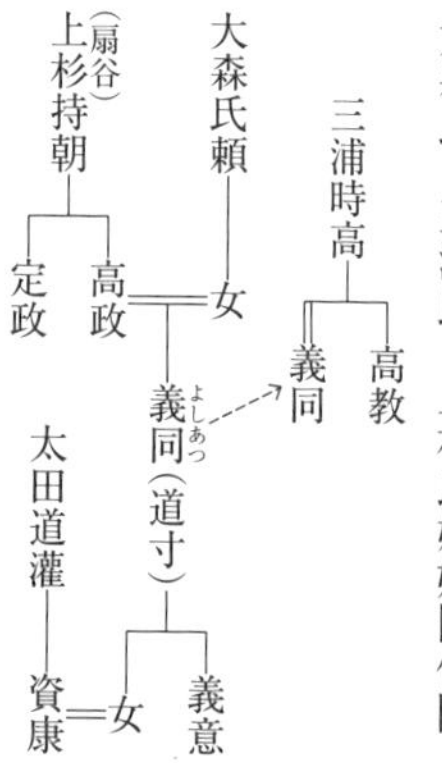

南北朝以後の土肥氏

土肥氏は承久の乱で幕府側に従軍したことが『承久記』に見え、また元弘・建武の乱にさいしても、『梅松論《ばいしょうろん》』や『太平記《たいへいき》』に名をとどめている。上杉禅秀《うえすぎぜんしゅう》の乱（一四一六年）では、『鎌倉大草紙』に禅秀与党として、鎌倉を追われた足利持氏《もちうじ》・上杉憲基《のりもと》を小田原で攻略したことが見える。

ちなみに、小田原はこの土肥氏の勢力下にあった。禅秀の乱で持氏は小田原を追われ駿河の大森氏を頼った。大森氏は乱の鎮圧後にその武功により小田原を与えられた。

土肥氏の没落後、相模小田原に拠点を移した大森氏は、室町期に入り発展する。相模守護となった上杉氏（扇谷《おうぎがやつ》）の補翼的地位を与えられ、東部の三浦氏とともに相模武士団の支柱となった。その後は伊勢宗瑞（早雲）の登場で、小田原を奪われることになる。*

＊一四〇〇年代末期に起こった山内上杉氏（伊豆・武蔵・上野の守護）と扇谷上杉氏（相模・上総の守護）両者の対抗・対立は長享《ちょうきょう》の乱（一四八七年）と呼称されるが、明応期（一四九二〜一五〇一）には北条早雲が相模に進攻し、新たな事態が出現する。
早雲は、伊豆に近いこの大森氏の拠城小田原を手中におさめ、さらに東部の三浦氏攻略へと進む。当時、扇谷上杉氏の中心は定正《さだまさ》だった。ライバル山内上杉氏の顕定との抗争で、大森一族は扇谷定正と結んだ。大森・三浦・上杉の婚姻関係は図のようになる。

波多野氏・河村氏

秀郷流の広がり

相模中央部（津久井《つくい》・愛甲《あいこう》・大住《おおすみ》・余綾《よろぎ》の諸郡）の武士団として、秀郷流藤原氏の波《は》多野《たの》（松田）・河村《かわむら》・小野寺《おのでら》等の諸氏が輩出した。

また、横山党の流れに属する海老名・糟屋《かすや》・愛甲の諸勢力も、この方面に拠点を有した。秀郷流に属す前者は、相模中央部とはいっても、多くがかつての足上郡《あしかみ》の領域を開発した武士団だった。南部の足《あし》下郡《しも》（小田原周辺）の桓武《かんむ》平氏流の土肥氏とは、領域が近接しておりライバルだった。

源平争乱の初期にあって、秀郷流の多くは頼朝と敵対した。平治の乱で義朝に従軍したことで憂き目をみていたので、平家側の大庭景親《おおばかげちか》に与したという。

系図に見える山内首藤《やまのうちすどう》氏も同じ秀郷流だが、鎌倉郡を拠点とした武士で、やはり平治の乱で義朝に従った。経俊《つねとし》の祖父義通《よしみち》は四条河原《しじょうかわら》で戦死しており、経俊の母は頼朝の乳母だった。こうした関係はあったが、経俊も石橋山では頼朝に敵対した。

波多野（松田）義常《よしつね》（経）は、頼朝の挙兵にさいし、使者安達盛長《あだちもりなが》に悪口を吐いたことが、『吾妻鏡』に語られている。義常は追討されるが、一族の河村義秀《よしひで》は、大庭景義《かげよし》のはからいで「弓箭《きゅうせん》の芸」を頼朝の前で披露し、助けられたという。

その後の南北朝期の観応《かんのう》の擾乱《じょうらん》にさいし、河村・松田両氏は新田義興《よしおき》らを援護して、自己の河村城（神奈川県足柄上郡山北町《やまきた》）にこれをむかえ入れ抗戦している。かれらは相模における南朝与党として、足利氏への抵抗勢力となった。その後は旧領主の一勢力として、命脈をたもった。

横山党の流れ

相模の先進地域に拠点化を進めた秀郷流の武士団は、「弓箭の道」で名をはせた。弓箭云々でいえば、横山党に属した海老名氏や愛甲氏も有名である。放生会《ほうじょうえ》のさいの流鏑馬神事《やぶさめしんじ》には、かれら一族の名がしばしば登場する。山の武士団にふさわしい武芸ともいえる。

また、この横山党と同じく武蔵武士の流れに属した渋谷《しぶや》氏も、大きな役割をはたした。高座《たかくら》郡渋谷荘（神奈川県大和市から綾瀬市）を拠点とした同一族のなかに、渋谷荘司重国がいる。渋谷氏は武蔵に繁茂した良文流の秩父平氏《ちちぶへいし》に属した。佐々木秀義《ささきひでよし》との因縁でその一族を保護し、諸種の便宜を与えたことが『延慶本平家物語』などに語られている。

＊　一般に相模国の開発は、丹沢山系南方の山間部から進展した。東海道の箱根ルート開通以前、もっぱら足柄坂ルート（三島から芦ノ湖西岸をへて北の足柄山、関本・河村・波多野と通ずる道）が使われた。今日の小田急線沿線ルートが対応する。したがって相模南方の沿岸地域の開発は、それよりいささか遅れるとされている。秀郷流や横山党（八王子方面から分出した流れが、国府・国分寺が置かれた海老名地域に広がった）などの山の武士団は、相模におけるこうした先進地域を開発し、領主化を進めたことになる。

大庭氏・梶原氏

鎌倉党

相模西部（高座郡・鎌倉郡・三浦郡）はどうか。ここは良茂（良正）流の淵叢《えんそう》ともいえる地域だ。武蔵・房総方面に展開した良文流や、常陸・下総・伊豆および伊勢方面に分布する貞盛《さだもり》流とは様相を異にする。ただし良文流・良茂流は系図の異同がはなはだしく一定しない。種々の議論を承知のうえで、良茂流（『尊卑分脈《そんぴぶんみゃく》』）をルーツとみなし整理しておく。

前述の略系図から源平争乱期には、二つの有力武士団があったことがわかる。一つは鎌倉党と呼称される武士たちで、大庭氏・梶原氏の一族がそれだ。多くが鎌倉郡を拠点とした。そして二つが三浦郡を中心に広がる三浦氏である。

頼朝挙兵時での両武士団の旗色は前者の鎌倉党が平氏、そして三浦氏が源氏だった。武士は戦士と領主の側面を持ち合わせていたがゆえに、多くは隣接地域の開発領主とは対抗関係を有した。足柄の中部に広がる秀郷流の河村・波多野氏と南部の中村・土肥氏の対立しかりだった。

すでにふれたように、三浦一族の岡崎義実が、隣接の鎌倉党とは異なる遠方の中村・土肥氏との婚姻ネットを形成したのも、開発所領拡大の戦略からだともいわれる。

石橋山合戦以前の頼朝勢力は相模にあっては、西の土肥氏と東の三浦氏に限られていた。いずれも海の武士団といえそうだ。頼朝が石橋山での敗走後、房総への逃走ルートは、千葉氏との婚姻関係を有した三浦氏の連携で可能となった。

後三年合戦絵巻（東京国立博物館所蔵）

大庭氏の去就

いずれにしても、この相模西部を基盤とした良茂流平氏が、〃鎌倉武士〃の中枢を形成した。ライバルの大庭と三浦の両氏は父祖以来の因縁もあった。有名な後三年合戦《ごさんねんかっせん》での鎌倉《かまくら》権五郎景政《ごんごろうかげまさ》と三浦平次為継《ためつぐ》の逸話である。

その後、大庭氏も三浦氏も義朝の時代にはこれに従った。頼朝の時代は「恩こそ主」（『平家物語』）と豪語した大庭景親《かげちか》は、東国における平家侍の総帥的立場で頼朝と敵対した。多くの相模武士や武蔵武士はこの景親の指揮にしたがった。

結果は〃失うもの〃がなかった頼朝が勝利した。自らが恩の主体者（所領の給与・保証）となり、東国武士団の首長として君臨することになる。鎌倉殿たる頼朝の天下草創はこうして始まった。

大庭氏は高座郡鵠沼《くげぬま》郷（藤沢市）の開発領主で、始祖たる景政が自己の所領を伊勢神宮領に寄進し大庭御《み》厨《くりや》とした。その御厨荘官として景《かげ》継《つぐ》・景宗《かげむね》父子の名が見えるが、『尊卑分脈』に登場する景経《かげつね》・景忠《かげただ》と同一人の可能性もある。平家側の侍大将《さむらいだいしょう》景親はこの景忠の子にあたる。

大庭氏の本宗は兄の景能《かげよし》（義）ではなく、弟の景親が継承した。そして景能は頼朝側に参ずることになる。鎌倉開府後、景親は滅ぼされ、景能が残る。景能の宿老的役割については『吾妻鏡』にくわしい。ただし、その子景兼《かげかね》（廉）のとき、和田氏の乱（一二一三年）でこれに与し、一族は滅亡する。

なお、景能・景親の弟には俣野《またの》五郎景久《かげひさ》がいる。これまた有名で甲斐源氏攻略のため駿河におもむくが、安田義定軍に敗れた。その後、平維盛《これもり》軍に従軍、北国戦線で活躍するが、倶利加羅《くりから》合戦で敗死した。

梶原一族と長尾氏

同じく鎌倉党の梶原氏は、鎌倉郡梶原（神奈川県鎌倉市）を拠点とした。「三浦系図」では良文流を出自とし、景時《かげとき》の曽祖父景久《かげひさ》を梶原氏のルーツとする。

梶原氏は頼朝の寵臣として知られる。当初は同族の大庭景親とともに頼朝に敵対したが、石橋山合戦で頼朝の命を助けたことから信頼を得た。しかし、頼朝死後、諸氏に斥けられ駿河の狐崎《きつねがさき》で景季《かげすえ》・景《かげ》高《たか》・景茂《かげもち》らとともに追討された（一二〇〇年）。ただし次子景高の子景継《かげつぐ》は再び幕府に仕え、第三子景茂もその子孫を西国に繁茂させた。[*1]

その他の鎌倉党に長尾氏がいる。鎌倉郡長尾（神奈川県横浜市戸塚区）を拠点とした。相模出身の武士として紆余曲折はあるが、上野・越後方面にまで広がり、支流は戦国大名へと転身した。有名な上杉謙信（長尾景虎《かげとら》）のルーツである。この長尾氏の発展は関東管領《かんとうかんれい》上杉氏の家宰職《かさいしき》となり、越後・上野・武蔵の守護代をつとめたことが大きい（一〇〇ページ参照）。

「長尾系図」では三浦・大庭・長尾・梶原・鎌倉は、いずれも忠通《ただみち》を祖とした同族となっている。[*2]

＊1　同系図では高望王《たかもちおう》の子良兼《よしかね》は当初良文をなのり、鎌倉郡村岡（藤沢）に住み、その曽孫致経《むねつね》の時代に伯父致成《むねなり》の子景正《かげまさ》を養子とした。この景正はその後忠通と改名、長尾に拠点を定めたという。
その子孫が本文に記した五氏になる。このうち三浦氏以外は頼朝に敵対するが、その後、御家人となった長尾氏は三浦氏の被官的存在となったようで定景《さだかげ》・景茂父子は実朝暗殺事件（一二一九年）のおりに、三浦義村《よしむら》の指示で公暁《くぎょう》を討っている（『吾妻鏡』）。

長尾氏略系図

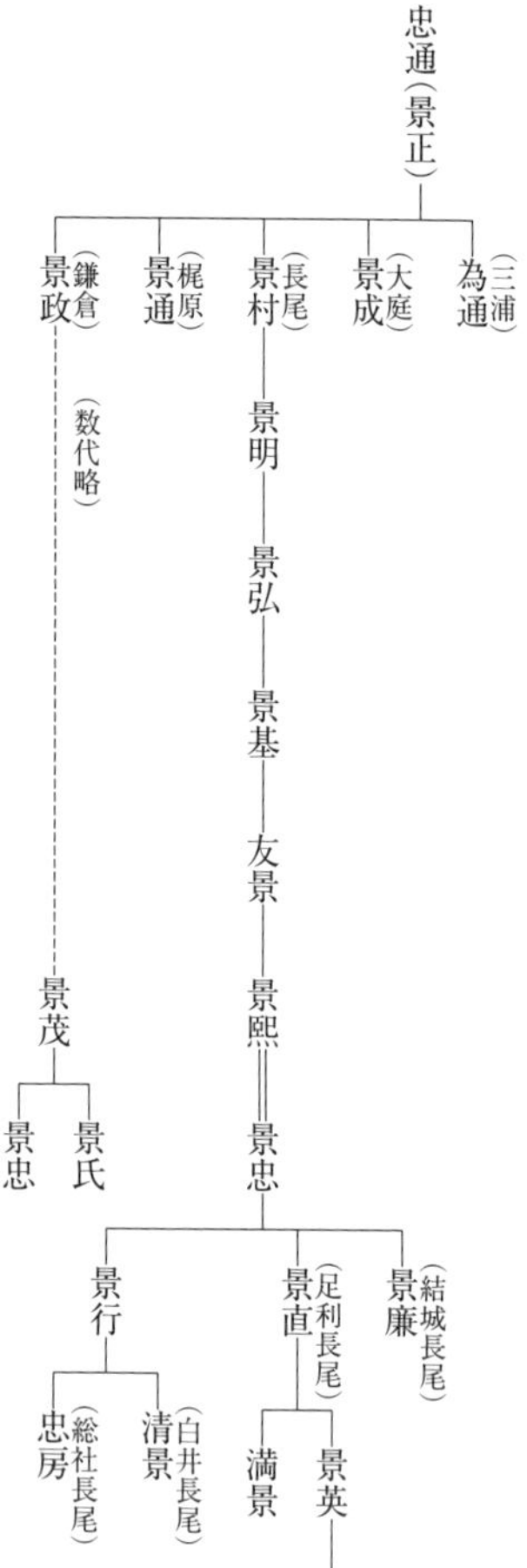

定景は和田氏の乱（一二一三年）で三浦氏に従い活躍、その後の三浦氏の乱（宝治《ほうじ》合戦〈一二四七年〉）で景茂・景氏《かげうじ》は滅亡した。鎌倉系の長尾氏とは別に、長尾氏の一門で京都にいたと推測される景村系は、景熙《かげひろ》の時代、六代将軍宗尊《むねたか》下向のおり、上杉重房に随行した。景熙は、三浦氏の乱で滅んだ鎌倉系長尾の景茂の子景忠を養子とした。

この景忠は長尾氏の忠興の祖として南北朝期に上杉氏にしたがい活躍した。その景忠の子景直《かげなお》は鎌倉長尾の流れを継承。兄弟の景廉《かげかど》・景行《かげゆき》がそれぞれ越後・上野で発展する。

＊2　景直の子満景《みつかげ》は上杉憲定《のりさだ》（山内）の家宰だったが、禅秀の乱（一四一六年）で戦死。満景の後継として景仲《かげなか》が上野の白井長尾氏を、そして兄の実景《さねかげ》は享徳の乱（一四五四年）にさいし、足利成氏《しげうじ》に関東管領上杉憲忠《のりただ》とともに殺された。その子の景人《かげひと》が下野足利に入り、下総古河に入った成氏の攻略に従っている

（以上の内容については『国史大辞典』唐沢定市氏執筆「長尾氏」の項もあわせ参照のこと）。

三　浦　氏

有力在庁三浦氏一族と北条氏

三浦郡を拠点とした相模最大級の雄族が三浦の武士団だった。相模国の有力在庁として三浦介の肩書を有した。*すでにふれたように、良文流と良茂（良正）流をルーツとするものがあるが、後者にしたがえば平安中期に公義が三浦太郎と称したことに始まるようだ（三浦氏略系図参照）。

その子為継《ためつぐ》（次）が後三年合戦で源義家に従軍、鎌倉権五郎景政《ごんごろうかげまさ》との逸話はよく知られている（『後三年絵詞《えことば》』『源平盛衰記《げんぺいせいすいき》』）。そしてその孫義明《よしあき》の時代に飛躍がおとずれる。源平争乱にさいし、義明・義澄《よしずみ》父子をふくむ一族はこぞって頼朝に呼応し挙兵した。

以後、三浦一族は幕府内において枢要な位置を占め、北条氏のライバル的存在として勢力を拡大した。義村の時代は和田義盛の乱（一二一三年）、さらに承久の乱（一二二一年）など事件がつづいた。和田の乱にさいしても、同族の関係からその去就が注目された。また、承久の乱でも義村の弟胤義《たねよし》が後鳥羽《ごとば》上《じょう》皇《こう》側に参じ、義村との連携が期待された。しかし、そのいずれにおいても三浦は抵抗勢力として、立ち上がることはなかった。

また将軍実朝の暗殺事件（一二一九年）にさいしても、公暁を背後で使嗾《しそう》した勢力に三浦氏がいたとされるほどに、三浦の存在感は大きかった。さらに、この義村は泰時の執権就任にむけて表面化した伊賀氏事件（一二二四年、義時死後、泰時の異母弟政村《まさむら》が母方の伊賀氏と烏帽子親《えぼしおや》三浦義村をたのみ、泰時を排

三浦氏略系図

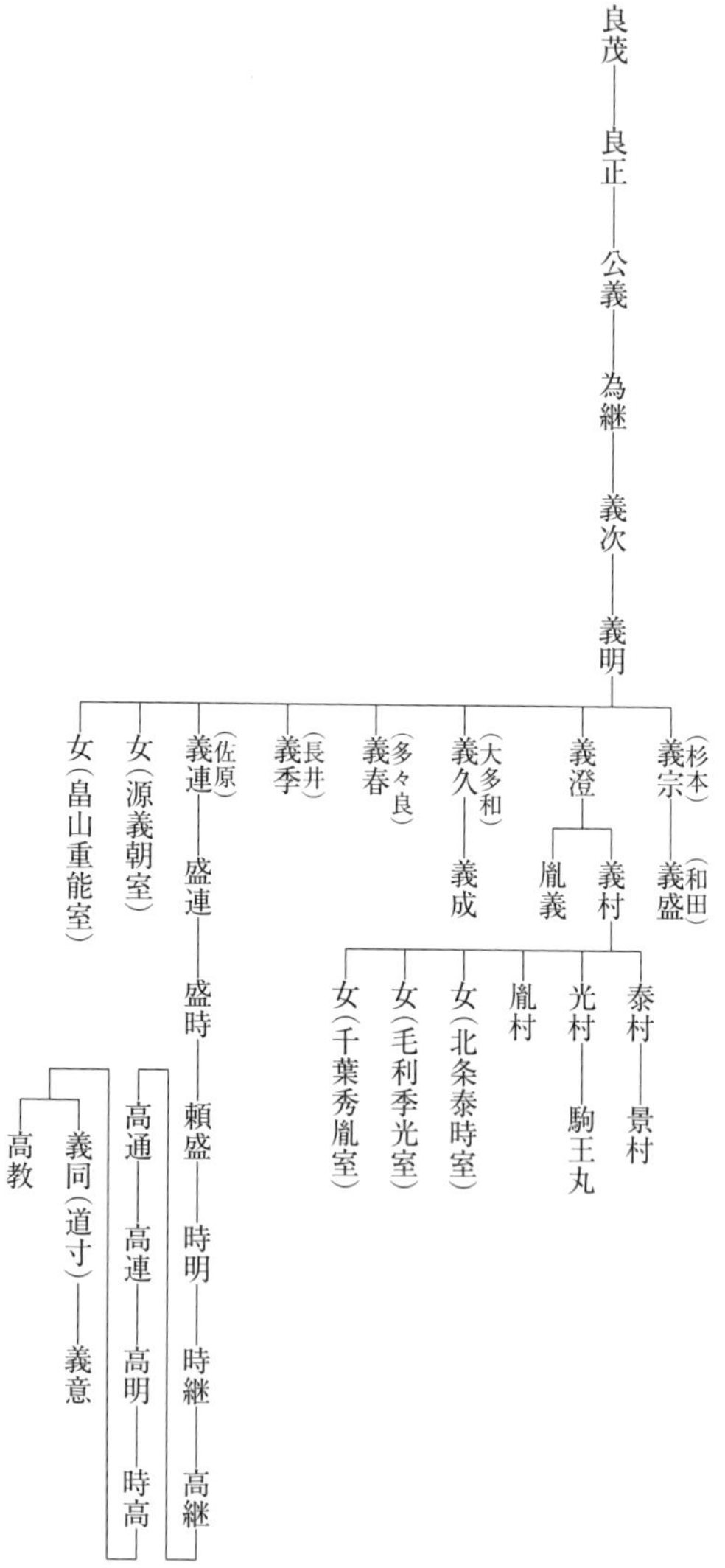

しようとした）でのかかわりも取沙汰された（『吾妻鏡』）。

＊　平安末期以降、諸国の有力在庁層は不在がちの国司に代わり、国務執行を委任された。頼朝の挙兵に参じた武士団のなかには、千葉介・上総介あるいはこの三浦一族の三浦介のように、「介《すけ》」や「権介《ごんのすけ》」を呼称する人々が少なくなかった。現地任用のかれらのような存在は、正式の国司ではなく在国司といわれる

（拙著『国衙機構の研究』吉川弘文館、一九八四年）。つまりは官職ではなく家職という形で、一族に相伝される職責ということになる（なお、「三浦介」について系図と名家の関係に関しては、高橋秀樹「三浦氏系図にみる家の創造神話」、峰岸純夫他編『中世武家系図の史料論』上巻所収、高志書院、二〇〇七年、も参照）。

三浦氏と宝治合戦

駿河国司に任ぜられ、広く鎌倉幕府の宿老的立場だった三浦氏も北条氏との確執のなかで、義村の子泰村《やすむら》の時代に宝治合戦（一二四七年）をむかえる。本宗家の三浦一族はこの戦いで族滅することになる。

乱の経過については『吾妻鏡』の関係記事にくわしい。執権時頼とその外戚《がいせき》安達氏による挑発で勃発したとされる。鎌倉を舞台としたこの戦闘で多くが焼失した。また泰村の妹聟だった千葉秀胤《ひでたね》も敗北、千葉氏にも影響を与えた。

泰村滅亡後、三浦の名跡を継承したのは佐原義連《さわらよしつら》の流れに属す盛時《もりとき》だった。義連はかつて義経に従軍し西海合戦で活躍、奥州合戦《おうしゅうかっせん》でも名をはせている。[*1] 盛時はその義連の孫にあたり、宝治合戦では北条氏に従った。その功で「三浦介」はこの家系が継承する。三浦郡全域におよんだ一族の所領は、宝治合戦で没収され、その支配領域も半島南部に限定されたという。

鎌倉後期をつうじ、佐原系三浦氏は北条氏の被官的立場にあったとされる。その飛躍はやはり元弘・建武の乱のおりにおとずれる。たとえば三浦の庶流大多和義勝《おおたわよしかつ》は鎌倉攻略にさいし、分倍河原《ぶばいがわら》の戦闘で義貞側に参陣し、大きな戦功をあげている（『太平記』）。本宗家に関しては、盛時の曽孫時継《ときつぐ》は中先代《なかせんだい》の乱《らん》（一三三五年）で北条時行側に属したが、子の高継《たかつぐ》は足利側に与し武功をあげている。[*2]

＊1　この義連は奥州合戦の功で会津地域を給与されたと伝えられており、その末裔は蘆名《あしな》氏を名のった。蘆名氏と会津との関係は鎌倉中期の光盛（盛連《もりつら》の子）以降と推測される。

三浦半島の蘆名に由来するこの一族は、会津方面で有力武士団へと成長する。元弘《げんこう》・建武《けんむ》の乱では盛《もり》員《かず》・高盛《たかもり》が足利尊氏軍に属した。南北朝期に伊達《だて》氏と結び、鎌倉府の篠川《ささがわ》御所を攻略、その後の禅秀の乱では足利持氏に敵対した。一五〇〇年代戦国期にいたり、盛氏《もりうじ》の代に最盛となるが、やがて伊達氏に敗北した。

＊2　時継・高継父子がそれぞれ別行動をとった理由は定かではないが、当時の武士団内部で一族滅亡の危機を乗り切るための方策として共通して見られるものだ。だが、一方では一族内部でその方向性をめぐり対立を生じていた可能性も高い。この点に関して時継が中先代の乱にさいし、時行擁立に積極的に動いたことから、根本的には宝治合戦以来、北条への不満を基底にもちつつも、鎌倉後期以来の北条との関係を止揚できなかったとの理解もある（山田邦明『鎌倉府と関東』校倉書房、一九九五年）。

こうした三浦氏の一族の分裂行動には、鎌倉という政治的磁場に近かったことも大きい。すでに本文でふれた常陸・下野あたりの旧族領主層が中先代の乱にさいしては、これと同調する動きは見せなかったこととは、対照的関係だった。三浦氏の動向には、やはり相模武士団の地勢的関係が強く作用した。

南北朝の動乱と三浦氏

宝治合戦以後、三浦氏の相模守護は没収されていたが、この幕府滅亡での高継の功績で、その子高通《たかみち》は守護職を安堵《あんど》された。その後の足利氏の内紛で高通は、足利直義・上杉憲顕側に同調、敗北する。『太平記』には高通は一三五三年（文和二）の新田義興《にったよしおき》・義宗の挙兵にさいし、上杉氏とともに、尊氏に敵対したことが見えている。

三浦氏にとって、直義死後の上杉氏との連携は、鎌倉支配の現実的担い手がだれになるかとの選択だった。長期的に見れば、この上杉氏との連携は間違いではなかった。高通は一時的雌伏《しふく》の時期を強いられるが、足利基氏のもとでの上杉憲顕の関東管領の就任（一三六三年）にともない復活する。

南北朝の動乱をかくして乗り切った高通の三浦一族は、その後高連《たかつら》・高明《たかあき》と相模守護職を保持する。鎌倉府と三浦氏との良好な関係も、足利持氏の時代に大きく変化する。持氏による守護職の没収だった。禅秀の乱では持氏側に加担したものの、永享《えいきょう》の乱《らん》（一四三八年）では、上杉憲実《のりざね》とともに時高《ときたか》が持氏を攻撃、その敗北を決定させた。

三浦道寸と早雲の侵攻

時高はこの乱で声望を高め、新井城を拠点に勢力を有し、養子義同《よしあつ》（道寸《どうすん》）をむかえた。*義同は主筋上杉（扇谷）の持朝《もちとも》の孫にあたる。母は大森氏頼《うじより》の娘だった。前述の婚姻関係図（一三二ページ参照）からもわかるように、義同は西相模の大森氏と東相模の三浦氏の結合を象徴したものといえる。

相模の守護はこの時期、扇谷上杉氏の定正であった。山内・扇谷両上杉の内紛（長享の乱〈一四八七年〉）で、伊豆・武蔵・上野の守護だった山内上杉顕定は、扇谷上杉家の家宰太田《おおた》道灌《どうかん》の死後、その触手を扇谷上杉家の相模へとのばしていた。

顕定の勢力伸長に対抗すべく、相模では扇谷上杉氏が大森・三浦両氏を中心に結束し、これに対抗する流れとなっていた。伊豆において新興の伊勢《いせ》宗瑞《そうずい》（早雲《そううん》）の力も利用することで、山内上杉氏の力を排しようとした。

だが、小田原城が大森氏から宗瑞の掌握するところとなった段階で、相模中東部へとその力を進攻させた後北条氏は、この三浦氏と対抗することになる。扇谷上杉の衰亡のなか、義同の岡崎城が陥落、一族は三浦半島南端の新井城にこもることとなる。

宗瑞は玉縄《たまなわ》城（神奈川県鎌倉市）を再整備し、ここを橋頭堡に陸海両方から新井城を攻撃、ついにこれを落城させ、義同・義意《よしおき》父子以下の一族は滅亡した。

＊　時高は嗣子にめぐまれず、義同を養子としたが晩年に実子高教《たかのり》が誕生した。このため時高は義同を排して高教を立てようとしたので、義同は足柄総世寺（小田原市）に出家、道寸と称した。やがて一四九四年（明応三）に新井城の時高を攻略、三浦介を継承した。

武蔵国

相模とともに武蔵は、東国の中枢だった。鎌倉武士の語感には、武蔵武士も息づいている。鎌倉政権樹立の重要な功労者たちだった。伊豆・相模の武士団を率い出発した頼朝の挙兵は、房総を従え、武蔵武士を傘下に組みこむことで形をなした。その限りでは武蔵武士団の動向は、東国の新政権の成否を決定づけた。

しばしば指摘されるように、武蔵武士団の特色はその多様性にあった。その一つが「武蔵党々」あるいは「武蔵七党《むさししちとう》」の語が示すように、党的武士の存在だった。他の東国地域とは、武士団の形態がいささか異なるものもある。その地理的環境が、卓越した首長的武士団の成長をはばんだとされる。『平家物語』や『太平記《たいへいき》』をはじめとした軍記物を見る限り、武蔵武士の面々は表記のされ方が個別・独立型だった。惣領型の構成を有した他国のそれとは異なる様相を呈したともいえる。

二一郡という広大な領域を有した武蔵は、西北に秩父山系を有し、東南はそこから流れでる三つの河川（利根川・荒川・多摩川）により開かれた平野部で構成される。いわば西高東低と形容できる地形と

武　蔵
0
10
20
km
下　野
上　野
下
総
甲　斐
相　模
駿　河
伊　豆
上
総
安　房
相　模　灘
東
京
湾
児玉
畠山
長井
賀美郡
児玉郡
那
賀
郡
榛
沢
郡
男衾郡
幡羅郡
大里郡
熊谷
古河
中条
比企
比企郡
秩　父　郡
畠山
入
間
郡
横
見
郡
河越
埼
足
玉
立
郡
郡
野与
大河戸
高麗郡
入
間
郡
下河辺
毛呂
所沢
新
座
郡
豊島
豊島郡
葛西
江戸
多　摩　郡
横
山
小
山
田
府中
稲毛
荏
原
郡
大井・品川
都筑郡
橘
樹
郡
榛
谷
久
良
郡
鎌
倉
六浦

いえる。これらの河川からの分流・支流と秩父山塊がおりなす丘陵による地勢的空間が、開発領主《かいほつりょうしゅ》たる武蔵武士団の形態を規定したとされる。*

源平争乱期以降の鎌倉幕府体制、そして南北朝動乱以後の鎌倉府体制、いずれにあっても武蔵は、相模とともに最重要地域として位置づけられた。多くの軍記作品が表現するように、〝日本国中が敵になっても関東で支えれば安泰だと、関東が敵となっても相模・武蔵の武士団が結束すれば安泰だ〟との観念が当時はあったようだ。

それだけ相模と同様、武蔵武士への期待値は高かったともいえる。鎌倉幕府にあっては、武蔵守は北条得宗家《とくそう》が掌握していた。室町期の鎌倉府にあっては、ここは関東管領上杉《かんとうかんれいうえすぎ》氏の領国として存在しつづけた。

武蔵武士団を大局すると、源平争乱期以来の伝統的武士団と南北朝以降に台頭した上杉氏のような新興の勢力の二つがあった。前者での最大の武士団はやはり良文《よしぶみ》流平氏に属した秩父の武士団である（秩父平氏略系図参照）、畠山《はたけやま》・小山田《おやまだ》・河越《かわごえ》・江戸《えど》・豊島《としま》・葛西《かさい》諸氏がその代表といってよい。かれらの多くは鎌倉幕府の有力御家人層を構成した。

北条執権体制下で没落したものもいれば、南北朝以後も存続した一族もいた。この良文流の秩父平氏こそが鎌倉殿《かまくらどの》頼朝を担った中核といえる。だから源平の争乱とはいうものの、伊勢平氏が多く貞盛流であったことからすれば、この争乱は良文流と貞盛流の対抗という側面もあったことになる。

そしてこの伝統的武士団には秩父平氏とは異なるもう一つのタイプがあった。それが武蔵七党と呼称された小規模武士団である。横山《よこやま》・猪俣《いのまた》・児玉《こだま》・野与《のよ》・村山《むらやま》・西《にし》・丹《たん》・私市《きさい》などの諸勢力だ。かれらは

秩父平氏略系図

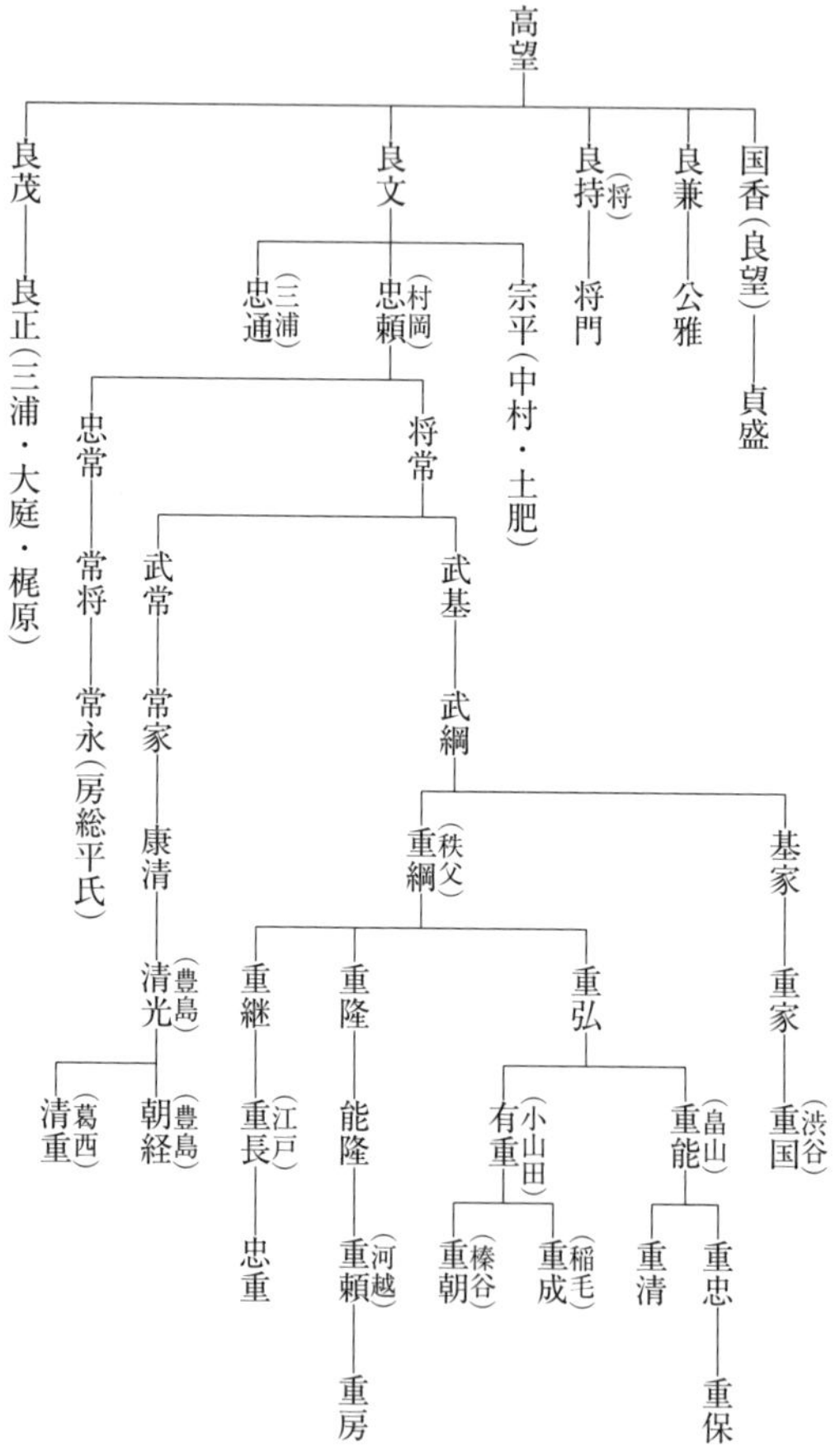
高望
国香（良望）
貞盛
良兼
公雅
良持（将）
将門
良文
宗平（中村・土肥）
忠頼（村岡）
忠通（三浦）
将常
忠常
武基
武綱
基家
重家
重国（渋谷）
重綱（秩父）
重弘
重能（畠山）
重忠
重保
重清
有重（小山田）
重成（稲毛）
重朝（榛谷）
重隆
能隆
重頼（河越）
重房
重継
重長（江戸）
忠重
武常
常家
康清
清光（豊島）
朝経（豊島）
清重（葛西）
常将
常永（房総平氏）
良茂
良正（三浦・大庭・梶原）

南北朝期には〝平一揆《へいいっき》〟に代表される〝一揆〟を構成し、多くの合戦の帰趨を左右する存在ともなった。その点では源平争乱・南北朝をつうじ、かれらの動向が武蔵国の政治的安定のカギともなった。最後は南北朝動乱以降、台頭した新興の武士団である。上杉氏とその配下の長尾氏・太田氏などの守護代勢力もまた大きな存在といえる。

以下ではこの三つのグループにそう形で各武士団の盛衰にふれておく。

＊　武蔵武士団の地域的特性は、本文でも示したように、西方に高峻な山地と、東方の平野部、さらにそこに展開する丘陵の稜線とその間に広がる毛細血管状の河川流域にあった。つまりはこの地形的要因が小武士団の独立維持を可能にさせた。あわせて、地勢的要因として武蔵国の行政上での位置づけである。ここは関東の中心に位置し、相模《さがみ》・甲斐《かい》・上野《こうずけ》・下総《しもうさ》・信濃《しなの》・下野《しもつけ》の六ヵ国と接していた。武蔵国は歴史的には七七一年（宝亀二）に東山道《とうさんどう》から東海道へと配置がかわっている（『続日本紀《しょくにほんぎ》』）。この東山・東海両道の両属的要素も、武士団の形成過程や形態に独自性を与えた（この点、安田元久『武蔵の武士団』有隣堂、一九八四年、参照）。

畠山氏・小山田氏

武蔵武士の象徴

畠山氏は男衾《おぶすま》郡畠山荘（埼玉県大田郡川本）を拠点とした武士団で、その祖重忠《しげただ》は『平家物語』『吾妻鏡《あずまかがみ》』でその活躍が知られる有名人だ。いわば武蔵武士の典型として、熊谷直実《くまがいなおざね》などと双璧をなす存在だろう。系図でもわかるように、秩父平氏の重綱《しげつな》の孫重能《しげよし》、その子重忠の時代に開発領主として勢力を拡大した。かれらは畠山荘司《しょうじ》と呼称された（畠山氏・小山田氏略

大蔵館跡（埼玉県比企郡）

畠山氏・小山田氏略系図

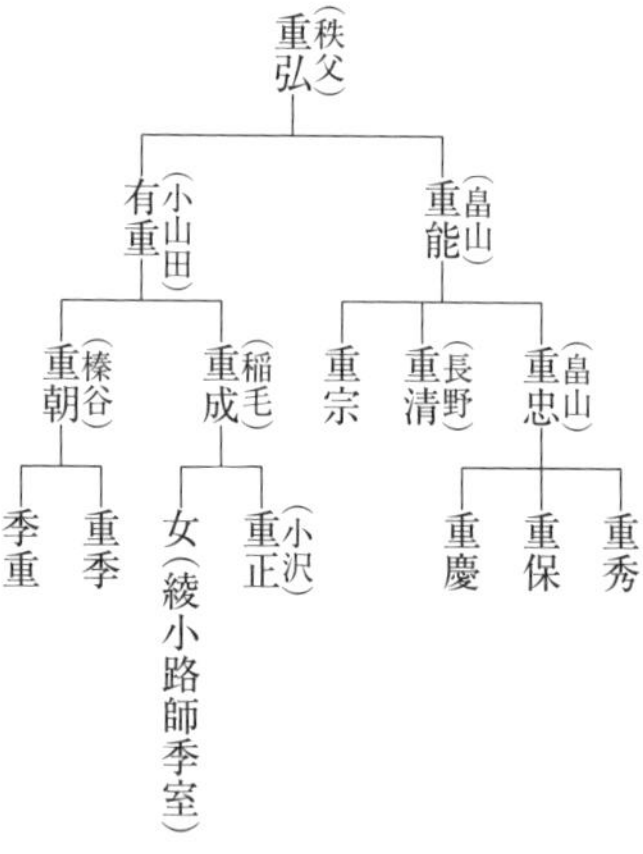

系図参照）。

重綱に関しては武蔵国留守所《るすどころ》惣検校職《そうけんぎょうしき》として、国衙《こくが》の検断《けんだん》業務に関与した有力在庁だとされる。在庁職の一つと考えられる惣検校職の実態は、議論も多いが、国内武士の統轄を職責したものと思われる。畠山氏は秩父氏のなかにあって一族統轄のシンボリックな同職を家職としたようだが、この惣検校職をめぐって、これを継承した次男重隆《しげたか》と長子重弘《しげひろ》（重能の父）との間に対立がおこった。

一二世紀半ばに勃発した大蔵館《おおくらやかた》（埼玉県比企郡嵐山《らんざん》町）の合戦（一一五五年）は、対立の延長線にあたる。重隆は上野を基盤とした源義賢《よしかた》を後楯に、他方の重弘・重能は相模を拠点とした源義朝《よしとも》と結んだ。この対立で義賢および重隆は敗北したが、惣検校職自体は河越氏が継承した。

頼朝挙兵時には畠山重忠は平家に従ったが、その後は頼朝に臣従、幕府成立後は有力御家人として数々の武功をたてた。畠山一族が渇望した惣検校職が自らの手中に帰したのは、平氏滅亡後の一一八五年（文治元）のことだった。河越氏が義経の縁者（重頼の娘が義経の妻）たる関係で、重頼《しげより》・重員《しげかず》が失脚したためだった（『吾妻鏡』）。この結果、同職は畠山氏の手に帰した。

重忠は頼朝死後、平賀朝雅《ひらがともまさ》事件*（一二〇五年）で敗死、一族の名跡はその妻（時政の娘）が足利義純《よしずみ》に再嫁したため、その関係で義純の系統が畠山氏を継承する。ちなみに惣検校職については、再び河越氏の継承するところとなった（この点、後述）。

＊　平賀朝雅（信濃源氏）は時政の後妻、牧《まき》の方《かた》の間に生まれた女子をその妻にした。当時武蔵守だった朝雅は、京都で重忠の子重保《しげやす》と対立し、これが引き金となって時政は畠山打倒に動いた（『吾妻鏡』）。二俣《ふたまた》河《がわ》合戦（神奈川県横浜市旭区）で重忠は敗死したが、そのおりの主戦派に三浦氏がいた。三浦氏はかつて石橋山《いしばしやま》合戦での参陣に遅れ、頼朝の敗報に接し衣笠《きぬがさ》への帰城途上、由比浜《ゆいがはま》で平氏側の畠山重忠軍と遭遇、これを撃破した。敗走した重忠は河越一族などとともに、三浦氏の本拠衣笠を攻略し陥落させた。畠山と三浦両氏には、そうした因縁の対立も手伝った。

平賀朝雅と畠山重保の口論（『吾妻鏡』）の原因は定かではないが、そこに武蔵の国務をめぐる両者の確執があったと推測するむきもある。朝雅は源氏出身で武蔵守であり、重保の畠山一族は惣検校職の立場で、その利害が対抗する状況もあった（この点、野口実『中世東国武士団の研究』高科書店、一九九四年、および拙著『北条政子』ミネルヴァ書房、二〇〇四年、なども参照）。

畠山氏・足利氏関係図

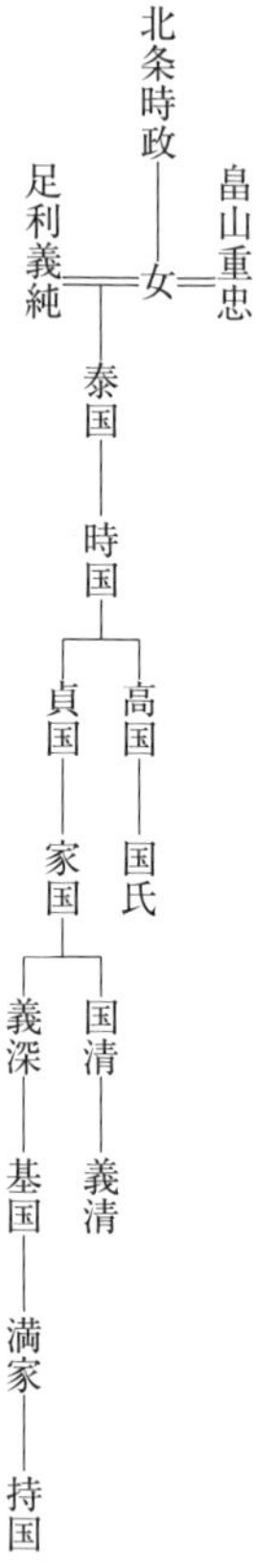

再興された足利系畠山氏

その足利流畠山氏は、室町幕府の有力守護として活躍する。武蔵武士団の系譜からは若干外れるが、便宜上ここでふれておく。まずは畠山氏・足利氏関係図を参照していただこう。義純の子泰国《やすくに》―時国《ときくに》―貞国《さだくに》の流れは、歴代得宗家と密接な関係にあった。元弘・建武の乱以降、南北朝にかけては足利尊氏・直義に従軍し、高国《たかくに》とその子国氏《くにうじ》は奥州管領となり二本松に拠点を有した。

また高国の弟貞国の系統では、国清《くにきよ》・義清《よしきよ》父子が活躍する。とくに国清は河内《かわち》・紀伊《きい》の守護で、観応《かんのう》の擾乱《じょうらん》（一三五〇～五二年）で直義党として力を発揮した。その後、尊氏に従い、その要請で関東執事《しつじ》（関東管領の前身）となった。しかし足利氏と対立、追討をうけ没落した。*

＊　関東における畠山氏はこの国清の没落で終焉をむかえたが、その弟の義深《よしとお》―基国《もとくに》の系統は京都将軍義満《よしみつ》の信任をえて、越前の守護をはじめ越中・能登、さらには河内・紀伊などの守護となり、三管領家に数えられるにいたった。ただし基国の孫持国《もちくに》の時代に、養子の政長《まさなが》と実子義就《よしなり》との間で抗争が生じ、これが応《おう》仁《にん》の乱《らん》の遠因ともなり衰退する。

小山田氏・稲毛氏の動向

秩父氏流畠山氏の同族として、他に小山田《おやまだ》・稲毛《いなげ》・榛谷《はんがや》の諸氏がいる。小山田有重《ありしげ》は畠山重能の弟にあたり、武蔵多摩郡小山田荘（東京都町田市）の開発領主だった。有重は保元《ほうげん》・平治《へいじ》の乱で義朝に従った。その子息が稲毛重成《しげなり》・榛谷重朝《しげとも》兄弟である。重成は橘樹《たちばな》郡稲毛荘（東京都稲城市）の開発にくわわり、弟の重朝は都筑《つづき》郡榛谷《はんがや》御厨《みくりや》（神奈川県横浜市旭区）を拠点とした武士で、ともに頼朝に従軍し活躍した。*

この一族は多摩川水系に開発の所領を有し、同族の畠山氏とは異なった地域に所領を拡大した。特に稲毛重成は、その妻が時政の娘であり、前述した重忠の乱で時政の意を受けて策動した人物とされるが、その後、滅ぼされた（『吾妻鏡』）。

＊　なお、榛谷氏の末裔は、室町期には、上杉禅秀に従い上総で勢力を扶植、上総本一揆の中核的武力とされる（この点、山田邦明「犬懸上杉氏の政治的位置」『千葉県史研究』一一号別冊、二〇〇三年、参照）。

河越氏・江戸氏

秩父氏の名門、河越一族

入間《いるま》郡河越荘を拠点とした武士団で（河越氏・江戸氏略系図参照）、重頼は同族の畠山氏にかわって秩父氏の家督を継いだ。義経の妻には、この河越重頼の娘がむかえられた。重頼の子重房《しげふさ》は義経に従い、義仲追討戦に活躍、ともに上洛した（一一八四年）。奥州合戦《おうしゅうかっせん》（一一八九年）にさきだち、義経の妻子も滅び、河越氏も力を失う。その後、重員の時代に北条泰時により武蔵国惣検校職が再び安堵《あんど》された（『吾妻鏡』）。

また承久《じょうきゅう》の乱《らん》（一二二一年）にさいしては、重員の兄弟重時《しげとき》の名が見えており（『承久記』）、秩父一族

河越氏・江戸氏略系図

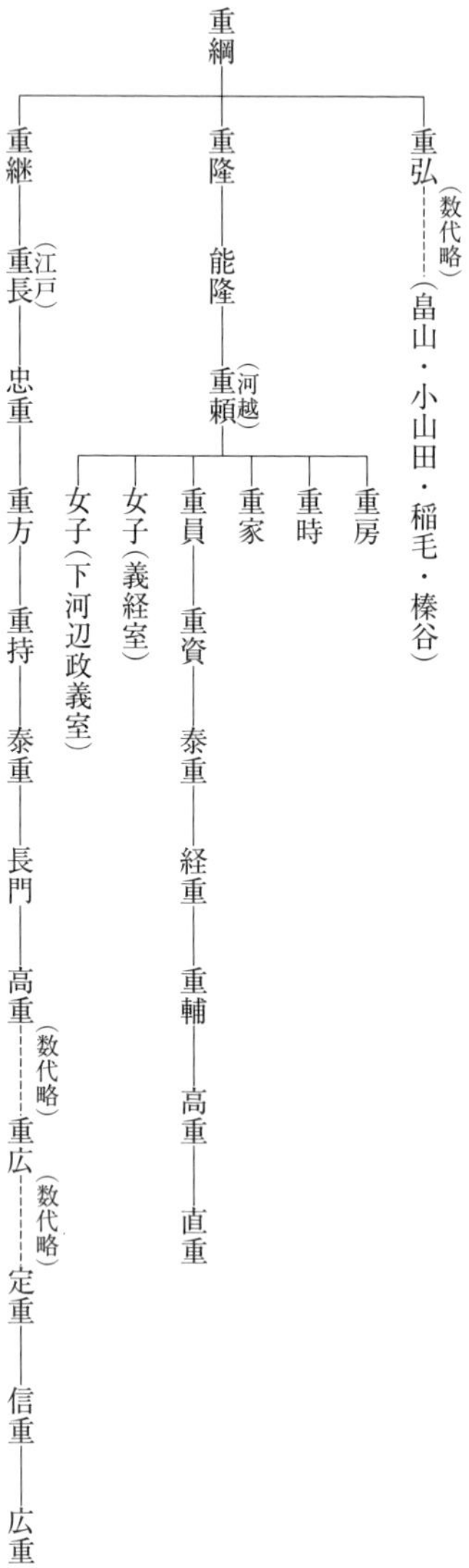

の惣領的立場が推測される。さらに『太平記』『源威集《げんいしゅう》』でもその活躍が散見され、観応の擾乱での駿河薩埵山《さったやま》合戦、あるいは武蔵野合戦での直重《ただしげ》の武功が知られる。

『太平記』のなかの河越氏

観応の擾乱後、尊氏は京都の政局安定化のため上洛した。関東には当時一四歳の基氏《もとうじ》を配し、国清をその補佐として関東管領（執事）に任じた。基氏は武蔵入間川に長期に在陣し（入間川御陣）、武蔵武士団をふくむ東国武士の掌握につとめた。[*1] 一三五三年（文和二）から六年間がその時期だが、河越氏も同族の江戸氏などと「入間川御陣警固」に輪番している。

この間、京都で尊氏が死去し、畿内の政情が不安定となるにおよび、将軍義詮《よしあきら》への援軍のため国清が武蔵武士団を率い上洛する（一三五九年）。

『太平記』は大軍を率い上洛した畠山軍の華美な行粧《いでたち》に紙幅をさき言及している。「坂東ノ八平氏・武蔵ノ七党・紀清《きせい》両党、伊豆・駿河・三河・遠江《とおとうみ》ノ勢馳加テ、都合二十万七千余騎」とあり、そこには「河越弾正少弼」（直重）の名も見えている。

なお、この畠山国清は、厭戦《えんせん》気分が横溢した東国武士たちに離反され、その後基氏とも対立した結果、没落した。この畠山国清にかわり、基氏の要請で関東管領になったのが上杉氏だった。＊2

＊1　基氏の「入間川御陣」は、六年間とも九年間ともいわれる。尊氏の意向を受けての上野・甲斐・信濃・越後への臨戦シフト体制だった。背景には南朝勢力の新田義興《にったよしおき》と、これに与同した直義側の上杉憲顕《のりあき》への対抗戦略だった。

その原点は、直義と尊氏の雌雄の決戦となった駿河の薩埵山合戦にあった。この戦いの、最大の功労者は宇都宮（氏綱《うじつな》）と、これを補翼した平一揆の中心河越氏だった（この点、峰岸純夫「南北朝内乱と東国武士」『豊島氏とその時代』所収、新人物往来社、一九九八年、参照）。さらに直義から離れ尊氏に与することになった畠山（国清）氏の三本柱の存在だった。この三者を関東の中心＝武蔵入間に布陣することで、流動化する武士団のそれぞれを結束させようとした。

いわば尊氏による〝凝固剤投入構想〟だった。

「入間川御陣」体制は、「薩埵山」体制の延長にあったことになるが、尊氏死後、基氏は自立路線にむかう。上杉憲顕を復活させ、この三本柱を次々に切断する。河越氏没落はその流れのなかでのことだった。

当初、基氏は河越直重を相模守護にするなど、河越氏との関係を強化しようとするが、上杉氏との関係から対立するにいたる。河越氏は、かつての武蔵野合戦や笛吹《ふえふき》峠合戦で、上杉勢と戦ったいきさつもあり、

苦林野合戦付近の鎌倉道（埼玉県毛呂山町）

上杉憲顕の復帰については批判的であった。河越氏は平一揆を結成して、その支配に抵抗した。宇都宮氏綱とともに蜂起したが、敗北するにいたった。

その後、一三六七年（貞治六）に基氏が二八歳で死去したため、上杉憲顕が三代の公方氏満《うじみつ》にかわり上洛した。河越氏はこの機に再度平一揆を組織し蜂起した。鎌倉期以来の名族河越氏にとって、在地勢力を結集した平一揆は、他者上杉氏の上からの支配に対抗する中心的役割を担った。憲顕は自己の領国上野にもどり、鎌倉の氏満とともにこれを鎮圧することになる。

河越一族はこの戦いをつうじ、多くの所領を失った。河越氏の衰退にともない、武蔵はその中核的勢力が弱体化し、上杉の支配が浸透するにいたった。河越氏は上杉禅秀《ぜんしゅう》の乱では、南部の江戸・豊島氏とともに持氏側に従っている。

武蔵北部の勢力は上野の岩松氏との関係から、禅秀側についたのとは対照的だった。ついで永享の乱（一四三八年）においても、河越氏は江戸・品川氏とともに、反上杉の立場で持氏側に参じている。

＊2　基氏はこの憲顕の力を関東安定のために必要と判断し、畠山国清追討後は、これを関東管領として登用した。基氏は憲顕に越後守護職を与えた（一三六二年）。それまで同職の地位（守護代）にあった宇都宮氏の芳賀禅可《はがぜんか》（高名《たかな》）はこれを不服として、上杉憲顕を攻撃した。

薩埵山合戦で宇都宮氏は劣勢の尊氏軍に助力し、直義軍を撃破した戦功によって付与された守護職だった。宇都宮一族は尊氏との関係から京都派（将軍義詮）の立場に近く、このことが関東派（基氏）との関係を悪化させていた。基氏による越後守護職の没収にはそうした背景があった。

河越氏をふくむ武蔵武士は、薩埵山合戦以来の因縁から多く宇都宮を支持していた。こうしたことから、基氏・上杉両軍が宇都宮・芳賀両軍と入間郡の苦林野《にがばやし》（埼玉県坂戸市毛呂山町）で激突した（苦林野合戦）。この地は鎌倉道（上《かみ》ノ道）が通り、上野と鎌倉を結ぶ要衝の地で、越辺《おっぺ》川の苦林宿の近傍とされる。

江戸氏の盛衰

河越氏とほぼ同じ流れに江戸氏がいる。重綱の子重継《しげつぐ》が祖にあたる。頼朝の挙兵時に秩父一族のなかで存在感を示したのが江戸重長《しげなが》だった。後述の豊島氏・葛西氏とともに江戸氏は、荒川（隅田川）下流域をおさえていた。現在の千代田区もその地域とされ、豊島郡江戸郷を基盤とした武士団だった。

頼朝は下総から武蔵の府中にむかうおりに、この江戸氏の帰趨に注目した。秩父平氏のなかで、豊島・葛西両氏は頼朝への参陣を早くより明らかにしていた。畠山・河越など比較的近い一族が頼朝への参陣を決めたことで、江戸氏もこれに参ずることになる。

「武蔵国諸雑事」の沙汰権を頼朝から与えられた重長は、棟梁《とうりょう》たる立場（『吾妻鏡』）で内乱を漕ぎぬく。奥州合戦に有力御家人として参じた以外にも、頼朝の建久年間（一一九〇～九九）の二度にわたる上洛の随兵中にもその名をとどめる。

嫡子忠重《ただしげ》は同族の畠山重忠の討伐軍に参陣した。鎌倉期を通じ一族は発展、その所領は豊島・荏原・多摩の各郡におよび、木田見《きたみ》・丸子《まりこ》・六郷《ろくごう》・柴崎《しばさき》・飯倉《いいくら》・渋谷《しぶや》の各庶子を輩出した。

重長―忠重の惣領家の流れは略系図で示したとおりだが、長門《なかかど》から高重《たかしげ》の時代は、元弘・建武の乱から南北朝の段階にあたる。薩埵山合戦では江戸高重が活躍した。『太平記』の新田義興の誅殺の場面には、江戸遠江守（長門）の名が確かめられる。

その後、一三六八年に足利基氏の死去にともない、上杉氏への不満から江戸氏は、河越氏・豊島氏らとともに、平一揆をおこしたが、成功せず江戸氏の所領は大幅に没収された。康重《やすしげ》・重兼《しげかね》の時代は結城合戦で上杉側に参じている。そして重広《しげひろ》のころ、本拠を喜多見《きたみ》（東京都世田谷区）に移し、伊豆の堀越公方《ほりごえくぼう》足利政知《まさとも》との関係を強めている。その孫定重《さだしげ》は扇谷上杉氏に従い、やがて後北条氏の被官となり、その家臣団に編成された。

豊島氏・葛西氏

源平争乱期の豊島氏の動向

豊島清光《きよみつ》の子朝経《ともつね》・清重《きよしげ》兄弟がそれぞれ豊島・葛西両氏の祖とされる。この両氏は秩父武士団ながら、これまでの畠山・小山田・河越・江戸の諸氏とは、いささか隔りがある。早い段階に豊島・葛西一族は分派したとされる。系図上では平安後期の武常《たけつね》（清光の四代前）の時代だという（豊島氏・葛西氏略系図参照*）。また、荒川下流域を開発基盤としており、秩父氏の多くの開発領域とは異なっているようだ。

清光・朝経を祖とする豊島氏の拠点は、現在の東京都北区中里《なかざと》付近とされる（平塚神社の周辺。他説として北区豊島の清光寺付近もあげられる。ただし、ここは隅田川の低湿地で、中世武士団の開発所領としては疑問とされる）。

また清重を祖とする葛西氏は、葛飾《かつしか》郡の西（葛飾西郡）を拠点とした。この地域は武蔵と下総の国境にあたり、墨田川下流の河道変遷もあって境界の複雑な地域でもある。

源平争乱期に房総で再起した頼朝に呼応し、秩父一族のなかでも比較的早く頼朝に好を通じていた一族だった。この時期、豊島朝経は在京中で父の清光が統帥にあったようだ。頼朝は下総から武蔵国府へのルートのなかで、武蔵南部を基盤とする豊島・葛西両氏との協調を重視した。秩父一族のなかにあって、その動向に注目し、すみやかな参向をうながしたのも当然といえる（『吾妻鏡』）。

「豊島権守《としまごんのかみ》」を称した清光は、平安末期以降、武蔵国の有力在庁だったと思われる。鎌倉政権下では奥州合戦に参じたことが確認できる。子の朝経は土佐国守護となっているが（一二〇三年）、同じ秩父平氏の畠山氏や河越氏と比べ、その足跡は生彩を欠くようだ。

＊　武常の子常家《つねいえ》については、一〇八六年（応徳三）の源頼俊《よりとし》申文（『平安遺文《へいあんいぶん》』四六五二号）に「武蔵国住人平常家」として所見する。後三年合戦《ごさんねんかっせん》前後の奥羽の政治情勢を知る貴重な史料といえる。ここには大和《やまと》源氏の頼俊が、陸奥《むつ》守として奥州の鎮圧におもむき武功をあげ、その恩賞として讃岐国司への補任を申請したことが見えている。

史料には常家が「綸旨」により「召し進められた」ことが記されており、この頼俊と常家の両者の関係は必ずしも明瞭ではないが、『源威集』に前九年《ぜんくねん》合戦に参じた人物に「恒家」がおり、これと同一人とすれば、源頼義に従軍し、陸奥方面に何らかの地盤を得た人物と思われる。騒擾事件を起こしたため訴えら

豊島氏・葛西氏略系図

武常―常家―康清―清光（豊島）
　├朝経（豊島）―有経―経泰―泰友―泰景―朝泰―宗朝―泰宗―範泰
　└清重（葛西）―清親―清時―清経―清宗―清貞―良清―満良

れた常家を、頼義の後任の陸奥守頼俊が「召し進めた」との解釈も可能かもしれない（この史料の解釈については『豊島氏とその時代』新人物往来社、および拙著『東北の争乱と奥州合戦』吉川弘文館、二〇〇六年、参照）。

南北朝以降の動向

朝経の子孫は、豊島荘を軸に石神井川《しやくじいがわ》上流に開発所領を展開した。五代の孫泰《やす》景《かげ》の時代には、石神井郷（東京都練馬区）に館を移し拠点とした。

元弘・建武の乱で豊島一族は、多くの武蔵武士団とともに鎌倉攻略に従軍した。その後、足利勢に参じた豊島氏は、観応の擾乱後の武蔵野合戦で他の秩父一族とともに尊氏に従った。

武蔵七党や熊谷《くまがい》氏あるいは武蔵北部の勢力が、反尊氏で結集したのとは対照的だった。武蔵武士団は南と北で二分される形となった。

鎌倉府体制下にあって、反上杉を標榜した秩父一族が、平一揆をおこしたことは以前にもふれた。その後の範泰《のりやす》の時代には上杉禅秀の乱（一四一六年）が勃発するが、豊島氏は足利持氏《もちうじ》・上杉憲基《のりもと》側に参陣している。[*1]

一四〇〇年代後半の泰経《やすつね》・泰明《やすあき》の時代に長尾景春《ながおかげはる》の乱がおこり、豊島氏は景春側に味方した。そのため太田道灌《おおたどうかん》らに平塚や石神井の諸城が攻略された。[*2] 戦国期にはその太田氏の家臣として存続した。

＊1　何度かふれたが禅秀（氏憲）は犬懸上杉の出身で、父の朝宗《ともむね》（禅助《ぜんじよ》）とともに、武蔵守護として一五ヵ年武蔵を支配した。そうした関係で禅秀の乱では、北武蔵の児玉《こだま》・大類《おおるい》・別符《べっぷ》・玉井《たまい》らの武士団は禅秀側に味方した。南武蔵の武士団はこの豊島氏もふくめ、持氏と山内上杉の憲基側についた。『豊島宮城文書』には、範泰の着到状が見えており、豊島氏の旗色がわかる。武蔵守護職は犬懸上杉家の敗北で、禅秀

の乱後は山内上杉家の憲基とその子憲実《のりざね》に移った。憲実はその後、二〇年間にわたり守護職にあり、その守護代として大石《おおいし》氏が就任した。

＊2　長尾景春の父、景信《かげのぶ》（九九ページ長尾氏諸流略系図参照）の死去後（一四七三年）、山内上杉顕定の家宰に景信の弟忠景《ただかげ》が任じられた。これを不満とした景春は、顕定と対立、一四七五年に武蔵鉢形《はちがた》城で挙兵した。五十子《いかっこ》合戦で景春は顕定を破ったが、太田道灌がその後景春与党を各地で敗走させた。豊島氏の拠城石神井城陥落もその流れでの動きだった。この後景春は古河公方成氏に支援を求めた。

葛西氏と奥州

葛西氏はどうか。豊島氏と同系ながら、葛西氏は頼朝時代からかなり信頼が厚かった＊ようだ。とりわけ始祖の清重《きよしげ》は奥州合戦の武功で、胆沢《いさわ》・岩井《いわい》・牡鹿《おじか》各郡に数ヵ所の所領を与えられ、奥州総奉行《おうしゅうそうぶぎょう》となった。この結果、葛西一族は中世を通じ奥州に足場をきずき発展することになる。

清重は奥州合戦後、この地にとどまり、陸奥国の国務を委任されている。「葛西系図」からもわかるように、一族は壱岐《いき》あるいは伯耆《ほうき》守を通称としている。清重の子清親《きよちか》・清時《きよとき》は『吾妻鏡』の将軍供奉人《ぐぶにん》に顔をのぞかせ、安貞から嘉禎あるいは天福（一二二七〜三三年）の段階の人物で、北条泰時の時代に活躍した。

その後、清経《きよつね》—清宗《きよむね》と建長から弘安、そして建武段階（一二四九〜一三三四）に名をとどめる。特に清重より五代目の清宗は、『太平記《たいへいき》』や『梅松論《ばいしょうろん》』にも登場する。元弘・建武の乱にさいしては、清宗は当初、幕府軍として上洛したが、建武政権下では後醍醐《ごだいご》天皇側に味方、一三三六年（建武三・延元元）の京都神楽岡《かぐらがおか》で戦死している。

葛西氏が南朝側で戦ったのは、初代清重の奥州総奉行以来、鎌倉期を通じ奥州と関係が深かったことによる。特に建武段階での北畠顕家による陸奥《むつ》将軍府《しょうぐんふ》との影響が少なくなかった。清宗の子清貞《きよさだ》もやはり南朝側に与した。

その後、南朝の衰退に対応し、葛西氏は新興伊達《だて》氏との関係を深めてゆく。清貞の孫満良《みつよし》の時代には、大崎《おおさき》一族（奥州管領〈探題〉として下向した斯波家兼《しばいえかね》を祖とする）の加美《かみ》・黒川両郡の押領《おうりょう》に対して、幕府より伊達氏とともにその鎮圧を命ぜられている。こうしたこともあり、葛西氏はその後、伊達氏から養子をむかえ姻戚関係を深めた。

＊　葛西氏については、豊島氏ともどもその出自が桓武《かんむ》平氏であるか否か議論もある（太田亮『姓氏家系大辞典』角川書店、一九六三年）。千葉氏の常重の次男葛西重隆に始まり、その養子として豊島氏から清重が入ったとの説もある。これらの諸点については『国史大辞典』の「葛西氏」の項を参照（小林清治氏執筆）。

横山党・猪俣党

横山党の広がり

さきにもふれたように、中小規模の同族的武士団を「党」と呼称した。「武蔵七党」[*1]の表現は室町期あたりに一般化したもので、『吾妻鏡』などには「武蔵党々」などと登場する。

武士団の惣領と庶子との関係にあって、内部のその結合が強いものと、両者の関係が比較的ルーズなものがあった。党的武士団はその惣庶関係が比較的ゆるやかで、共和的結合を特色とした。

この武蔵の党的武士団で有名なものが横山党だった。平安末期の日記史料（『長秋記』）にすでにその名が見えている。多摩郡横山の地（東京都八王子市）を基盤としたこの武士団は、流祖を小野篁《おののたかむら》八代の孫孝泰《たかやす》とする。

多摩川南方の丘陵地帯で小野牧が設定され、これを足場に開発領主として発展した一族だった（横山党・猪俣党略系図参照）。おそらくは小野の地名が先行し、これに合致させる形で篁をルーツとしたのだろう。いずれにせよ「武蔵七党系図」や「横山系図」をふくめ、各国武士団のルーツを手放しで信用するのは禁物である。

それは別にしても、この横山党の基盤は相模方面にまで広がっており、すでにふれた海老名《えびな》氏や愛甲《あいこう》氏などもこの一族だった。この他にも成田《なりた》・別符・王井・中条《ちゅうじょう》・平子《たいらこ》といった諸氏は、この横山党に属した。[*2]

＊1　「武蔵七党系図」では野与《のよ》・村山・猪俣・児玉・丹《たん》・西の緒党をさす。ただし『節用集《せつようしゅう》』では、野与党にかわり私市《きさい》党が入っており、この他にも綴《つづき》党を加える場合もあり、一定しない。「坂東八平氏《ばんどうはちへいし》」と同じく、〃名数表記〃が一般化する室町期以降の呼び方といえる（安田元久『武蔵の武士団』有隣堂、一九八四年）。

＊2　党としての結合は早期に解体したが、横山党に出自を有した武士たちは、諸史料に多く登場する。横山経兼《つねかね》の弟成任を祖とする成田一族（埼玉県熊谷市成田）では、保元《ほうげん》の乱で義朝に従った成田（小野）成綱《なりつな》、そして頼朝に従軍した子の小野義成《よしなり》・盛綱《もりつな》兄弟が有名だ。かれらは承久の乱で京方に味方したため、領有していた尾張の守護は没収された。

横山党・猪俣党略系図

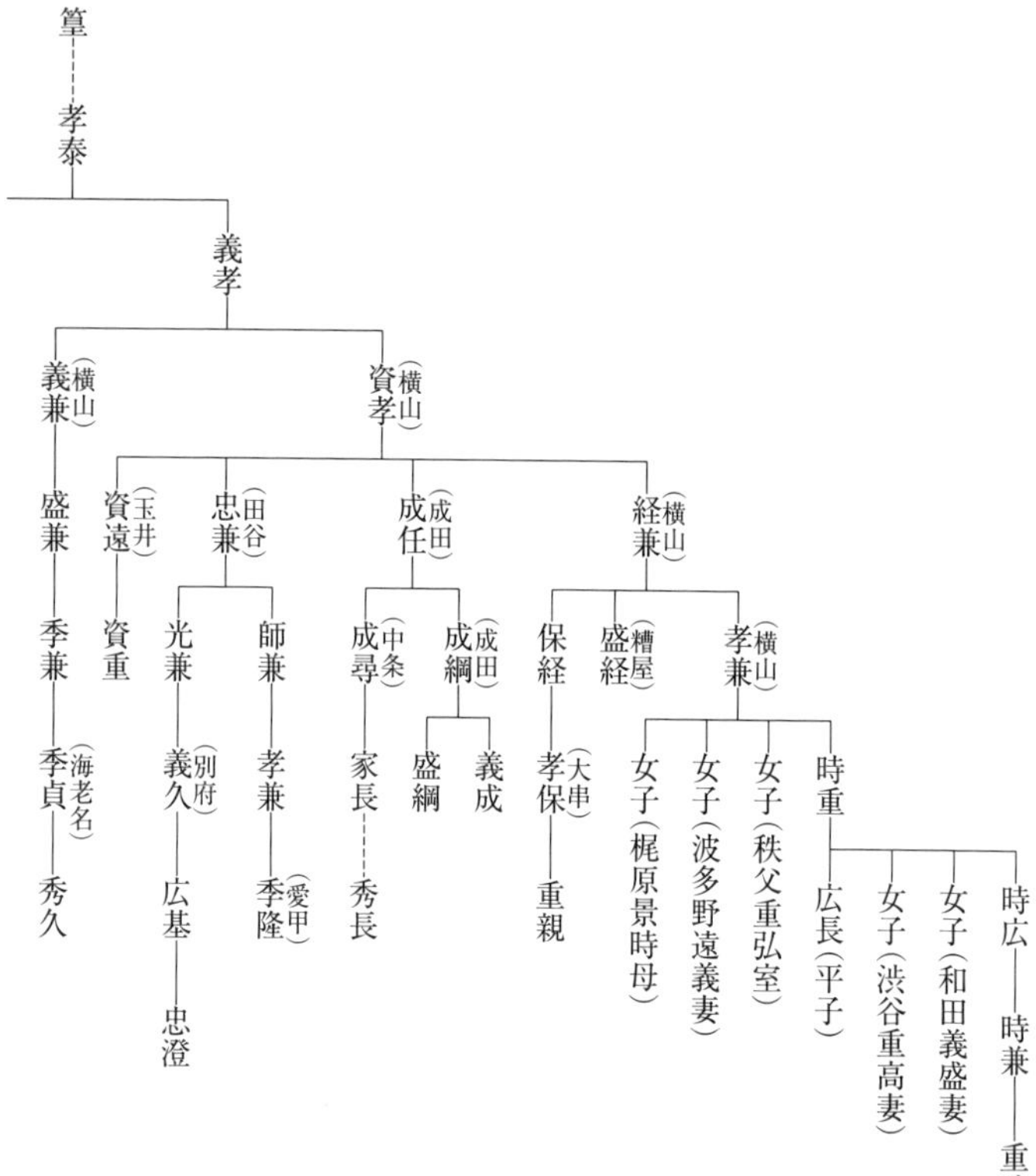
篁
孝泰
義孝
資孝（横山）
義兼（横山）
経兼（横山）
成任（成田）
忠兼（田谷）
資遠（玉井）
盛兼
孝兼（横山）
盛経（糟屋）
保経
成綱（成田）
成尋（中条）
師兼
光兼
資重
季兼
時重
女子（秩父重弘室）
女子（波多野遠義妻）
女子（梶原景時母）
孝保（大串）
義成
盛綱
家長
孝兼
義久（別府）
季貞（海老名）
時広
女子（和田義盛妻）
女子（渋谷重高妻）
広長（平子）
重親
秀長
季隆（愛甲）
広基
秀久
時兼
重時
時久
忠澄

（猪俣）時資
　└ 時範
　　├ （猪俣）忠兼
　　│　├ 忠基（河勾・甘糟氏）
　　│　├ （岡部）忠綱 ― 行忠 ― 忠澄
　　│　└ （猪俣）政家 ― 資綱 ― 範綱 ― 範高
　　└ （男衾）重任

成綱の弟の家系に属した中条氏（埼玉県熊谷市上中条）も知られる。中条家長《いえなが》はすでにふれた常陸の武士団八田知家《はったともいえ》の養子となり、出羽守《でわのかみ》として幕府の宿老《しゅくろう》的存在になった。泰時時代には評定衆《ひょうじょうしゅう》にくわえられている。ちなみに家長は御成敗式目《ごせいばいしきもく》の編纂にも参画した。成田・小野氏が承久の乱で没落した以後、その尾張守護はこの中条家長に与えられた。この中条氏はその後、北陸・東北をふくめ各地に展開する（『姓氏家系大辞典』）。南北朝には秀長《ひでなが》が『太平記』に登場する。観応の擾乱では尊氏側に従軍したことが知られる。

同じく横山党に属し成田氏から分流した一族で、成任の弟忠兼《ただかね》・資遠《すけとお》の流れに位置する別符・奈良・玉井の諸氏も有名だ（いずれも熊谷市）。保元の乱にさいしては、義朝麾下の武蔵武士の面々としてかれらの名が見えている（以上の点は安田元久前掲書参照。および『熊谷市史』『埼玉県史』もあわせ参照）。

別符氏の末裔として元弘・建武の乱にさいし、北畠顕家《きたばたけあきいえ》軍追撃のため足利側に属した別符幸実《ゆきざね》の着到状も見える（『別符文書』。『新編 埼玉県史』通史編2も参照）。この幸実はその後北畠親房との常陸合戦、さらに武蔵野合戦などでも尊氏側にくわわっている。

なお、別符幸氏は白旗《しらはた》一揆（馬や武装具を白系統で統一。多く北武蔵の武士団）以外にも、八文字一揆（旗指物《はたさしもの》に「八」の字を書いた。多く高麗《こま》郡の武士たちが中心）の名が知られる。以前にもふれたように、その後は武州北一揆や武州南一揆のように地域名を冠した地縁的武士団の動きへと変化する（この点、四六ページも参照）。

横山党と和田合戦

かれらは多く『平家物語』や『吾妻鏡』にその名をとどめている武士たちで、その限りでは鎌倉期が主要な活躍の時代だった。もちろん他国へ地頭職《じとうしき》を与えられ広がった一族も少なくない。ただ横山党の場合、和田義盛《わだよしもり》の乱（一二一三年）でこれに加担したことの打撃は大きく、他の党的武士団とは事情が異なる。

源平争乱期、この横山党も頼朝の政権に参画した。系図でいえば『吾妻鏡』に見える時広《ときひろ》・時兼《ときかね》父子の時代である。時広の曾祖父経兼《つねかね》は、前九年合戦のおり、奥州での安倍との合戦に従軍した。頼朝は奥州合戦にさいし、前九年の故実《こじつ》にならい泰衡《やすひら》の首懸の儀をこの時広・時兼父子に命じている（『吾妻鏡』）。

横山一族は系図からもわかるように、その婚姻ネットワークはかなりの広さをほこる。秩父《ちちぶ》・波多野《はたの》・梶原《かじわら》・渋谷《しぶや》・和田《わだ》の諸氏との血縁だ（「武蔵七党系図」）。それだけに武蔵の党的武士団にあっては、児玉党などとともに最有力に位置した。

将軍実朝の時代に起きた和田義盛の乱で、横山時兼は義盛とともに中心的役割を演じ滅亡する。系図中には時兼以後も重時《しげとき》─時久《ときひさ》と子孫の名は散見する。『太平記』にも横山重真《しげざね》の名も登場するが、鎌倉期における惣領家の衰退で一族の結束力は失われていった。

岡部忠絵供養塔

猪俣党と『平家物語』の世界

猪俣党は、「武蔵七党系図」「小野系図」では横山党と同族とされる。横山義孝《よしたか》の弟時資《ときすけ》―時範《ときのり》がそのルーツと見える。ただし、開発の拠点とされる那賀《なか》郡猪俣（埼玉県児玉郡美里）は武蔵北部に位置し、水系としては利根川流域に位置した。その点では同族ながら、前述の横山党が南部の多摩水系で広がったのとは、事情を異にするようだ。

『保元物語』や『平治物語』に義朝とともに戦闘に参加した武士のなかに、猪俣範綱《のりつな》の名が確かめられる。この範綱とその子範高《のりたか》は、源平の争乱から承久の乱にかけても活躍しており、系図からもわかるように、河匂《かわわ》・岡部《おかべ》・男衾《おぶすま》・藤田《ふじた》・甘糟《あまがす》などの諸氏が輩出した。とりわけ岡部氏に関しては、『平家物語』で一ノ谷《いちのたに》合戦で薩摩守《さつま》平忠度《ただのり》を討ち取った武勲が知られている。流祖忠綱《ただつな》が大里郡岡部を開発したことにちなむ。岡部一族の史跡については、『新編　武蔵風土記稿』に種々の逸話が語られている。

ただし、規模的には同族の横山党に比べると、さほど大きくなかったようだ。『太平記』などにも猪俣弾正や兵庫入道の通称で登場するが、実名に関しては推測の域を出ない。

児玉党

武蔵北部の雄、児玉党　武蔵七党のなかで、最大の武士団が児玉党である。その勢力は北武蔵の児玉郡を中心に周辺諸地域におよび、分出した諸氏もかなり多い。児玉郡の南端、阿久原《あくはら》牧を拠点に北方の本庄《ほんじょう》市あたりに展開する（児玉党略系図参照）。また、その活動期間も南北朝・室町期におよぶ。

「武蔵七党系図」から確かめられる一族として、本宗家の児玉氏・庄氏以外に四方田《しほうでん》・塩谷《しおや》・富田《とみた》・浅羽《あさは》・小代《しょうだい》・越生《おごせ》・秩父・大類《おおるい》などの諸氏があげられる。*1有道惟行《ありみちこれゆき》を祖とし、弘行《ひろゆき》・家行《いえゆき》とつづく本宗は、児玉郡を中心に広がった。また家行の弟資行《すけゆき》の系統は入間郡方面を基盤とした。そして弘行の弟経行《つねゆき》は児玉郡の南方の秩父郡にも展開している。*2

児玉党は源平の争乱で範頼《のりより》の配下として従軍、奥州合戦や承久の乱などでも武功があり、安芸《あき》国（竹仁村地頭職）・備中《びっちゅう》国（草壁荘地頭職）に所領を与えられている。

和田義盛の乱では横山党がこれに加担したことから、一族の塩谷・富田・稲島《いなしま》諸氏が誅殺されている。ゆるやかな族的結合で構成される党的武士団の場合、庶子家の所領没収は、必ずしも庄（児玉）一族の衰運には連動しなかったようで、鎌倉期を通じ御家人たる立場に変化はなかった。

*1　このうち浅羽・小代の両氏は『吾妻鏡』にも登場する。系図を参照すればわかるように、本宗家の庄・本庄一族の祖家行の弟資行からはじまる流れにあたる。資行の子行業《ゆきなり》—行親《ゆきちか》が入間郡浅羽（埼玉県坂戸市西部）に拠点を有した。行親の子行光《ゆきみつ》・行長《ゆきなが》兄弟は、鶴岡放生会《ほうじょうえ》や奥州合戦で御家人《ごけにん》として活躍し

児玉党略系図

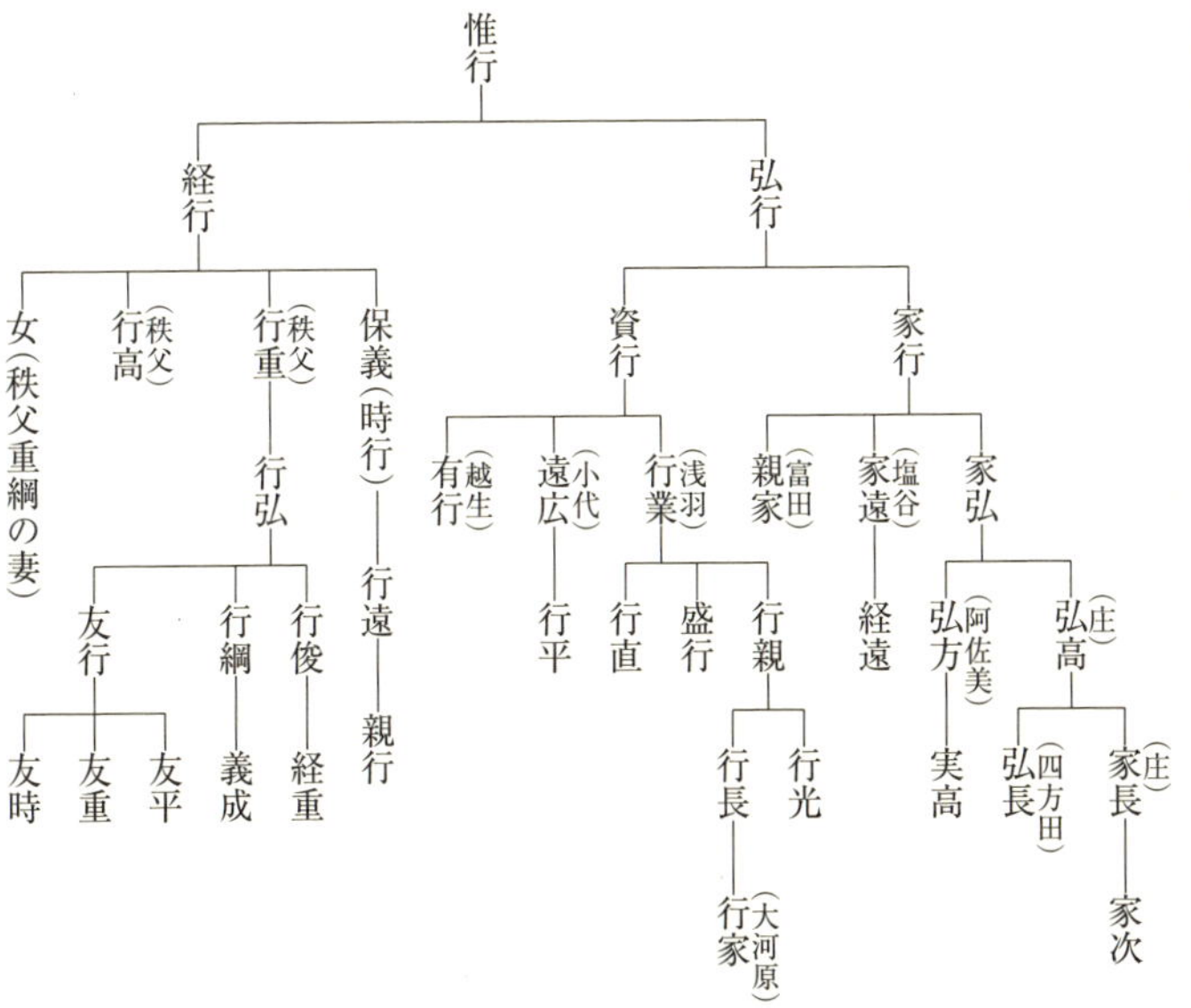

ている。ちなみに浅羽氏は遠江国にも同名の御家人がおり、別系統である。

小代氏も正代《しょうだい》の地（浅羽の北方。埼玉県東松山市）を開発した領主で遠広《とおひろ》を祖とした。その子行平《ゆきひら》は対平氏戦や対奥州戦に従軍、安芸国に地頭職を与えられた。またその一族に重俊《しげとし》がいるが、その子重泰《しげやす》が宝治合戦（一二四七年）で武功をあらわし、肥後国の野原《のはら》荘地頭職を与えられている。蒙古《もうこ》襲来のおりには幕府の命令で異国防御のため、肥後《ひご》国へ下向している（なお小代氏に関しては、石井進『中世武士団』小学館、一九七四年、も参照）。

＊2　この経行系統が秩父郡に広がったのは、その子行重《ゆきしげ》・行隆《ゆきたか》が秩父氏の重綱《しげつな》（平氏秩父氏）の養子となった関係による。かれらは河越・畠山などの諸氏が分出した以後の秩父氏を継承したことになる。経行の娘は重綱の妻で、悪源太義平《あくげんたよしひら》の乳母であったという。この児玉系の秩父氏は、源平時代に活躍したが、行重の孫友行《ともゆき》はその後の和田合

戦で横山党に味方し戦死した。

南北朝の動乱と児玉党

児玉党にとっても、やはり南北朝の動乱が大きな転換期といえる。観応の擾乱では直義に属した。例の薩埵山合戦では「児玉党三千余騎」(『太平記』)としてその攻防戦に参加した。ただし、この戦いで直義は敗走し、児玉一族の被害も甚大だった。つづく武蔵野合戦(一三五二年)では、新田義興・義宗の側に立ち参戦した。そのおりの児玉党の勇戦は目ざましく、尊氏を敗走させた。

この薩埵山合戦をへて、武蔵野合戦さらに笛吹《ふえふき》峠の戦いにいたる一連の流れは、武蔵をふくむ、東国の各武士団の足利政権下での位置を占うものとなった。すでに何度かふれたように、河越氏や江戸氏を中心とした南武蔵の武士団は尊氏に属したが、この児玉党・猪俣党などの北武蔵の武士団は、これと反対の立場をとった。その限りでは「薩埵山体制」での動きが児玉党の命運を決めることになった。そして、次なるターニングポイントが上杉禅秀の乱(一四一六年)だった。ここでも児玉党は次に語る丹党とともに、禅秀に従い勢力をそがれる。

丹　党

丹党と安保一族

丹党は児玉党と基盤が重なっている。児玉・入間両郡にその勢力は広がる。諸史料には、しばしば「児玉・丹党」として登場する。大河原(埼玉県秩父郡)・勅使河原《てしがわら》(児玉郡上里)・安保《あぼ》(賀美《かみ》郡安保)・高麗《こま》(入間郡日高)・加治《かじ》(高麗郡飯能《はんのう》)などの諸氏が名高い。

「丹治系図」には丹治(多治比《たじひ》)氏をルーツとするとある(丹党略系図参照)。ただし、「武蔵七党系図」その他から判断すると、峯時《みねとき》の孫武綱《たけつな》―武時《たけとき》―武平《たけひら》あたりが秩父郡内の石田牧《いしだ》にたずさわり、この地域の開発に着手したところに由来するらしい。

源平争乱以降で著名なのは、やはり安保一族だろう。安保氏は武平の末裔綱房《つなふさ》の子実光《さねみつ》から始まる。安保氏は早くから頼朝に参じ、承久の乱では泰時の京都進撃にさいし、武蔵武士の代表としてその名が登場する（『吾妻鏡』）。この承久合戦で安保氏は犠牲者を出し、その賞として子実員《さねかず》は播磨《はりま》に地頭職を与えられた。

また、鎌倉滅亡にさいし、北条氏に加担した安保道潭《どうたん》や加治家貞《いえさだ》（基房の子経家の末裔）もいた。かれらは得宗家の御内人《みうちびと》として、小手指原《こてさしがはら》・分倍河原《ぶばいがわら》の戦闘で敗死した（『太平記』）。道潭の所領はその後、足利や新田の討幕側に従軍した一族の光泰《みつやす》に与えられている。

丹党略系図

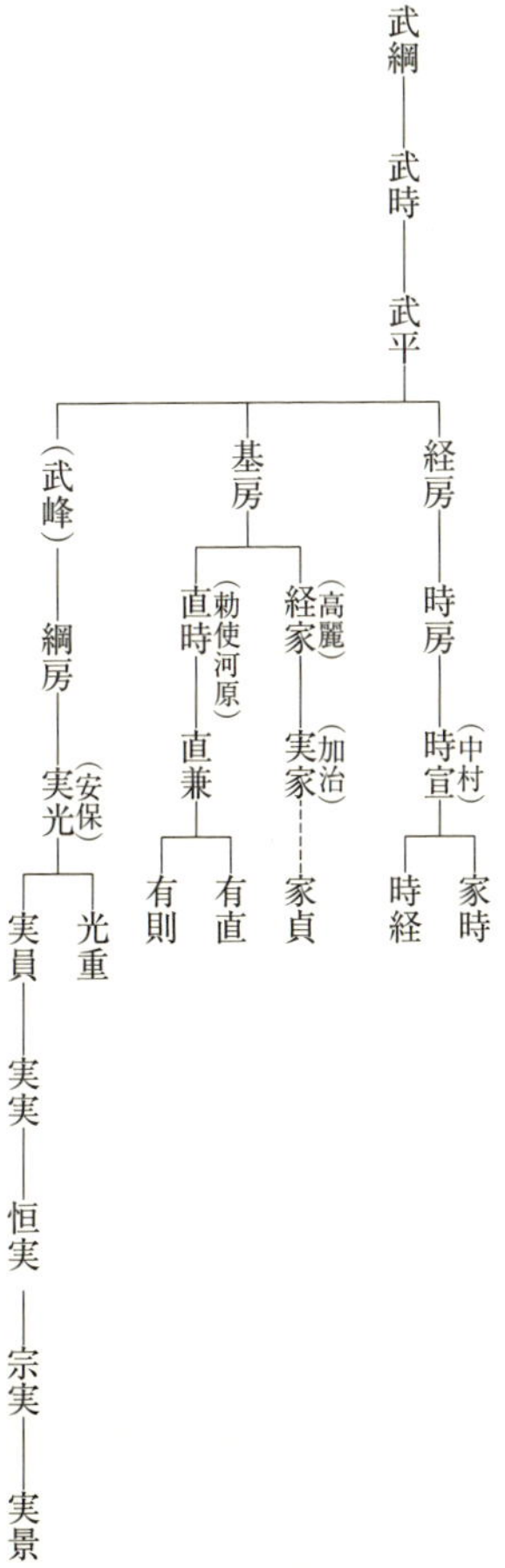

この安保氏は庶流が各地にのびた。「安保文書」などから、南北朝内乱期には足利側に参じていることがわかる。足利基氏《もとうじ》の畠山国清討伐（一三六一年）にも、その活躍がうかがえる。

高麗氏と加治氏

他に安保氏とは別流だが、高麗氏も有名だろう。武平の子基房《もとふさ》の流れに属し、加治氏と同流の一族である。高麗郡を拠点とし、子孫のなかには薩埵山合戦で足利方に参戦した高麗経澄《つねずみ》がおり、その軍忠状《ぐんちゅうじょう》（「町田家文書」）が知られる。

丹党の場合、安保氏、加治氏あるいは高麗氏の例のように、独自の動きをする庶子も少なくない。南北朝期にあっては、児玉党とともに、『太平記』などに並列して記されることが少なくない。その限りでは、北武蔵の武士団と歩調を合わせた動きをしたと推測される。児玉党と同じく、上杉禅秀の乱で、これに加担したことで大幅に勢力が削減された。

野与党・村山党

開発基盤とルーツ

野与党は次の村山党とともに桓武平氏流とされる。流祖は平忠頼の子胤宗《たねむね》（忠常の弟）。その子の元《もと》（基）宗《むね》が野与荘の荘司となり、その地名を名字とした（野与党・村山党略系図参照）。ただし野与荘の所在は定かではなく、分出した鬼窪《おにくぼ》氏（埼玉郡鬼窪）・道智《どうち》氏・多賀谷《たがや》氏（埼玉郡道智）・笠原《かさはら》氏（埼玉郡笠原）などの諸氏から判断して、利根川と荒川の間の地を基盤としたようだ。

かれらは源平争乱後の頼朝の上洛（一一九〇年）にさいし、その随兵として名をとどめており、交名《きょうみょう》

野与党・村山党略系図

- 忠頼
  - 忠常（恒）
  - 胤宗
    - 元宗（基）
      - 基永（野与）
        - 行基
          - 長綱
        - 頼意（道智）
          - 頼基
            - 道基（道智）
            - 光基（多賀谷）
              - 重基
            - 季頼（笠原）
              - 頼直
                - 泰直
                  - 泰光
        - 経長（大義）
          - 行長
            - 行親（鬼窪）
      - 頼任（村山）
        - 頼家
          - 家綱（大井）
          - 家継（山口）
            - 季継（山口）
              - 季信
            - 家俊
              - 家恒
              - 有元
            - 家信（仙波）
          - 家範（金子）
            - 高範（金子）
            - 家忠（金子）
            - 道範
              - 道綱

の通称から道智頼基《よりもと》・多賀谷重基《しげもと》・笠原泰直《やすなお》に比定されている。笠原氏については騎射三物《きしゃみつもの》の道にすぐれ、頼朝・頼家にその技芸で仕えたようだ（『吾妻鏡』）。ただし比企氏の乱にかかわり勢力が削られた。

村山党については、野与基永《もとなが》の弟頼任《よりとう》を流祖とした。多摩郡村山郷を基盤とするが、その領域は広大で、北は所沢市から東は東村山市にいたる地域とされる。

村山党と金子家忠

村山党の名を有名にしたのは、頼朝挙兵時の衣笠《きぬがさ》合戦（一一八〇年）だった。畠山重忠・河越重頼・江戸重長らの秩父平氏とともに、「金子・村山の輩《ともがら》」がその攻撃に参加したと『吾妻鏡』は伝える。ここに村山とともに並称される金子氏は、村山頼任の孫家範《いえのり》の流れに属した一族で、入間郡金子を拠点とした。

有名な武士に金子十郎家忠《いえただ》がいる。『保元物語』や『平家物語』などの軍記作品でも、その活躍ぶりが随所に描かれている。保元の乱で一九歳で義朝に従い初陣《ういじん》し、平治の乱や一ノ谷・屋島合戦で武功をたて、その戦功で播磨国鵤《いかるが》荘（法隆寺領）の地頭職に任じられている。また家忠の弟道範《みちのり》―道綱《みちつな》の系統は、和田氏の乱に加わり滅亡している。

村山の本宗は家綱《いえつな》（大井氏）か家継《いえつぐ》（山口・仙波《せんば》氏）いずれかが継承したらしいが、諸家の分出が多く定かではないようだ。このうち山口氏（入間郡山口）・仙波氏（入間郡仙波）は、所沢から河越方面で展開した一族で、保元・平治の乱に従軍、早くから金子氏とともに源氏の家人《けにん》だったと考えられている。一族のなかには承久の乱に武功をなした武士もいた（『姓氏家系大辞典』）。

以上、野与・村山両党の場合、その活躍は中世前期に集中して見られ、南北朝以降はその動向をつまびらかにし得ない。

西党・私市党

西党と平山季重

武蔵諸党の最後に西党および私市《きさい》党について、簡略にふれておこう（西党略系図、私市党略系図参照）。前者の西党は日奉《ひまつり》氏にルーツを有し、宗頼の子孫が多摩・都筑《つづき》・橘樹《たちばな》の各郡に広がった。武蔵の南西部を基盤とした武士団で、国府《こくふ》（府中市）近傍で在庁官人として開発にたずさわり、領主となったと推測される。

現在の中央線・京王沿線に残る日野・立川、さらに百草《もぐさ》・平山などの諸氏に由来する地名（駅名）は、いずれも西党一族の拠点である。多くが多摩川水系を開発領域とした。「西氏系図」「西党系図」「小川氏系図」などの諸系図は、記載にばらつきがあり明瞭さを欠く。

略系図で注目されるのは平山季重《ひらやますえしげ》だろう。一ノ谷合戦で熊谷直実《くまがいなおざね》とともに、先陣争いをしたことは『平家物語』にくわしい。あるいは『吾妻鏡』などで、「京都無断任官之輩」の一人として、頼朝から酷評されており、これまた有名なエピソードだ。

西党では、小川《おがわ》氏（宗忠《むねただ》の第二子宗貞《むねさだ》の曽孫宗弘《むねひろ》を始祖、現東京あきるの市）も知られる。小川直高《なおたか》については、一二一三年（建保元）の多西《たさい》郡二宮地頭職の相論《そうろん》文書にもその名が見える（『薩藩旧記』）。西党は南北朝・室町期に武州南一揆を構成したことでも知られる。その後は平山氏と同じく、小田原北条氏の家臣団に組み込まれたようだ。

私市党と久下一族

ついで私市党だが、古代の私部《きさい》と関係するともいわれ、埼玉郡崎西（現在の北埼玉郡騎西《きさい》町）を拠点としたという。また同郡太田荘の鷲宮《わしみや》の氏人とされる。軍記

西党略系図

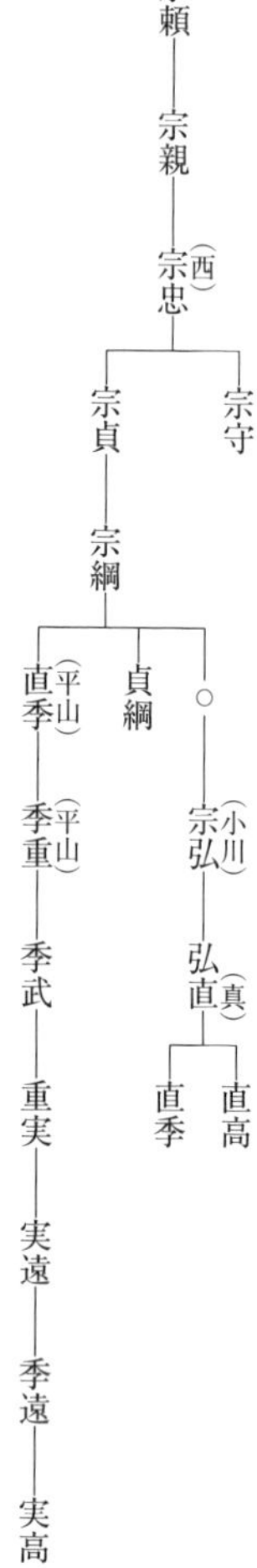

私市党略系図

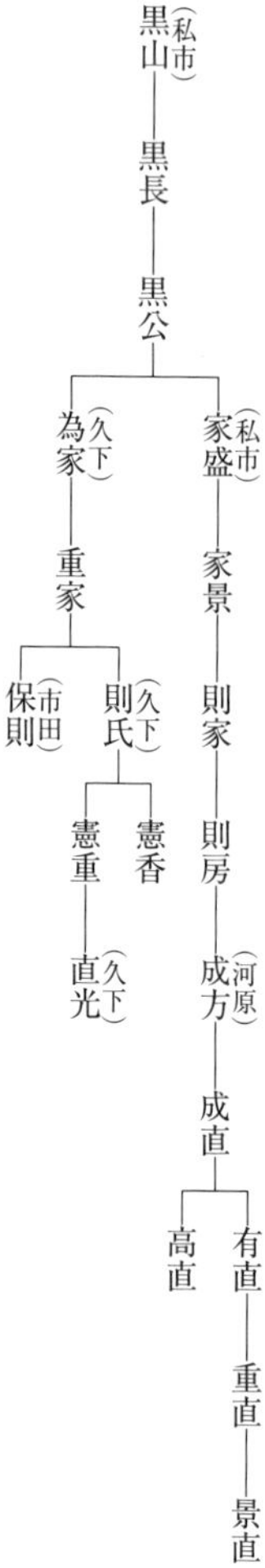

作品に「騎西育ちの名馬」などと表現されるように馬牧も点在し、その開発領主だったと考えられている。

流祖は黒長《くろなが》の孫、家盛《いえもり》からはじまる。嫡流は家盛の末裔の成方が河原氏を称した。成方の孫有直《ありなお》・高《たか》直《なお》は『平家物語』によれば、一ノ谷合戦の生田森《いくたのもり》で先陣をなし討死したとされる。またその孫景直《かげなお》は霜《しも》月騒動《つきそうどう》（一二八五年）で安達泰盛《あだちやすもり》に属し敗死している。

「私市氏系図」その他には、その諸流は大里郡の熊谷方面まで広がっており、熊谷直実と所領争いをした久下《くげ》直光《なおみつ》もこの私市党に属した。ちなみに武蔵武士の典型とうたわれた熊谷直実は、本来は平氏の直方流《なおかた》（貞盛の玄孫《げんそん》）だが、母が久下氏（直光の妹）の出身だった関係で（「熊谷系図」）、この私市党と深くかかわっていた。

なお、『太平記』には新田義宗や義興が武蔵で足利直義党の上杉と結び挙兵したおり、これに参じたなかに私市党の名が見える。

武蔵七党のその後

以上、「武蔵七党」などと呼称される同族的武士団を俯瞰した。概して中世前期での活躍が目立ち、後期になるにつれその動きは散発的となってゆく。西国方面や東北方面に地頭職その他を与えられ、一族が分流していったことも一因だった。平安末期の所領開発において、一族の結集・結合化を迫られた段階が終わり、所領の分散化が進展するなかで、同族結合が希薄化した当然の結果でもあった。このことは、武士団が一方で開発領主としての風貌を有していた以上、党的武士にあってもあてはまることだった。

相模と同じく関東管領上杉氏の支配が強かった武蔵は、一揆を結び抵抗勢力となることもあったが、次第にその傘下に組み込まれていった。

次に手順としては、その上杉氏をふくめた新興勢力に言及しなければならないが、その前に源平時代以来の伝統的武士団のいくつかにも、急ぎふれておく必要がある。

熊谷・比企・足立その他の諸氏

以下で指摘する多くは鎌倉期に活躍した伝統的武士団で、頼朝挙兵にいち早く参じた源家譜代の武士

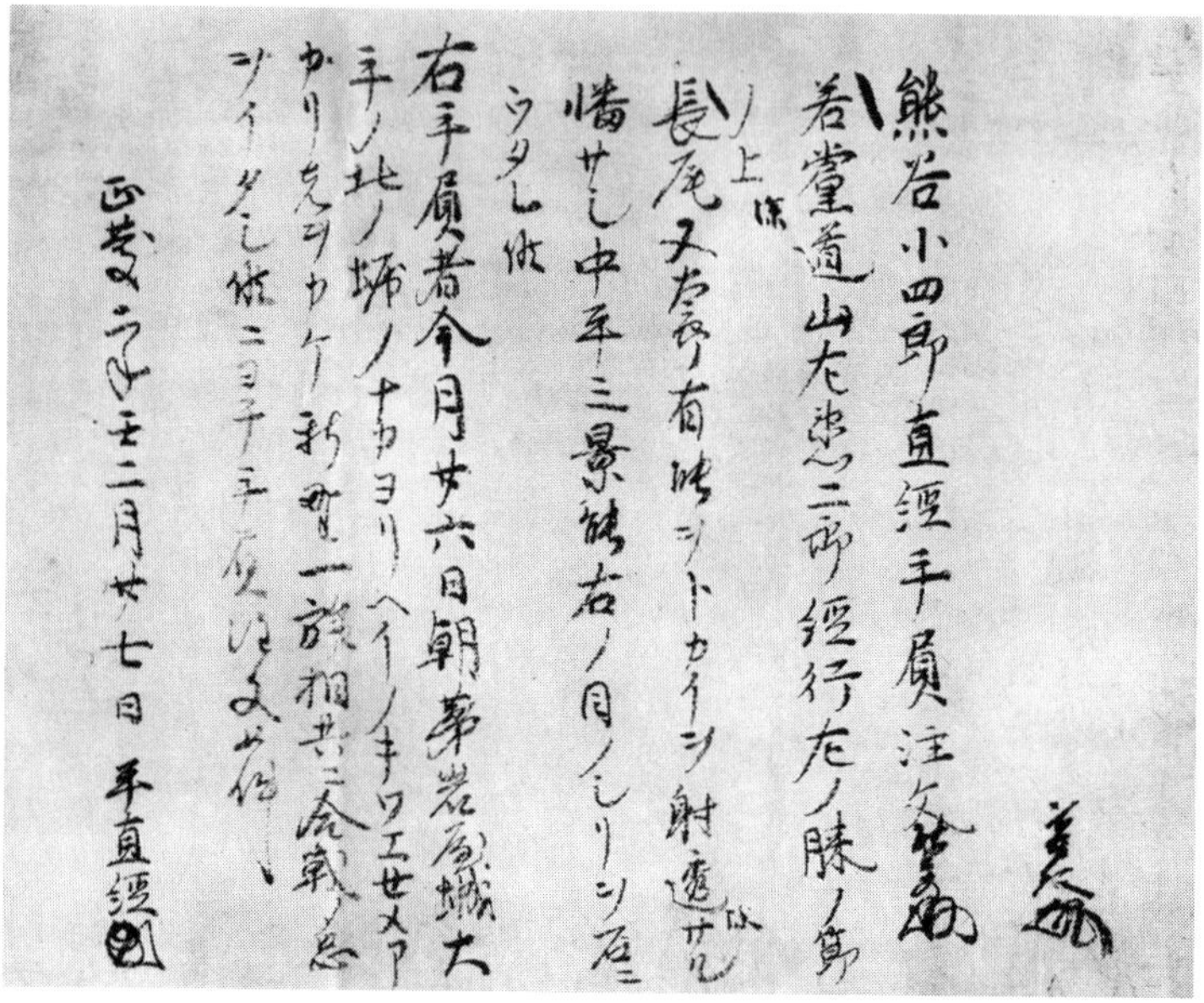
(花押)
熊谷小四郎直経手負注文
若党道山左衛門三郎経行　左ノ膝ノ節ノ上 疵
長尾又太郎有能　ソトカイシ射通サル 疵
備中平三景能　右ノ目ノしりシ疵
ヲ射候
右手負者今月廿六日朝、千剣破城大
手ノ北ノ堀ノナカヨリヘイノキワエセメア
カリ候ヲカケ、於此一族相共ニ合戦ノ忠
ヲツイ々シ候ニヨテ手負注文如件
正慶二年二月廿七日　平直経(花押)

熊谷直経軍忠状

たちといってよい。秩父平氏や武蔵七党などとも、その出自を異にしたグループといえる。多くが辞典その他で立項されており、ここでは必要最低限の範囲で見ておく。

熊谷氏　大里郡熊谷の地（荒川の北岸）を名字とした一族で、直実は『平家物語』のヒーローとして世に膾炙《かいしゃ》している。保元《ほうげん》の乱で義朝に従軍して以来の直実の活躍についてはここではふれない。ともかく同一族が源家の譜代の家人であったことは疑いない。

「北条系図」や「熊谷系図」をふくめ、系譜は一定しない（熊谷氏略系図参照）。嫡流家は直実の孫直国《なおくに》の時代に安芸国三入荘《みいりのしょう》（広島市）に移り、その後は戦国毛利氏の家臣団となった。「熊谷家文書」（『大日本史料』所収）にはその足跡が語られている。

武蔵武士団としての熊谷一族は、直国の兄弟直重以降もつづく。『承久記』には直家《なおいえ》もしくは直重《なおしげ》とおぼしき人物が見える。また、直鎮に関しては幕府攻略のおりの六波羅《ろくはら》攻めに活躍した（『太平記』）。

この時期、同族と思われる熊谷経家《つねいえ》の軍忠状（「楠木合戦注文」）が知られている。同じく軍忠状では、元弘の乱で楠木正成の千早城攻めに参加した熊谷直経《なおつね》のものも有名だろう（『熊谷家文書』）。また系図に見える実家に関しては、永享《えいきょう》の乱（一四三八年）にさいし箱根山合戦で討死したとされる。

千早城跡

熊谷氏略系図

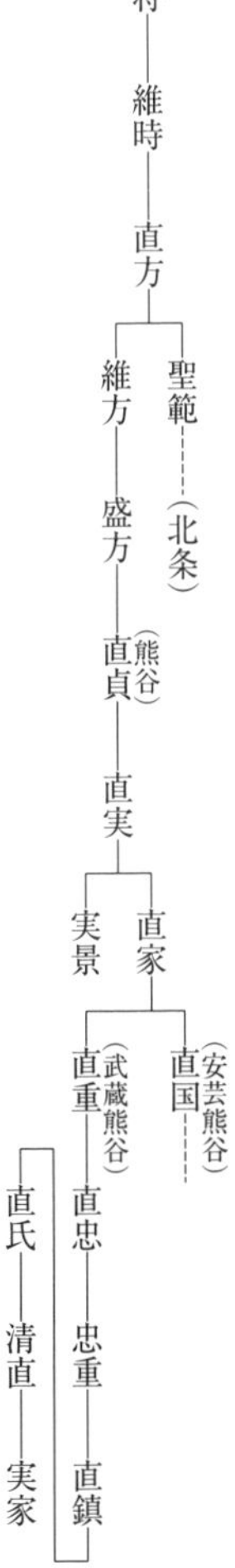

比企氏婚姻関係図

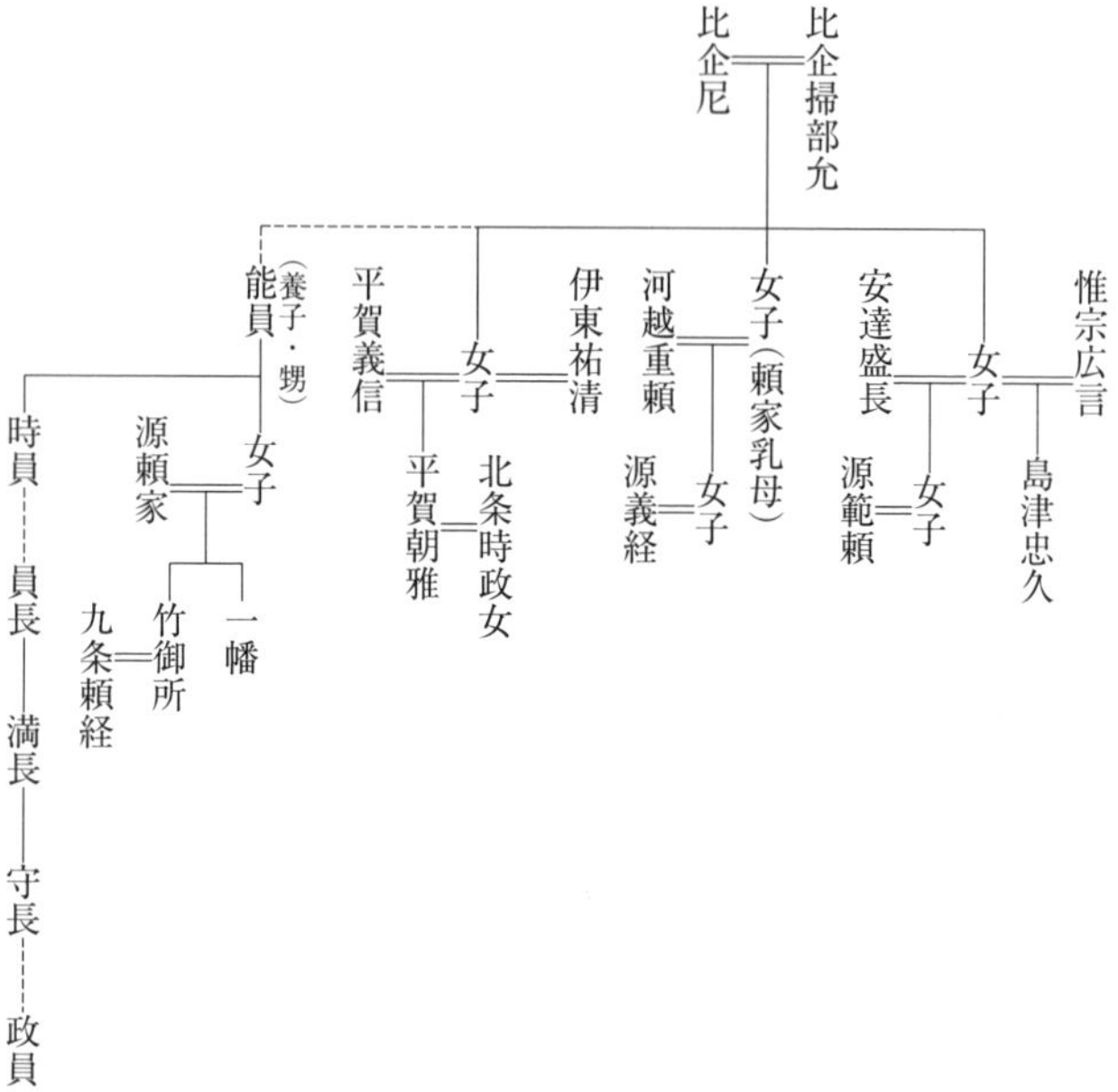

比企氏

比企氏もまた源家譜代の名族だ。比企郡を基盤としたこの一族は、比企尼《ひきのあま》が頼朝の乳母だった関係で大いに勢力を有した。別掲の婚姻関係図でもあきらかなように、その婚姻網は相当に広い。本姓は藤原氏で秀郷流ともいわれる。

比企氏はよく知られるように、北条氏に族滅させられ、広がらなかった。『吾妻鏡』には能員《よしかず》や朝宗《ともむね》（能員との関係は不明。母比企尼、父遠宗とも）が有名。朝宗は一一八四年（元暦元）、北陸道方面に鎌倉殿勧農使《かんのうし》として派遣された人物だった。

また、能員に関しては、奥州合戦で北国方面から進軍する東山道大将軍に名をつらねている。能員は頼家将軍の時期、子息の時員《ときかず》ともども鎌倉比企谷《ひきがやつ》で滅ぶが（比企氏の乱）、時員の末裔に員長《かずなが》なる人物がいた。順徳院北《じゅんとくいんほく》面《めん》の侍だった父の関係で、越後から比企郡に再住したという。
「寛永系図」その他によれば、能員の子孫は区々のようだが、末裔の政員《まさかず》の時代に上杉氏（朝定《ともさだ》）に仕え、その後は岩槻《いわつき》の太田氏の家臣となったようだ（『姓氏家系大辞典』）。

足立氏

足立郡を拠点としたこの一族は、出自は藤原氏とされるが定かではない。おそらくは、足立郡司に系譜を有した地域の開発領主と思われる。『尊卑分脈《そんぴぶんみゃく》』や「足立氏系図」では、有名な足立遠元《とおもと》とその父遠兼《とおかね》の部分は共通するものの、その復元は難しい（足立氏略系図参照）。源氏の年来の家人だったようで、平治《へいじ》の乱《らん》で悪源太義平配下の一七騎のなかに遠元も見える。そこにはこれまで紹介した岡部忠澄《ただずみ》・金子家忠・熊谷直実・平山季重《すえしげ》らの武蔵武士のラインアップも登場する。

頼朝挙兵時には、以前からの関係で期待にそうべく力を尽くし、最前の参向をはたしている（『吾妻鏡』）。幕府成立後、遠元自身は宿老《しゆくろう》的立場で幕政に参加した。嫡流は元春《もとはる》が継承したようで、その子遠親《とおちか》は承久の乱に武功をたて讃岐《さぬき》国（本山荘）に地頭職を与えられた。

足立氏略系図

忠兼―遠兼―遠元
　├元春―遠親┬基氏
　│　　　　　└直元
　├遠光―遠政―遠信
　├女子（畠山重忠妻）
　└女子（北条時房妻）

その子直元《なおもと》の時代に霜月騒動（安達泰盛の乱〈一二八五年〉）が勃発し、安達氏に与同し没落した。ただし庶子の遠光の流れは承久の乱での武功があり、また泰時時代の嘉禎年間（一二三五～三八）に比叡山との騒動で、遠政《とおまさ》・遠《とお》信《のぶ》父子が流罪となっている（『吾妻鏡』）。

大河戸氏

秀郷流藤原氏の太田氏に属し、下野の小山氏や上野の足利氏、下総の下河辺《しもこうべ》などの諸

大河戸氏略系図

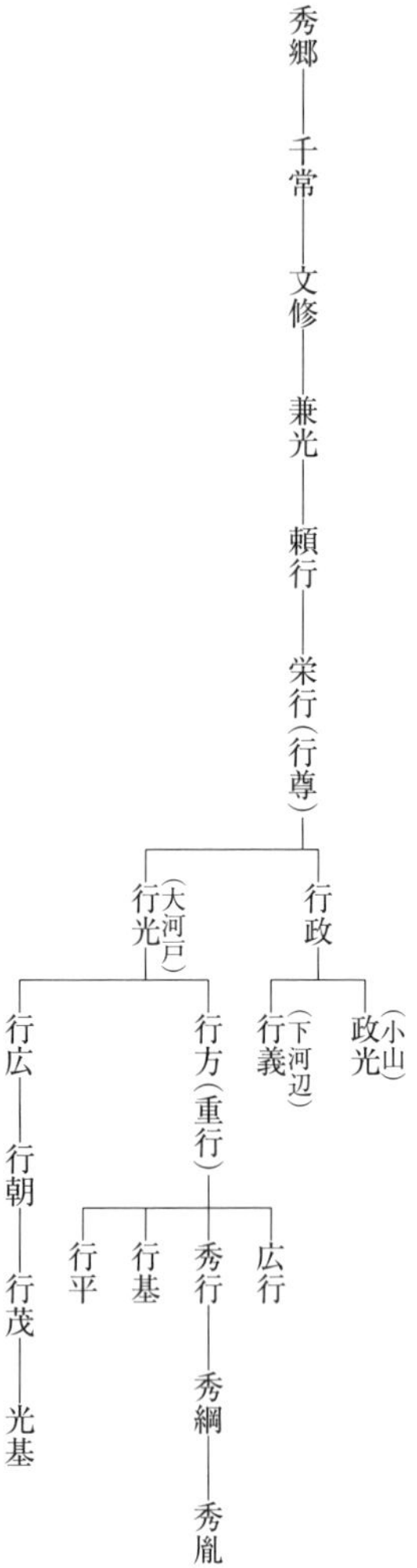

氏と同族（大河戸氏略系図参照）。葛飾郡大河戸《おおかわどの》御厨《みくりや》を基盤とした。この荘園は源氏の相伝の所領として、伊勢神宮に平安末期に寄進されたものだった。

軍事貴族たる源氏が東国に進出するなかで、開発領主の大河戸氏との主従関係が強化され、伊勢神宮へと寄進された。そうした関係で大河戸氏は源氏の家人となった。埼西郡と足立郡にまたがる地域で、現在の範囲から推すと草加・越谷・春日部の各市をふくむとされる。

流祖の行光《ゆきみつ》の妻は、『尊卑分脈』では秩父重綱の娘だとある。さらにその子行方《ゆきかた》（『吾妻鏡』では重行）の妻は、三浦義明《よしあき》の娘であった。大河戸氏は秩父氏や三浦氏と婚姻関係を持った有力家人だった。

ただし大河戸氏は御厨の所領が平家側の領有となった関係で、頼朝挙兵時に平家側に従った。行方（重行）の四子広行《ひろゆき》・秀行《ひでゆき》・行基《ゆきもと》・行平《ゆきひら》は、遅ればせながら御家人となることが許されたようで、範頼《のりより》や義経《よしつね》への従軍、あるいは建久の頼朝上洛軍にもかれらの名が見える（『吾妻鏡』）。「結城系図」「小山系図」などからもその後の流れは知り得るが、特筆すべき記事は見あたらない。

大井氏・品川氏

南西部の多摩川水系を基盤とした大井氏および同族の品川氏にも関説しておく。両氏とともども荏原《えばら》郡の大井郷・品川郷を拠点とした。現在の大田区・品川区にあたる。本姓は紀氏《きいし》で、その一族は、春日部・潮田《うしおだ》・堤などの近傍に分出している＊（大井氏・品川氏略系図参照）。

鎌倉御家人としてのこの両氏の活躍ぶりは、『吾妻鏡』や『承久記』などから推察することができる。関係系図（『尊卑分脈』紀氏系図、『薩摩大井文書』『田代文書』）によれば、直接の祖は大井実直《さねなお》とされるが、その来歴は不明。

「住人」系領主（開発領主）として、品川郷・大井郷あるいは六郷保などの国衙《こくが》領の開発に従事した武士と思われる。系図では略したが長子の実重《さねしげ》は、相模の武士団渋谷氏の養子となった。次男の実春《さねはる》が大井氏の嫡流を継いだ。

実春を有名にしたのは、志田《しだ》先生《せんじょう》義広の討伐での武功である（一一八四年）。義広は頼

大井氏・品川氏略系図

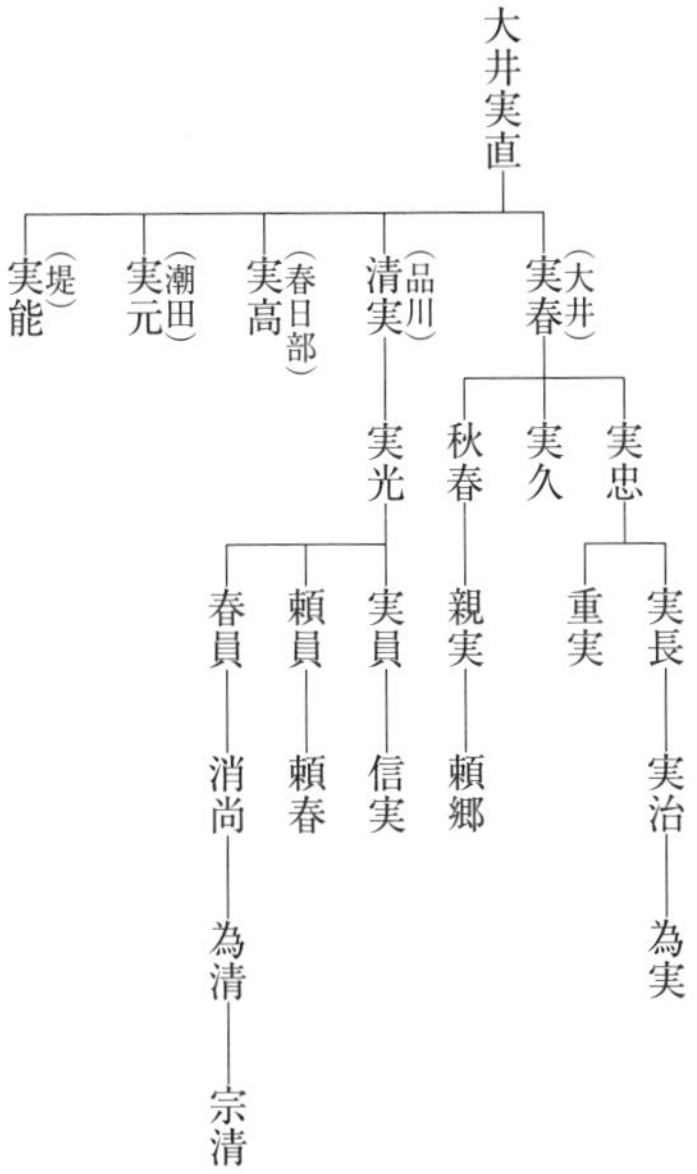

朝の叔父で、常陸の信太郡を基盤とした源家の一門だった（六一ページ参照）。義仲《よしなか》に加担し、その滅亡後は伊勢方面で挙兵した。大内惟義《おおうちこれよし》が当初は鎮圧にあたったが、成功せず実春が起用された。この武功で同国の香取五箇郷に地頭職を与えられた（『吾妻鏡』）。

承久の乱でも実春の一族の活躍が知られる。大井氏は薩摩方面や伊勢・薩摩にも所領を有し、一族が広がった。

この実春の弟に品川氏の祖となる清実《きよざね》がいる。源平争乱のおり清実は範頼に従軍し、子息の実光《さねみつ》は頼朝上洛の随兵として顔をのぞかせている。

承久の乱では実光の子春員《はるかず》が負傷、一門数名も戦死している。実光の嫡流は実員《さねかず》か頼員《よりかず》が継承したのだろうが、定かではない。「田代《たしろ》文書」には、その春員の勲功・軍忠状も見える（「北条泰時書状案」）。大井氏の場合もそうだが、品川一族も、承久合戦での戦功が西国方面での飛躍につながった。紀伊（粉河寺《こかわでら》領丹生《にう》屋村地頭職）、近江（野洲《やす》南郡三宅郷地頭職）、安芸《あき》（佐東《さとう》郡緑井郷・可部《かべ》荘）方面に所領が与えられ、地頭職が相伝・領有されている。このうち紀伊と近江の地頭職は、承久の乱での春員への新恩給与だった。春員は実光の庶子で四郎入道成阿《せいあ》と称し、地頭職はその春員の子孫へと継承された。

大井・品川両氏については、西国方面に地頭職を与えられ、西遷した一族の足跡は多少ともわかるが、嫡流家のその後は不明である。

ただし、品川の妙国寺内の諏訪社縁起《えんぎ》に品川氏の末裔と思われる品川国友《くにとも》なる人物を見い出し得る。一四四〇年（永享一二）の時期にあたる（『大日本地名辞書』『姓氏家系大辞典』）。この地域はその後、扇谷上杉氏の支配領域となる。おそらくは品川氏もこの勢力下に組み込まれたものと思われる。

＊　品川氏や大井氏の包括的研究は『品川区史』（高島緑雄氏執筆担当）および拙稿「鎌倉武士、大井・品河氏について」（『品川歴史館紀要』第一八号、二〇〇二年）も参照。

新興武士勢力

太田氏

これまで源平時代以来の武士団を見てきたが、最後に新興勢力の太田一族にもふれておこう。上杉（扇谷）家の家老（家宰）の地位にあった太田氏は、地生《じば》えの開発領主ではない。いわば守護代的存在として上からの領主として、領域編成を実現した。太田氏の拠点は江戸・河越・岩槻《いわつき》とされる。何度かふれた太田道灌《どうかん》（資長）は最も著名な人物といえる。北条早雲《そううん》（宗瑞）と同世代でありながら、その忠節さにおいて真逆の立場とされる。ここではその太田氏の足跡を道灌の時代を軸にふり返っておく。一四〇〇年代後半の室町期の武蔵の政治情勢を括るためにも有効となろう。

清和源氏多田流《せいわげんじただ》、これが太田氏のルーツとされる。主家の上杉氏と同様、丹波の出身であるともいわれる。名字の由来は同国の太田郷（京都府亀岡市）で、流祖資国《すけくに》は上杉重房《しげふさ》に仕したというが不分明。六代の鎌倉将軍宗尊《むねたか》の下向《げこう》のおり、上杉氏ともども鎌倉に来住したという。

関係系図（「太田家譜」「太田系譜」など）によれば、資国の子資治《すけはる》は相模愛甲郡を基盤としたようで、その子資兼《すけかね》は父から五ヵ所の所領を継承したとされる（太田氏略系図参照）。南北朝期、主家の上杉氏の台頭にともない、太田氏も相模以外に武蔵方面に勢力を広げた。資益《すけます》は初代の鎌倉公方足利基氏《もとうじ》から稲《いな》

太田氏略系図

資国―資治―資兼―資益―資通―資房―資清―資長（道灌）┬（江戸）資康―資高―康資―重政
　　　　　　　　　　　　　　　　　　　　　　　　　　└（岩村）資家―資頼―資正

毛《げ》・小机《こづくえ》・中野《なかの》などの所領を武蔵国内に与えられた。*

＊　この地域はかつての豊島氏の所領領域で、長尾景春の乱（一四七六年）にさいし、豊島一族がこれに与同したのも、上杉氏による反感があったという（この点『東京都の歴史』山川出版社、一九九七年、参照）。

「東国無双の案者」と資清

道灌の祖父資房《すけふさ》は豊島郡で生まれたともあり、武蔵西部から南部にかけての勢力の広がりを推測される。道灌の父資清《すけきよ》（道真）の時代は、太田氏が扇谷上杉の屈指の家臣として上昇する段階にあたる。資清は扇谷上杉持朝《もちとも》の重臣として、一四三〇年（永享二）に足立郡の与野・笹目両郷を与えられ勢力を拡大した。

これと対をなすのが、山内上杉の家老（家宰）の立場にあった長尾景仲だった（一〇〇ページ参照）。その景仲とともに資清は、「東国無双ノ案者」（『鎌倉大草紙』）といわれるほどの実力者だった。永享の乱そして享徳の乱は、この太田氏周辺にも影響を与えた。*1

享徳の乱後、対立する古河公方《こがくぼう》成氏と上杉勢力（長尾・太田）の両者は、利根川・渡良瀬《わたらせ》川・荒川を双方の防衛線として対峙した。道灌は当初、荏原《えばら》郡品川館に居したとされており（『永享記』）、道灌の登場は、そうした享徳の乱後の混乱期だった。太田氏の拠点となる岩槻・河越・江戸の諸城の再構築（いずれも資清・資長〈道灌〉父子の整備）も、そうした古河公方成氏側への対抗策だった。[*2]

＊1　禅秀の乱で犬懸上杉が没落し、この時期の武蔵は上野方面から山内上杉・長尾の勢力が、一方、相模方面から扇谷上杉・太田の勢力が進攻する情況だった。

永享の乱で持氏を追討した山内上杉の憲実・扇谷上杉の持朝は、それぞれに引退、子息の憲忠《のりただ》（山内）、顕房《あきふさ》（扇谷）の代となっていた。永享の乱後、持氏の後継となった成氏の反上杉シフトを察知した長尾（景仲）・太田（資清）両勢力は、武蔵・相模・上野の武士を集め、成氏を打倒すべく江ノ島で合戦をなした（一四五〇年）。

この江ノ島合戦で、成氏側に参じたのは千葉・小山・結城・宇都宮などの下総・下野の武士団だった。両者和解となるが、これが引き金で成氏は憲忠（山内）を鎌倉で殺害にいたる。これが享徳の乱（一四五四年）のきっかけだった（四四、一〇三ページ参照）。

その後成氏は鎌倉を去り、下総古河を拠点とするが（古河公方）、それは反上杉シフトに与した下総・下野武士団に支えられた動きで、利根川をはさみ両勢力が対峙する。関東は、鎌倉公方体制の解体のなかで関東の東側の地域は古河公方に与同し、武蔵をふくむ南部から西部は上杉に加担するという構図となった。

＊2　太田道灌の築城の事情については、『鎌倉九代記』『小田原記』『関東古戦録』『関東兵乱記』などにもふれられているので参照のこと。

道灌の活躍

武蔵を舞台に太田一族および上杉連合軍は各地で戦闘をなしたが、三次にわたる五十子《いかつこ》合戦（一四五七年、六六年、七三年）は広く知られている。本庄市にあるこの場所は、鎌倉と上野を結ぶ重要ルートで戦略的に要衝の地にあたり、その確保は大きな意味をもった。

享徳の乱後の公方対管領上杉の第二ラウンドは、山内上杉氏の家老長尾氏の分裂だった（一〇〇ページ参照）。長尾景信の死後、山内上杉顕定《あきさだ》は景信の弟忠景（景茂）を家老（家宰）としたため、景信の子景春がこれを不満として兵を挙げた。鉢形《はちがた》城に拠った景春の勢力を封じるために、太田道灌（資長）が中心となり五年をかけこれを排することになる。劣勢となった景春は、古河公方成氏と協同戦線をはり対抗したが、道灌は一四七八年（文明一〇）これを降伏させた。

扇谷上杉氏と太田氏のその後

主家扇谷上杉定正《さだまさ》による道灌の暗殺は、これから八年後のことだった。台頭する道灌に対する扇谷上杉の危機感が、道灌の政治的切断につながったという。この事件が、やがて武蔵を争乱にまきこむ第三ラウンドとなる。両上杉氏の対立にともなう長享の乱（一四八七年）のはじまりである。

道灌死後、扇谷上杉氏に反旗をひるがえした太田一族は、山内上杉氏と手を結ぶことになる。反対に主家の山内上杉氏と対抗していた長尾氏は、扇谷上杉氏に接近する。かくして戦闘が各地で再燃、北条早雲の武蔵介入と相まって、関東は戦国時代へと突入する。

房総三国

東国（関東）武士団の最後に、下総《しもうさ》・上総《かずさ》・安房《あわ》の三ヵ国について総括しておこう。

このうち下総は今日の千葉《ちば》・茨城両県にわたる地域で北から結城《ゆうき》・豊田《とよた》・猿島《さじま》・葛飾《かつしか》・相馬《そうま》・香取《かとり》・海上《うなかみ》・匝瑳《そうさ》・埴生《はにゅう》・印旛《いんば》・千葉の各郡より構成される。北は常陸《ひたち》、北西は下野《しもつけ》、そして西部は武蔵《むさし》と接する。

北部の諸郡は鬼怒川《きぬがわ》・利根川《とねがわ》水系に属し、桓武平氏《かんむへいし》の諸流が早くからこの地域を開発した。豊田・猿島両郡を基盤とした将門《まさかど》の乱《らん》は、武士の時代の幕開けを語る事件だった。

下総武士団の雄として語られる千葉氏および結城氏は、この将門の乱の鎮圧者の末裔にあたる。源平以後の武士団として、この両者は鎌倉・室町期を通じ存続し、大きな役割を演じた。とりわけ平安末期以来の名族千葉氏の動向は重要で、中世後期の古河公方《こがくぼう》家とのかかわりは、南関東の地域史に多大なる足跡を残した。

次に上総であるが、ここはかつて将門の乱の再来といわれた平忠常《ただつね》の乱の拠点であった。源平争乱期

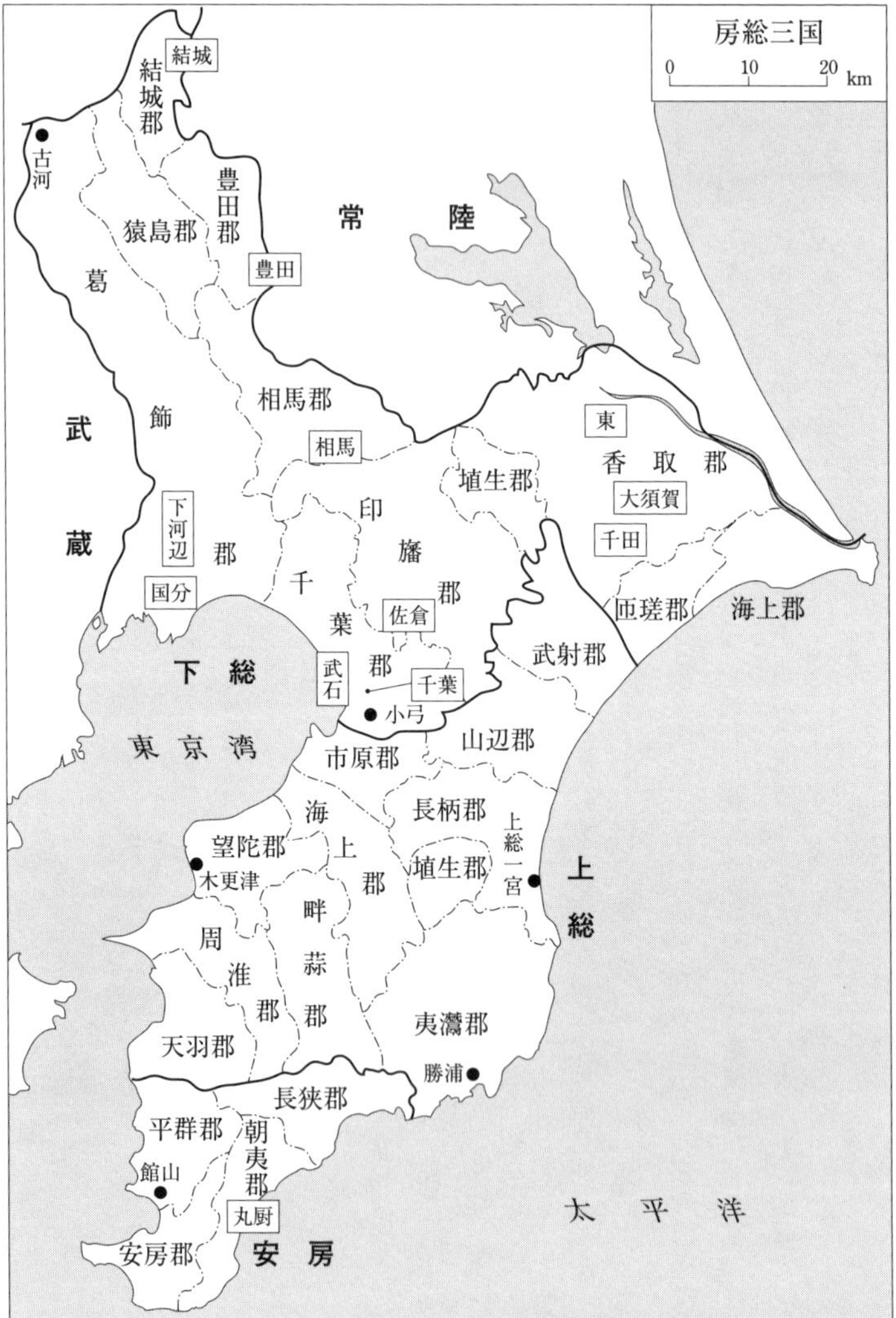
房総三国
0 10 20 km
結城
結城郡
古河
豊田郡
猿島郡
常陸
豊田
葛
相馬郡
武
飾
相馬
東
香取郡
埴生郡
大須賀
蔵
下河辺
郡
印
千田
旛
千
郡
国分
匝瑳郡
海上郡
佐倉
葉
武射郡
下総
武石
郡
千葉
小弓
山辺郡
東京湾
市原郡
海
長柄郡
上総一宮
望陀郡
上
埴生郡
上
木更津
郡
総
畔
周
淮
蒜
郡
郡
夷灊郡
天羽郡
勝浦
長狭郡
平群郡
朝
夷
館山
郡
丸厨
太平洋
安房郡
安房

に活躍する上総氏は、下総千葉氏の同族で、忠常の末裔に位置した。上総氏の滅亡後は、下総千葉氏がその基盤を継承した。この上総および南方の安房は、下総と異なり、中世後期は上杉氏の領国で、その歴史的条件が上総・安房両国の武士団の在り方を規定した。

中世後期は古河公方との関係で、外部からの勢力が進出することになる。上総氏は甲斐の武田氏の一族が上総武田氏として活動し、安房の場合は、新田氏の一族里見《さとみ》氏がここを支配していた。以下ではこうした点から、下総では千葉・結城の両氏を、上総については武田氏を、そして安房は里見氏を中心にふれておこう。

千葉氏

下総の名族　桓武平氏良文《よしぶみ》流に属した千葉氏は、すでにふれた相模や武蔵武士団の多くと同じ流祖に位置した（千葉氏略系図参照）。千葉荘（常兼《つねかね》・常重《つねしげ》の時代に開発所領を鳥羽《とば》天皇に寄進し成立）の開発領主で、名字もそれにちなむ。

長元の乱（一〇二八～三〇年）の主役平忠常は私営田領主として、上総・下総方面に兵威をふるったが、常兼・常重はその曽孫・玄孫にあたる。常重は、一一三〇年（大治五）、相馬《そうま》郡布施《ふせ》郷を伊勢神宮（内宮《ないくう》）に寄進している（相馬御厨《みくりや》）。しかしこの御厨の利権をめぐり、当時南関東の武士団統合に力を伸ばしていた源義朝《よしとも》と対立し、やがて傘下に入った。

千葉氏隆盛の礎を築いた常胤《つねたね》は、この常重の子にあたる。頼朝の房総再起の立役者でもある。くどくどそのあらましを述べる必要もあるまい。対平氏戦、対奥州戦でも宿老《しゅくろう》として活躍した常胤は、西《さい》

千葉氏略系図

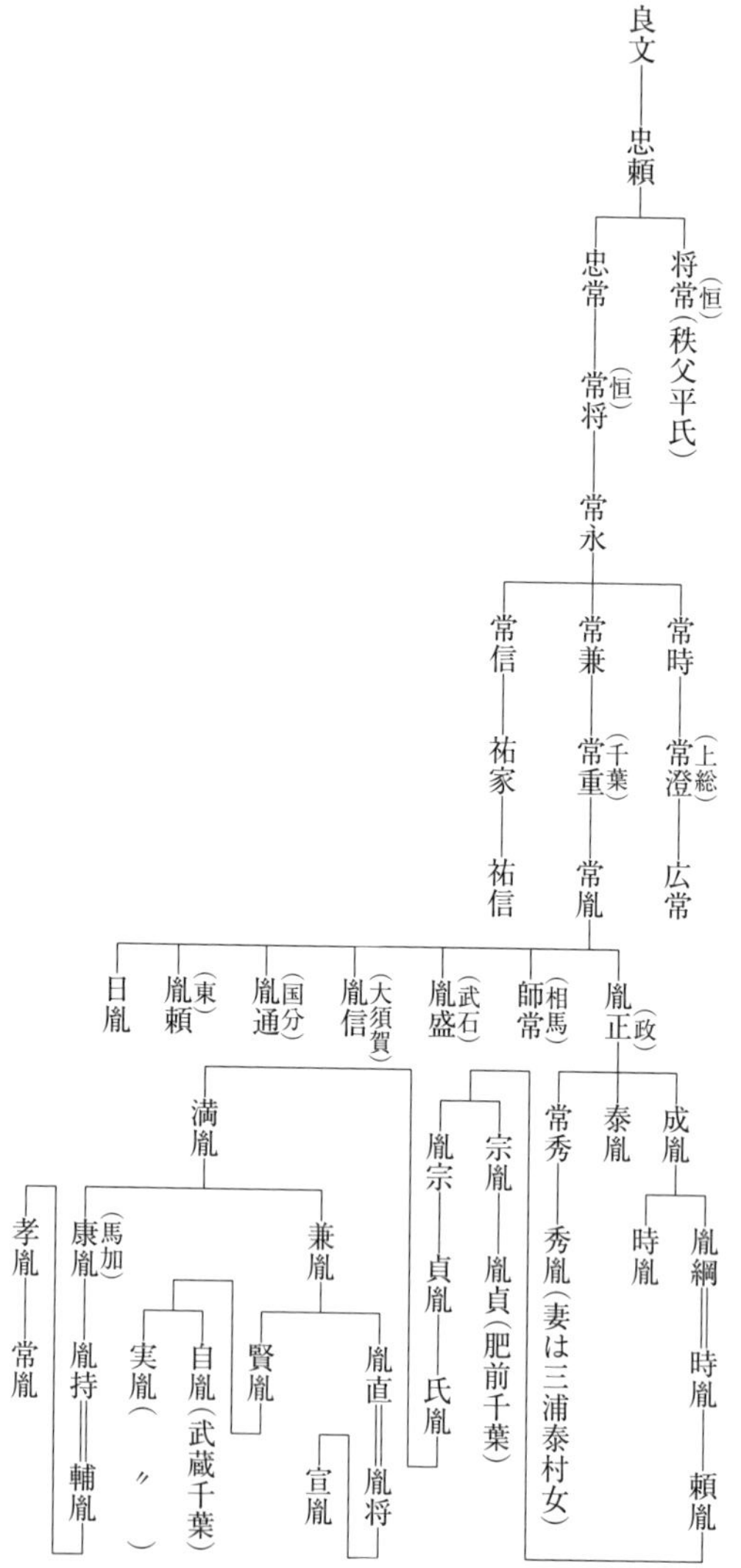
良文
忠頼
将常（恒）（秩父平氏）
忠常
常将（恒）
常永
常時
常兼
常信
常澄（上総）
常重（千葉）
祐家
広常
常胤
祐信
胤正（政）
師常（相馬）
胤盛（武石）
胤信（大須賀）
胤通（国分）
胤頼（東）
日胤
成胤
泰胤
常秀
宗胤
胤宗
満胤
胤綱
時胤
秀胤（妻は三浦泰村女）
胤貞（肥前千葉）
貞胤
兼胤
康胤（馬加）
孝胤
時胤
氏胤
胤直
賢胤
自胤（武蔵千葉）
実胤（〃）
胤持
常胤
頼胤
胤将
宣胤
輔胤

国《ごく》・鎮西《ちんぜい》・奥州方面に守護職《しゅごしき》や地頭職《じとうしき》を与えられた。その子孫は「千葉六党」とも呼称された。

常胤の子息たち

嫡子太郎胤正《たねまさ》は千葉介として宗家を継承した。そして次郎師常《もろつね》は相馬郡を伝領し、その子孫は相馬氏と称する。また奥州合戦の武功で陸奥《むつ》の行方《なめかた》郡を与えられ、鎌倉末にその子孫は陸奥に移住した。

三郎胤盛《たねもり》は千葉郡武石郷《たけいし》（幕張）を伝領し武石氏を名のった。この一族は奥州南部の宇多《うだ》・伊具《いぐ》・亘理《わたり》の諸郡にも所領を与えられた。

四郎胤信《たねのぶ》に関しては香取郡大須賀保《おおすが》（大栄《たいえい》）を領有、大須賀氏を名のった。奥州合戦の武功で葛城《かつらぎ》郡を、和田合戦においてもその功で甲斐国に井上荘（石和《いさわ》）を与えられた。

五郎胤通《たねみち》は葛飾郡国分郷《こくぶ》（市川）を領有。その子孫は国分氏となった。

六郎胤頼《たねより》は香取郡東荘《とうの》を領有。子孫は東氏を称した。一流は下総国の東端の海上郡《うなかみ》方面にも拠点を有し海上氏を称した。胤頼は上西門院《じょうさいもんいん》＊1（鳥羽皇女）に出仕、頼朝挙兵時に都の情勢を伝える役割をはたした。冷泉《れいぜい》家と婚姻を有し、古今伝授《こきんでんじゅ》にかかわった室町期の武将東常縁《つねより》は、その末裔にあたる。

常胤の他の子息に園城寺《おんじょうじ》の日胤《にちいん》がいる。以仁王《もちひとおう》・源頼政《よりまさ》の挙兵に参加、敗死したが、東国と都をつなぐ媒介役となった。

以上が常胤の所領を継承した子孫たちである。千葉氏は領国の下総での守護職はもとより、その後伊賀《いが》や大隅《おおすみ》国においても一時期守護職を与えられた。同一族のターニングポイントは蒙古《もうこ》襲来《しゅうらい》の時期、そして鎌倉末期南北朝期、さらに享徳の乱以降の東国の動乱期ということになろうか。以下系図をたどりながら見ておこう。

北条氏との婚姻関係

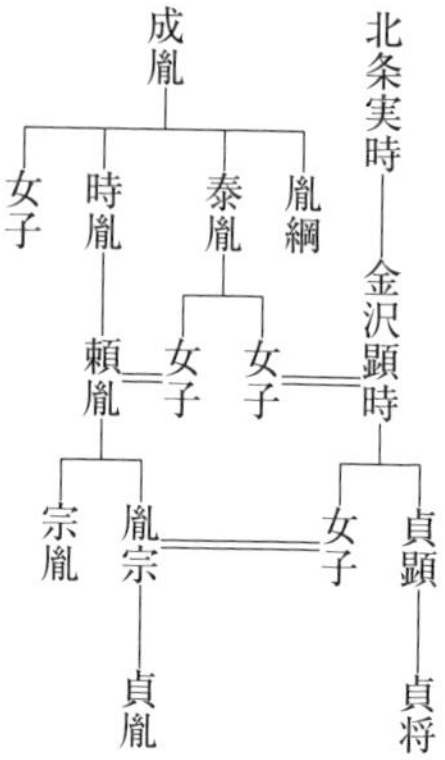

嫡子胤正の母は秩父《ちちぶ》重弘《しげひろ》の娘だった。父の常胤とともども頼朝に従軍し、下総守護職を継承した。その子成胤《なりたね》も頼朝の房総再起のおり千田《ち だ》親政《ちかまさ》を討滅、和田合戦では謀叛の予兆を鎌倉の甘《あま》縄《なわ》の自邸で察知、北条氏に味方した。

成胤の弟常秀《つねひで》の子に秀胤《ひでたね》がいる。この人物は父の常秀以来、上総権介《ごんのすけ》を名のり、滅亡した上総介広常《ひろつね》の所領を継承した。泰時の時代に評定衆《ひょうじょうしゅう》にくわわり、その死後には四代将軍頼経《よりつね》に近仕した。北条（名越《なごえ》）光時《みつとき》らとともに、反執権勢力を形成、光時の謀反事件に連座し上総に追放された。三浦一族との婚姻関係から（泰村の娘婿）、一二四七年（宝治元）の宝治合戦関係で滅ぼされた＊2。

＊1　胤頼の長子重胤《しげたね》は将軍実朝に仕え、歌人として知られる。その子胤行《たねゆき》も風雅の道に秀で『続拾遺集』にもその歌が載せられている。出家して素暹《そせん》法師と名のり実朝をはじめ、四代将軍頼経とも歌の世界でつながった。この胤行の妻は、藤原定家《ていか》の子為家《ためいえ》の娘だった。本文にもふれた東常縁は、かれらの末裔に位置した。東一族の歌道のDNAは常縁にも継承されたようだ。

＊2　なお、秀胤の拠点は上総一宮の大柳館（長生郡睦沢）にあったが、同族の大須賀氏・東氏に攻撃された。その遺領は足利義氏が継承、その後は金沢実時《かねざわさねとき》に与えられた。この金沢北条氏は頼胤・胤宗《たねむね》らと姻戚関係にあり、広く北条氏の房総進出のきっかけともなった（これらの点もふくめ、千葉氏歴代のおおよそは、『国史大辞典』および『千葉県の歴史』山川出版社などを参照）。

千葉一族と異国合戦

千葉氏の大きな試練は、異国合戦＝蒙古襲来以降におとずれた。胤綱《たねつな》・時胤《ときたね》らが早死し、嫡流家に転機がやってくる。モンゴルとの戦争のなかで、嫡流の頼胤《よりたね》は九州へと下向した。肥前《ひぜん》国小城《おぎ》郡に所領を有していた頼胤は、文永の役（一二七四年）に出陣、負傷しその小城の館で没した。そのため長子の宗胤《むねたね》が九州に留まって防衛の任に就いた。しかし、この宗胤が早く没したため、幼少の胤貞《たねさだ》（肥前千葉氏）に代わり、叔父胤宗が下総で後見の地位につくことになる。以後はこの胤宗の家系が台頭し、その子貞胤《さだたね》が千葉介《ちばのすけ》を名のるにいたる（この点一七ページを参照）。

嫡流家での惣庶関係の変化のなかで、元弘・建武の時期をむかえた千葉氏は、貞胤が南朝に、肥前千葉氏の胤貞は尊氏の北朝に属し戦うことになる。

南北朝と一族の分裂

下総の千葉一族は、元弘《げんこう》の乱《らん》の当初は幕府軍として征西した。後醍醐《ごだいご》天皇の隠岐《おき》配流《はいる》に同道した貞胤は、天皇の側近だった大納言《だいなごん》花山院師賢《かざんいんもろかた》の身柄を預り下総へと下向した。師賢は配所の大須賀で死去するが、貞胤は新田義貞《にったよしさだ》の挙兵に参じ、下総から出兵し、金沢・六浦方面から鎌倉を攻略した。

建武政権に参加した貞胤には、三浦高継《みうらたかつぐ》との宮中での席次争いなどの逸話（『太平記』）も残され、東国武士のほほえましいプライド譚が残されている。

中先代《なかせんだい》の乱（一三三五年）以後、京都にいた貞胤は義貞軍に属し、足利軍と敵対した。*一方、肥前千葉氏の胤貞は尊氏側に属し、箱根竹ノ下の戦いでは一族同志が戦うことになった。

この後、尊氏の勝利で天皇が吉野にのがれ、義貞は越前方面へと赴くが、これに貞胤も従軍する。しかし、貞胤は途上、尊氏麾下《きか》の斯波高経《しばたかつね》軍に降伏、以後は尊氏側に属することになる。貞胤が京都で病没後（一三五一年）、千葉介の地位は氏胤《うじたね》が継いだ。氏胤は尊氏に従軍したが早死したため、幼少の満胤《みつたね》は一族の大須賀・国分・東などの諸氏の支えを必要とした。千葉氏にとっての次なる岐路は、この満胤の二人の子息兼胤《かねたね》・康胤《やすたね》の時代におとずれる。一四〇〇年代前期から中期の禅秀《ぜんしゅう》の乱・永享《えいきょう》の乱・結城《ゆうき》合戦、そして享徳《きょうとく》の乱と、東国を揺り動かす騒乱のなかで、千葉氏もその去就をせまられることとなる。

＊　元弘・建武の内乱は、千葉氏の内部でも波乱をもたらした。先述したが肥前千葉氏の胤貞は本宗の地位を貞胤に代わられ、これを回復するためにも、尊氏側に属することになった。胤貞は一族の所領として金沢氏が領有していた千田荘の権益を継承していた。これは胤貞系の拠点の一つでもあった。
　内乱期に関東に戻った胤貞は、一族の相馬親胤《ちかたね》（行方《なめかた》郡小高《おだか》を拠点）と協力、義貞に従軍していた貞胤の留守をねらい、千葉城を攻撃奪回をこころみている。

　おりしも京都から尊氏追討のため東上した義貞軍を箱根で迎撃しようとした時期で、胤貞勢はこれに従軍するために鎌倉に向かっている。（以上のことは『千葉県の歴史』参照）。元寇以後の千葉氏の惣庶対立が幕府滅後にも持ち越され、義貞・尊氏両派にそれぞれ与党化しながら対抗することになった。

千葉氏と禅秀の乱

　満胤の子兼胤は上杉禅秀の娘を妻としていた。禅秀の父朝宗《ともむね》は犬懸《いぬかけ》上杉を隆盛に導いた人物で、領国上総は犬懸家の基盤でもあった。＊管領家と千葉氏の婚姻は、関東八館（千葉・結城・佐竹・小田・小山・那須・長沼・宇都宮）という伝統的領主の担い手としてもふさわしかった。

しかし、禅秀の乱でこれに加担した満胤・兼胤父子は、小山・佐竹の諸氏とともに足利持氏《もちうじ》と対立するが、降伏し所領は安堵された。禅秀の乱後、持氏に仕えたのは兼胤の子胤直《たねなお》だった。持氏の関東自立路線が拡大するなかで、上杉憲実《のりざね》（山内《やまのうち》）との溝が深まってゆく。その抗争が永享の乱につながった。

この乱にさいしては、千葉氏は胤直を中心に上杉憲実側に味方した。持氏滅亡で鎌倉府体制が解体するにおよび、東国武士団は上杉か反上杉かで色分けされた。反上杉の中心は結城氏だった。幾度かふれたように、結城合戦は、この結城氏が持氏の遺子を擁して挙兵したものだった。

管領上杉氏の側で戦った胤直は結城合戦で勝利するが、その一〇年後に鎌倉公方復活路線が東国諸将のあいだで広まり、持氏の末子永寿王（成氏《しげうじ》）が鎌倉に迎えられる。

＊　犬懸上杉の領国上総については、本文でも記したように、上杉禅秀の乱で没収される。乱後、この上総で犬懸の一党とされる勢力（榛谷《はんがや》氏）が反持氏の兵を挙げた。一般に上総本一揆と呼称されているが、『烟田《かまた》文書』（『烟田氏史料』鉾田町史編纂委員会編）には、常陸国鹿島郡徳宿郷を拠点とした烟田胤幹《たねもと》らが持氏の命令を受け、上総本一揆の勢力と戦ったことが見えている。一四一八年から翌年にかけてのことで、禅秀の乱の余波が、他の地域に連動している様子がわかる。烟田氏のことについては六六〜七〇ページを参照のこと。

古河公方と千葉氏

この成氏のもとに胤直も出仕し、結城・里見の諸氏とともに成氏与党を形成するところとなった。反上杉の姿勢を強めてゆく成氏に、危機感をつのらせた上杉の家臣長尾《ながお》・太田《おおた》両氏は、成氏襲撃をくわだてる（一四五〇年）。

この戦いで胤直の弟胤将《たねまさ》（のちに養子）の軍勢が長尾・太田軍を撃破することで、成氏は危機を脱し

古河公方館跡

た。この江ノ島合戦（『鎌倉大草紙《かまくらおおぞうし》』）で、上杉氏に対する反感を増大させた成氏は、管領の憲忠を結城・武田・里見らの諸氏に命じ襲撃させた（享徳の乱〈一四五四年〉）。

馬加千葉氏と武蔵千葉氏

千葉氏は、成氏が下総古河を拠点とするにさいしても協力した。この時期、胤直・胤将の求心力は低下の方向にむかう。多くの東国武士団がそうであったように、惣領制の解体とともに、有力家臣団の台頭で一族分裂の危機を迎える。千葉氏の場合、原・円城寺の両家臣が古河公方派か上杉派かで対立、これに胤直・胤将らが左右される状況が生まれた。

この一族内紛のなかで、胤直の嫡流家は一転して上杉側に参ずることとなる。当時、胤直の叔父（兼胤の弟）の康胤は、古河公方成氏を支持しており、この混乱に乗じ馬加《まくわり》城（幕張）で兵を挙げ、胤直の千葉城を攻略した。一四五五年（享徳四）のことだ。

千葉城を追われた胤直は敗走を余儀なくされ、佐倉に逃れたが、自害した。千葉介の地位はその後馬加一族の康胤の子胤持《たねもち》が継承することになった。滅亡した胤直の側では、管領家の上杉氏が甥の実胤《さねたね》・自胤《よりたね》（胤直の弟賢胤《たかたね》の子）兄弟をたて市川城（国府台《こうのだい》）にこれを入れ援兵を送った。

かくして千葉氏は本宗（嫡流）を自認する二つの流れが、それぞれ覇を争うこととなった。古河公方家、管領家両勢力の代理戦争が千葉一族内で始まった。

東常縁の下向

以前にふれた東一族の子孫東常縁の下総下向は、この紛争処理のため任を帯びてのことだった。将軍義政は一四五五年（康正元）、京都にいた幕府直参《じきさん》の常縁を馬加康胤攻略のために派遣する。

千葉一族の国分・大須賀・相馬氏を動員しての攻撃で一時、康胤を敗走させた。他方で古河公方の成氏が市川城を攻略すべく援軍を送ったことで、実胤・自胤方は敗走する。この結果、馬加千葉氏の優位が決定した。敗北した実胤・自胤側は、上杉氏を頼って武蔵豊島郡へとその拠点を移すことになる（武

篠脇城（東常縁拠城，郡上八幡市）

篠脇城のふもとにある東氏館跡庭園の碑

蔵千葉氏)。

康胤は東常縁と上総八幡の合戦で敗死、その地位は輔胤《すけたね》・孝胤《のりたね》へと継承される。おりしも敵対していた上杉側と古河公方が和議をすすめるなかで、これに異を唱えた孝胤は、当時、上杉氏や成氏と敵対関係にあった長尾景春《かげはる》と結ぶことになる。

公方家の成氏との関係は破局をむかえるが、こうしたなかで、成氏の命を受けた太田道灌《どうかん》は下総へと進攻、敗走した孝胤はその拠点を佐倉へと移すこととなる。

その後の千葉氏　古河公方と千葉氏との対抗関係は、成氏の子政氏《まさうじ》の時代にいたってもつづいた。その流れが変化したのは、永正の乱（一五〇六年）とよばれる古河公方家の内紛、政氏・高基《たかもと》父子の対立からだった。

公方家の実権が政氏から高基へと移行するなかで、千葉氏の高基への接近が始まる。*千葉氏はその後勝胤《かつたね》・昌胤《まさたね》の時代をへて、安房里見や上総武田氏との対抗をはらみつつ、最終的には後北条氏との関係を深め、重胤《しげたね》の時代に滅びる。

＊ 千葉氏の古河公方高基へのシフトについては、享徳の乱以降、上総を拠点に勢力を拡大した上総武田氏の存在が大きかったとされる。上総武田氏は下総へと進出するなかで、古河公方の高基と対立していた弟の義明《よしあき》を小弓《おゆみ》城に迎え入れた。千葉氏の勝胤・昌胤父子は、これへの対抗上からも高基との接近が要請された（これらの点は、市村高男『東国の戦国合戦』吉川弘文館、二〇〇九年、を参照）。

結　城　氏

結城一族の栄光　千葉氏と同じく伝統ある領主が結城氏である。北関東に広がる秀郷流に属した。隣国の下野の小山氏から分出した朝光《ともみつ》（小山政光《おやままさみつ》の三男）を始祖とする（結城氏略系図参照）。この朝光が野木宮《のぎのみや》合戦の武功により、頼朝から下総結城郡を与えられたことに始まる。その限りでは鎌倉時代に産声を上げた武士団であり、名族にはちがいないが、千葉氏とは異なる。

朝光以降、有力御家人としてその地位を築き、陸奥の白河に同族を分出させた（白河結城氏《しらかわゆうき》）。この他にも寒河《さむかわ》・網戸・大内（いずれも下野国内）の諸地域に所領を有し一族が広がった。南北朝・室町期をつうじ鎌倉公方の重臣の立場を保持、後述の結城合戦で存立をかけた戦いをなした。

戦国期には後北条氏の関東進出に対抗、小田原合戦後は婚姻関係で命脈を保ち、近世大名への転進をはたした。*「結城系図」では初代朝光の初名は宗朝《むねとも》と称した。母は頼朝の乳母《めのと》寒河尼（宇都宮宗綱《うつのみやむねつな》の娘）だった。

初代朝光については、野木宮合戦（一一八三年）、奥州合戦（一一八五年）、承久の乱（一二二一年）などの諸画期に顔をのぞかせている。上野介《こうずけのすけ》となり宿老として、泰時の時代には評定衆《ひょうじょうしゅう》になった。有名すぎる足跡を語る必要もあるまい。

朝光の長子朝広《ともひろ》はその母が伊賀朝光《いがともみつ》の娘であった。承久の乱では北陸道大将軍の一人として出陣している。朝光ともどもその最盛期を築いた。

広綱《ひろつな》さらに時広《ときひろ》については、宗尊《むねたか》および久明《ひさあきら》の親王将軍に近仕したことが系図で確認される。時広

結城氏略系図

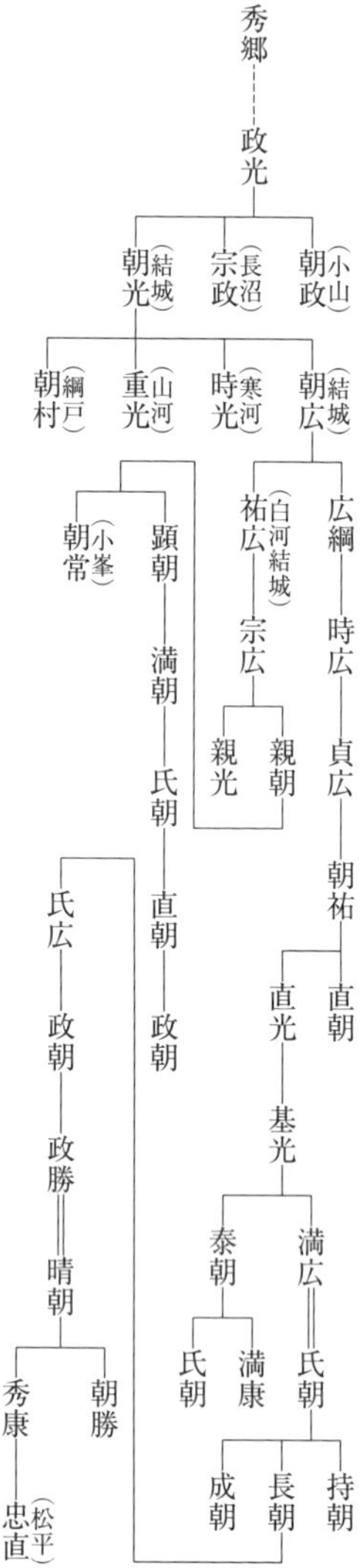

結城朝光供養塔（称名寺，結城市）

の孫朝祐《ともすけ》は元弘・建武の乱で足利側に味方し、九州多々良浜合戦（一三三六年）で討死している。その武功で常陸の関郡を与えられた。

＊　小田原合戦では秀吉《ひでよし》側に参陣、徳川家康《とくがわいえやす》の子で、秀吉の養子となっていた羽柴秀康《はしばひでやす》を結城晴朝《はるとも》の後継とした。その後、秀康は越前北庄に転封《てんぽう》、その嫡子忠直《ただなお》は松平と改姓した（なお、系図をふくめ、結城氏の全体的な動向は『国史大辞典』〈市村高男氏執筆〉を参照）。

南北朝から結城合戦へ

その子直朝《なおとも》は南北朝期の関城合戦（一三四三年、北畠親房《きたばたけちかふさ》と関一族の拠点を高師冬《こうのもろふゆ》が攻略）で戦死、弟の直光《なおみつ》が家督を継いだ。新田義興・義宗の関東蜂起にさいし、尊氏に参陣した。『源威集《げんいしゅう》』の著者ともいわれている（『結城家譜』）。

基光《もとみつ》の時代に小山義政の乱（一三八〇年）があり、義政を討滅した武功で小山氏の名跡を継ぐことを許される。このため次子の泰朝《やすとも》が小山を継承した。直光・基光父子は安房・下野の守護をつとめ、鎌倉府の重鎮として活躍した。基光の長子満広《みつひろ》は子がなかったため、氏朝《うじとも》（泰朝の子）を嗣子とした。

この氏朝こそが結城合戦（一四四〇～四一年）の主役をなした人物だった。鎌倉奉公衆として公方持氏に近仕した氏朝は、持氏滅亡後（永享の乱〈一四三八年〉）も反上杉の立場で対抗した。すでにふれたが持氏の遺子春王・安王兄弟を結城城に擁し戦ったが、約一年の籠城をへて子の持朝《もちとも》とともに敗死した。宇都宮（等綱《ともつな》）・小山（広朝《ひろとも》）両氏や上野の里見氏らもくわわった大規模な戦闘で、結城一族の動きを鮮明に語る。

足利政氏供養塔（甘棠院，久喜市）

成朝と古河公方

氏朝の四男重朝《しげとも》は、結城合戦のおりに乳母とともに佐竹氏のもとに逃れていたが、持氏の遺子成氏《しげうじ》が鎌倉《かまくら》公方《くぼう》となるにおよび、重朝（成朝と改名）を近仕させる。このあたりの事情はすでにふれた（四四ページ参照）。

公方成氏はこの成朝と共同歩調をとり、かつて持氏敵対勢力たる上杉＝関東管領《かんとうかんれい》と対立、これが享徳の乱へと連動した。重朝は結城氏再興の切り札ともなった人物で、公方成氏はこの成朝の勢力を頼みとすることで、下総古河に拠点をすえることになる。

この成朝も乱の最中に家臣の凶刃により、二〇歳代半で死去した。後継となった氏広《うじひろ》は「都鄙和睦《とひわぼく》」(京都将軍義政と古河公方成氏との和議)に尽力、その子政朝《まさとも》が文明年間(一四六九〜八七)に家を継いだ。

結城氏のこの時期の懸案は、有力家臣多賀谷《たがや》＊氏の台頭だった。しかし、小田氏と結んでいた多賀谷基泰《もとやす》を味方に引き込むことで、一族の立て直しに成功する。政朝は一族の山川氏などと協力体制を保持しつつ、以後は古河公方の後継、政氏との関係を積み重ねた。

古河公方の内紛にともなう政氏―高基父子の対立にあっては、結城氏は宇都宮氏とともに最終的に高基側に加担した。

＊　多賀谷氏の出自は武蔵七党の野与《のよ》党・村山党の末裔とされ、常陸の下妻《しもつま》方面から下総の結城方面を基盤とした。結城直光が勲功として多賀谷氏の領域を支配したおり、これに臣従、以後氏朝・成朝に仕えた。幼少の成朝(重朝)を佐竹へとともなったのも、多賀谷氏の力に負うところが大きい(『姓氏家系大辞典』)。

白河結城氏

つづいて白河結城の一族についても見ておこう。白河結城氏も南北朝期が、明瞭な足跡を残した時期にあたるようだ。

始祖朝光が奥州合戦《おうしゅうかっせん》の武功で陸奥白河荘を与えられ、祐広《すけひろ》の時代にここに移住したことに始まる(「白河結城系図」)。

その子宗広《むねひろ》は当初、北条得宗《とくそう》家と接近し勢力拡大につとめた。しかし元弘の乱では討幕軍に加わり鎌倉を攻略した。建武政権下では、北畠顕家《あきいえ》とともに陸奥の国務に参画、中先代の乱（一三三五年）後に顕家軍に従い上洛、以後は反足利の立場で南朝に与した。宗広は顕家敗死後、奥州での南朝勢力再建の中心として尽力するが、伊勢で病没する。

親朝《ちかとも》・親光《ちかみつ》兄弟は、この宗広の子にあたる。兄の親朝は陸奥白河にあって、南朝勢力の基盤確保にあたった。父の死去後は北畠親房による奥州との関東経略構想の中心と期待されたが、最終的には足利側に転じた。

弟の親光は『太平記』で「三木一草《さんぼくいっそう》」の一人に数えられ、南朝の忠臣として知られる。元弘の乱で六波羅《ろくはら》攻略に参加。建武政権では後醍醐《ごだいご》天皇の信任も厚く、恩賞方・雑訴決断所のスタッフに任ぜられた。反尊氏の急先鋒で、京都合戦（一三三六年）で偽って尊氏に降伏するが、見破られ敗死した（『太平記』）。

白河結城氏のその後

白河結城氏は、嫡流の親朝が足利側に転じたことで本領を安堵され、家を継承する。この親朝の次子朝常《ともつね》は小峯《こみね》氏を名のり、足利軍として北畠顕信《あきのぶ》（顕家の弟）の拠る霊山《りょうぜん》（福島市）を攻撃している。

満朝《みつとも》の時代に鎌倉公方氏満に属し、奥州の稲村御所（郡山市）の戦略経営に協力した。関東管領上杉禅秀に従軍し、赤館《あかだて》合戦で伊達氏を攻略している（『鎌倉大草紙』）。

満朝の孫が直朝《なおとも》で、南奥の雄族蘆名《あしな》氏（三浦氏の子孫）と協力しながら、白河結城氏の最盛期をもたらした。

以上、下総結城氏に関連し、南奥の白河結城氏のあとさきを述べた。最終的に白河結城氏は直朝の曽孫義親《よしちか》の時代に伊達氏の家臣団に編入される。

上総武田氏

上総介広常以後

源平争乱期、上総は上総介広常《かずさのすけひろつね》の棟梁《とうりょう》的支配が浸透していた。二万の軍勢をもって頼朝に参じた広常の勢力の大きさは、つとに知られている。その大きさが、災いをもたらした。『吾妻鏡』的筆致でいえばそんな解釈となろうが、いずれにせよこの上総の雄族は、内乱期の一一八三年（寿永二）の段階に誅殺された*。

その遺領は下総の千葉氏が継承、常胤の孫常秀―秀胤の系統に継承された。この秀胤は宝治合戦に連座し滅亡、足利氏の支配となった。

上総の武士団の詳細は『千葉県の歴史』その他に詳しいが、特色としては鎌倉期までは足利氏や北条氏が影響力を有し、南北朝期には千葉氏の氏胤をふくめ佐々木・新田の諸氏が守護となったことが確かめられる。

そして、当国に関しては関東管領上杉氏のうちでも犬懸上杉の朝房《ともふさ》・朝憲《とものり》の存在が大きい。そうした関係で禅秀《ぜんしゅう》の乱《らん》後には、犬懸上杉の家臣榛谷《はんがや》氏による上総本一揆《かずさのほんいっき》が勃発したことは前述した。

＊　広常のことについての詳細は他に譲りたい。ただその暗殺については、『吾妻鏡』での書きぶりに関し、いささかの脚色があろうことは否定できまい。

上総氏一族の人脈の広さは佐竹氏攻略でもいかんなく発揮されている。『源平闘諍録』は千葉氏および上総氏を主体とした軍記作品だが、そこには、東国武士団の内乱期の動向が物語的筆致ではあるが活写されており、豪族的領主上総介広常の動きを知るうえでいろいろと参考となる（福田豊彦編『源平闘諍録』

講談社、一九九九・二〇〇〇年、を参照）。

上総武田氏の台頭

大枠の見取図として、この地域の激動は武田氏の台頭が大きい。略系図からもわかるように、この一族は甲斐武田氏の分流で信満《のぶみつ》の子信長《のぶなが》から始まる。信長の父信満は禅秀の乱でこれに与したことから、持氏に攻撃され敗死した（一四一七年）。信長はそのため京都で将軍義政に仕え、結城合戦のおりには幕府軍の立場で攻撃に参加した。[*1]

やがて一四四九年（宝徳元）、関東諸将の要請で鎌倉公方として成氏がその地位に就くと、信長はこれに近仕した。享徳の乱は成氏が管領上杉憲忠を殺害したことに端を発するが、成氏与党として、憲忠襲撃に加わったなかにこの信長もいた。結城氏朝・里見義実《よしざね》などとともに、三百余騎で西御門の憲忠館を攻略したとある（『鎌倉大草紙』）。一四五四年（享徳三）一二月のことだった。

上総・武田氏略系図

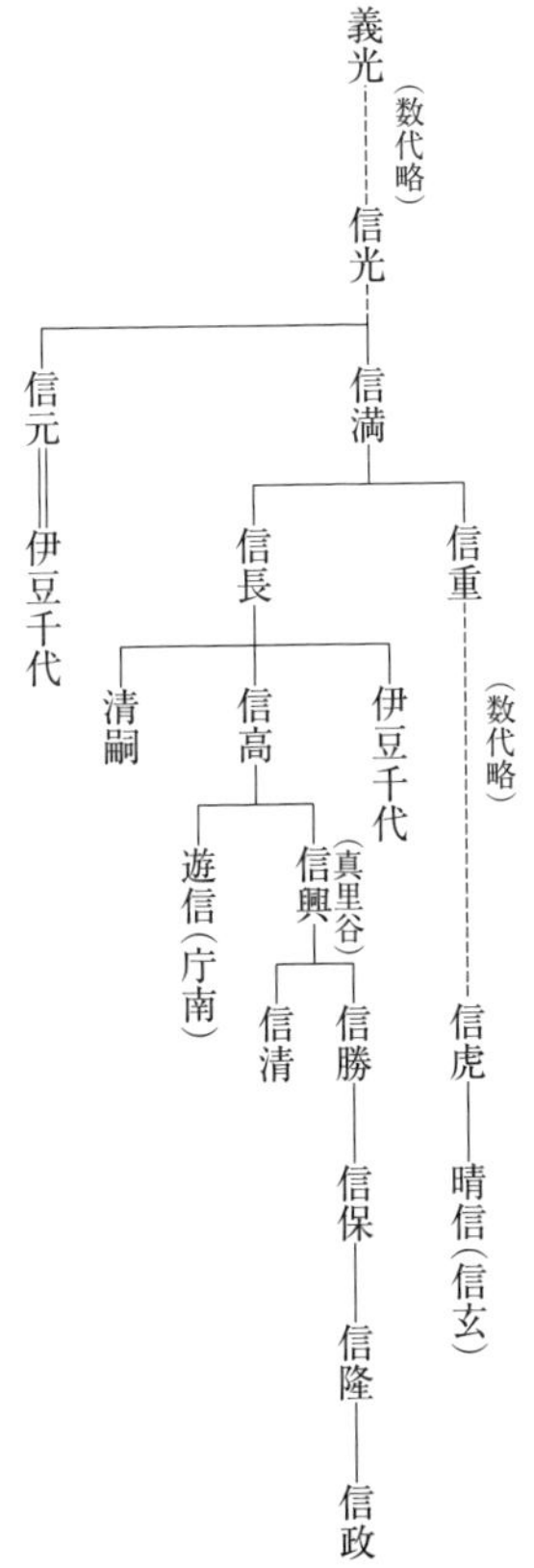

以後、信長は成氏が下総古河に移ってからも、これに与同し各地を転戦する。こうしたなかで、信長の上総方面への支配の端緒が生まれる。成氏は信長を上総の守護職《しゅごしき》に任じたため、一四五六年（康正二）に入部し、上杉氏に対した。

上杉の領国《りょうごく》だった上総の攻略は、古河公方成氏にとって大きな課題だった。後述する安房の里見氏、さらには下総の千葉氏との連携も視野に、成氏は房総全体を支配におさめようとした。ここをテコに、結城・宇都宮氏さらには関宿の簗田《やなだ》氏らを掌中にすえ、関東を制圧する。そうした構想のためにも、房総の安定化が必要とされた。

信長を祖とする上総武田氏の存在は、その限りでは成氏にとっては大きな支えでもあった。信長は真《ま》里谷《りやつ》城（木更津市）と庁南《ちょうなん》城（長南町）を拠点として、その力を北へと伸長させた。信長の子孫は前者の真里谷武田氏と後者の長南武田氏に分れ、上総全域から下総方面にまで広がった。信長の娘は里見義実に嫁し、信高《のぶたか》・清嗣《きよつぐ》兄弟を生んだ。

上総武田氏は真里谷氏を中心に、一五〇〇年代初頭には、北条早雲《ほうじょうそううん》と連携するなどの動きを見せる。おりしも古河公方家では成氏以降、政氏・高基父子が対立、三次にわたる抗争をへて高基の勝利が決定した。

上総武田氏は下総方面での混乱のなかで、政氏と接近した高基の弟義明を小弓《おゆみ》に迎え、房総の政治権力の基盤にすえた。一五〇〇年代の房総地域は、古河公方家の分裂にくわえ、千葉氏とこの上総武田氏、さらに安房の里見氏の動きなどがからまり、複雑な状況を呈するにいたる。[*2]

＊1　すでに甲斐国の武田氏のところでも解説したが、父信満の敗死後、信長は持氏の支持した逸見有直《へみありなお》と

甲斐国内で対立した。幕府は持氏との対抗上、甲斐守護に信満の弟信元《のぶもと》を登用した。信元は信長の子伊豆千代丸を嗣子とした。したがって信長による持氏・逸見氏側との戦いは、結果として血縁による支援という面もあった。大局的に見れば、鎌倉府の持氏の介入という事態のなかで、武田氏側が幕府後援のもとで、どう防衛するか問題とされた。

信長のその後の動向については、『鎌倉大草紙』にもふれるところだが、紆余曲折をへて、永享年間（一四二九～四一）に日一揆《ひいっき》を甲斐で組織するが敗北、駿河から京都におもむき将軍義教に仕えた。信長は結城合戦に参陣し、その後足利成氏が鎌倉公方となると（一四四九年）、これに出仕することになる（一一四ページ参照）。

＊2　そのあたりの詳細については、『千葉県の歴史』の通史編や市村高男『東国の戦国合戦』前掲も参照。

安房里見氏

里見氏以前

里見氏もまた上総武田氏とともに、房総激震の中心となった。すでに上野国新田氏で解説したが、里見氏流祖は新田義重《よししげ》の子義俊《よしとし》から始まる（里見氏略系図参照）。上野の碓氷《うすい》郡里見を拠点とした。その末裔が家基《いえもと》だった。この家基以後、安房里見の直接の祖となる義実《よしざね》への流れについては、後世の史料である『房総里見誌』『里見九代記』、あるいは『藩翰譜《はんかんふ》』なども参考に公約数的に略述すると、以下のようになる。

家基は祖父の頃から常陸に住し、足利持氏に仕え結城合戦のおりには持氏の遺子を奉じ討死した。落城にさいし嫡子の義実を相模へと逃亡させた。その後三浦氏の後援を得た義実は、安房白浜に着き、こ

里見氏略系図

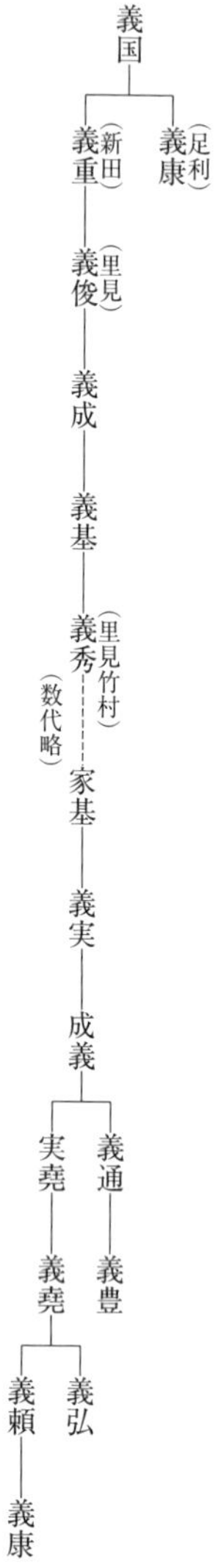

こを拠点に勢力を拡大した。

安房は長狭《ながさ》・朝夷《あさい》・安房《あわ》・平群の四郡に分かれるが、それぞれ東条《とうじょう》・丸《まる》・神余《かなまり》・安西《あんざい》の四氏が郡ごとの地域支配者となっていた。このうち安西一族は平安末期以来の名家で、頼朝の房総再起のおりには有力在庁として、先導役をつとめた（『吾妻鏡』）。また丸氏は源氏の相伝所領丸御厨の開発にかかわった一族で、小領主ながら伝統を有していた。

里見一族の安房入部

安房入部にさいし、里見義実はそれぞれに対抗関係にあった四勢力を利用したとされる。神余氏の内紛に乗じ安西氏（景春）の協力を得て、安房の統一に成功したという。『房総里見誌』に登場するそうした義実の統一譚は、後世からのサクセス・ストーリーといわれている。真偽のほどは難しいにせよ、里見一族が古河公方成氏・政氏の権威を背景に、安房統合にむかったことは史実といえる。

すでにふれたように、義実は上総武田氏の祖信長とともに、成氏に近仕した人物だった。成氏の意を受け安房経略のため、拠点化をすすめたことは疑いないようだ。

問題は安房統一が義実の時代なのか、それ以降のことかという点だろう。明瞭な徴証でいえば、里見氏の安房統一は、一五〇〇年代初頭の義通《よしみち》の時代あたりと推測されている。のちに安房里見氏の本拠となる館山の鶴ヶ谷《つるがや》八幡《はちまん》の社殿造営の棟札《むなふだ》には、造営主「源義通」の名とともに「源朝臣政氏武運長久」の願書が確かめられるという。里見氏による、安房国内での足場の構築と八幡造営は、深くかかわっていたと考えられている。

安房は上総と同様、上杉が影響力を有した地域で、伊豆方面をふくめ海上交通の要路でもあった。ここを掌握することが、対上杉攻略の上で重要とされた。

義通以後の里見氏についていえば、義豊《よしとよ》は一族の内紛から叔父実堯《さねたか》を殺した。しかし実堯の子義堯《よしたか》は、後北条氏の協力を得て義豊を討ち、嫡流の地位を継承した。

この義堯・義弘《よしひろ》の時代、里見氏はその勢力を拡大する。上総武田氏とともに、小弓公方義明を支える一方、越後上杉とも結びながら、後北条氏に対抗することになる。

あとがき

「何を書くか」ではなく、「どう書くか」。これが本書の執筆にさいしての関心事だった。書く内容と目的ははっきりしている。要は書き方が問題だった。

「源平合戦の武士たちは、その後どうなったのでしょうか。戦国までの流れがわかるように……」、編集部からの要請は、こんな内容だった。三年ほど前になるだろうか。

以前から『太平記』や『鎌倉大草紙』などは読み進めていたが、中世前期を守備範囲とする自分には、かなりの重荷だった。地方自治体の県史・市史をふくめ、中世後期までの文献は相当量にのぼった。限られた時間のなかで、とても消化できるものではない。

不満は残るがともかく形にした。その多くは、自治体史あるいは『国史大辞典』からの受け売りも少なくない。「東国武士団の消長」での東国諸国における各武士団の盛衰については、公約数的史実のみに限定して、叙述することにつとめた。

したがって新しい知見はさほどない。だから新味があるとすれば「どう書くか」という叙述スタイルである。同時に蓄積された地域史研究を、わかり易くどう普遍化するのか、そのあたりが勝負所ということになる。

本書が補注・補説が多いことはお気づきだろうが、一般読者に対しての情報・研究の伝え方という点では、それなりの工夫をしたつもりだ。ただし、叙述には重複する部分も少なくないはずだ。時代軸の「中世東国の年代記」と地域軸の「東国武士団の消長」という二つのパートは、それぞれに関連しあう。一つの事件や人物に関し幾度となくふれることになった。多くの情報量を入れ込むために、かなりタイトな中身となったと思う。

これまでも地域別・県別の通史はあった。だが、東国の中世、そして武士団という限定されたテーマで鳥瞰的な整理は、あるようでいて無かったのではないか。

その限りでは、この仕事は自分にとって、消費的作業ではなかった。未知なる分野に対してのクワ入れをともなうもので、ある意味では充分すぎるほどの生産性があった。

食わず嫌いの戦国時代に、自らを導かせることになったことも収穫といえる。楷書スタイルの叙述は、伝承や伝説を排したいささか堅い調子の文章となった。本書は吉川弘文館で長年のおつき合いがある大岩由明氏からのお話が形となったものである。氏が定年退職されるにさいしての私自身のエールのつもりでなした仕事でもある。

二〇一一年一月

関　幸　彦

参考文献

※　県史をはじめとした自治体市、および『国史大辞典』をふくめた辞典類など、直接参考にしたものは本文中に表記したので、ここでは省略する。以下、一般読者が比較的入手しやすいものに限定し示しておく。

秋山　敬『甲斐武田氏と国人―戦国大名成立過程の研究―』高志書院　二〇〇三年
阿部能久『戦国期関東公方の研究』思文閣出版　二〇〇六年
荒川善夫『戦国期北関東の地域権力』岩田書店　一九九七年
荒川善夫『戦国期東国の権力構造』岩田書店　二〇〇二年
池　　享『戦国大名と一揆』(『日本中世の歴史6』)吉川弘文館　二〇〇九年
石井　進『鎌倉武士の実像―合戦と暮しのおきて―』平凡社　一九八七年
石井　進『中世武士団』(『日本の歴史12』)小学館　一九七四年
石井　進『中世のかたち』(『日本の中世1』)中央公論新社　二〇〇二年
磯貝正義・飯田文弥『山梨県の歴史』山川出版社　一九七三年
伊藤喜良『南北朝動乱と王権』東京堂出版　一九九七年
伊藤喜良『中世国家と東国・奥羽』校倉書房　一九九九年
市村高男『戦国期東国の都市と権力』思文閣出版　一九九四年
入間田宣夫編『葛西氏の研究』名著出版　一九九八年
上杉和彦『源平の争乱』吉川弘文館　二〇〇七年

上横手雅敬『鎌倉時代—その光と影—』吉川弘文館　一九九四年
江田郁夫『室町幕府東国支配の研究』高志書院　二〇〇八年
江田郁夫『中世東国の街道と武士団』岩田書院　二〇一〇年
小笠原長和・川村優『千葉県の歴史』山川出版社　一九七一年
岡田清一『鎌倉幕府と東国』続群書類従完成会　二〇〇六年
岡田清一編『河越氏の研究』名著出版　二〇〇三年
小川　信『足利一門守護発展史の研究』吉川弘文館　一九八〇年
奥田真啓『中世武士団と信仰』柏書房　一九八〇年
奥富敬之『鎌倉北条氏の基礎的研究』吉川弘文館　一九八〇年
奥富敬之『日本家系・系図大事典』東京堂出版　二〇〇八年
小国浩寿『鎌倉府体制と東国』吉川弘文館　二〇〇一年
小野文雄『埼玉県の歴史』山川出版社　一九七一年
勝守すみ『長尾氏の研究』名著出版　一九七八年
久保田順一『室町戦国期上野の地域社会』岩田書店　二〇〇六年
黒田基樹『扇谷上杉氏と太田道灌』岩田書院　二〇〇四年
黒田基樹『戦国の房総と北条氏』岩田書院　二〇〇八年
黒田基樹編『長尾景春』戎光祥出版　二〇一〇年
黒田基樹編『武田信長』戎光祥出版　二〇一一年
児玉幸多・杉山博編『東京都の歴史』山川出版社　一九六九年

小林一岳『中世日本の一揆と戦争』校倉書房　二〇〇一年
小林一岳『元寇と南北朝の動乱』（『日本中世の歴史4』）吉川弘文館　二〇〇九年
五味文彦『躍動する中世』（『日本の歴史5』）小学館　二〇〇八年
佐々木倫朗『戦国期権力佐竹氏の研究』思文閣出版　二〇一一年
佐藤博信『古河公方足利氏の研究』校倉書房　一九八九年
佐藤博信『中世東国の支配構造』思文閣出版　一九八九年
佐藤博信『続中世東国の支配構造』思文閣出版　一九九六年
佐藤博信『中世東国政治史論』塙書房　二〇〇六年
佐藤博信『中世東国 足利・北条氏の研究』岩田書院　二〇〇六年
杉山　博『戦国大名』（『日本の歴史11』）中央公論社　一九六五年
鈴木哲・関幸彦『闘諍と鎮魂の中世』山川出版社　二〇一〇年
関　幸彦『武士団研究の歩み』Ⅰ・Ⅱ　新人物往来社　一九八八年
関　幸彦『「鎌倉」とはなにか―中世、そして武家を問う―』山川出版社　二〇〇三年
関　幸彦『鎌倉殿誕生―源頼朝―』山川出版社　二〇一〇年
瀬谷義彦・豊崎卓『茨城県の歴史』山川出版社　一九七三年
高橋　修編『実像の中世武士団―北関東のもののふたち―』高志書院　二〇一〇年
高柳光寿編『鎌倉市史（総説編）』吉川弘文館　一九五八年
田辺久子『上杉憲実』（人物叢書）吉川弘文館　一九九九年
田辺久子『関東公方足利氏四代』吉川弘文館　二〇〇二年

豊田　武『家系』（「日本史小百科」）東京堂出版　一九九三年
永原慶二『下剋上の時代』（「日本の歴史10」）中央公論社　一九六五年
中丸和伯『神奈川県の歴史』山川出版社　一九七四年
永井　晋『鎌倉幕府の転換点—『吾妻鏡』を読みなおす—』日本放送出版協会　二〇〇〇年
野口　実『中世東国武士団の研究』高科書店　一九九四年
野口　実編『千葉氏の研究』名著出版　二〇〇〇年
萩原龍夫編『江戸氏の研究』名著出版　一九七七年
福田豊彦『千葉常胤』（人物叢書）吉川弘文館　一九七三年
福田豊彦・関幸彦編『源平合戦事典』吉川弘文館　二〇〇六年
古澤直人『鎌倉幕府と中世国家』校倉書房　一九九一年
北条氏研究会編『北条氏系譜・人名辞典』新人物往来社　二〇〇一年
細川重夫『鎌倉幕府の滅亡』吉川弘文館　二〇一一年
本郷和人『新・中世王権論—武門の覇者の系譜—』新人物往来社　二〇〇四年
本郷恵子『京・鎌倉——ふたつの王権』（「日本の歴史6」）小学館　二〇〇八年
松本一夫『東国守護の歴史的特質』岩田書院　二〇〇一年
峰岸純夫『足利尊氏と直義—京の夢、鎌倉の夢—』吉川弘文館　二〇〇九年
峰岸純夫編『中世の東国—地域と権力—』東京大学出版会　一九八九年
峰岸純夫編『三浦氏の研究』名著出版　二〇〇八年
峰岸純夫他編『豊島氏とその時代—東京の中世を考える—』新人物往来社　一九九八年

峰岸純夫・入間田宣夫・白根靖夫編『中世武家系図の史料論』上・下巻　高志書院　二〇〇七年
村井章介編『中世東国武家文書の研究―白河結城家文書の成立と伝来―』高志書院　二〇〇八年
森　茂暁『南北朝の動乱』吉川弘文館　二〇〇七年
安田元久『武蔵の武士団―その成立と故地をさぐる―』有隣新書　一九八四年
安田元久「古代末期における関東武士団」『日本初期封建制の基礎研究』所収　山川出版社　一九七六年
安田元久編『鎌倉・室町人名事典』新人物往来社　一九八五年
山田邦明『鎌倉府と関東―中世の政治秩序と在地社会―』校倉書房　一九九五年
山田邦明『室町の平和』(『日本中世の歴史5』)　吉川弘文館　二〇〇九年
山田武麿『群馬県の歴史』山川出版社　一九七四年
湯山　学『関東上杉氏の研究』(中世史論集1)　岩田書院　二〇〇九年
湯山　学『三浦氏・後北条氏の研究』(中世史論集2)　岩田書院　二〇〇九年
湯山　学『武蔵武士の研究』(中世史論集3)　岩田書院　二〇一〇年
若林淳之『静岡県の歴史』山川出版社　一九七〇年
渡辺世祐・八代国治『武蔵武士』有峰書店　一九七一年

著者紹介

一九五二年、札幌市に生まれる
一九八五年、学習院大学大学院人文科学研究科史学専攻後期博士課程修了
現在、日本大学文理学部教授

主要著書
『北条政子』（ミネルヴァ書房、二〇〇三年）
『東北の争乱と奥州合戦』（吉川弘文館、二〇〇六年）
『武士の時代へ』（日本放送出版協会、二〇〇九年）
『百人一首の歴史学』（日本放送出版協会、二〇〇九年）
『鎌倉殿誕生』（山川出版社、二〇一〇年）

歴史文化ライブラリー
327

その後の東国武士団
源平合戦以後

二〇一一年（平成二十三）九月一日　第一刷発行
二〇一七年（平成二十九）四月一日　第四刷発行

著　者　関《せき》　幸《ゆき》　彦《ひこ》
発行者　吉　川　道　郎
発行所　株式会社　吉川弘文館
東京都文京区本郷七丁目二番八号
郵便番号一一三―〇〇三三
電話〇三―三八一三―九一五一〈代表〉
振替口座〇〇一〇〇―五―二四四
http://www.yoshikawa-k.co.jp/

印刷＝株式会社 平文社
製本＝ナショナル製本協同組合
装幀＝清水良洋・渡邉雄哉

ISBN978-4-642-05727-1

歴史文化ライブラリー

1996.10

刊行のことば

現今の日本および国際社会は、さまざまな面で大変動の時代を迎えておりますが、近づきつつある二十一世紀は人類史の到達点として、物質的な繁栄のみならず文化や自然・社会環境を謳歌できる平和な社会でなければなりません。しかしながら高度成長・技術革新にともなう急激な変貌は「自己本位な刹那主義」の風潮を生みだし、先人が築いてきた歴史や文化に学ぶ余裕もなく、いまだ明るい人類の将来が展望できていないようにも見えます。このような状況を踏まえ、よりよい二十一世紀社会を築くために、人類誕生から現在に至る「人類の遺産・教訓」としてのあらゆる分野の歴史と文化を「歴史文化ライブラリー」として刊行することといたしました。

小社は、安政四年（一八五七）の創業以来、一貫して歴史学を中心とした専門出版社として書籍を刊行しつづけてまいりました。その経験を生かし、学問成果にもとづいた本叢書を刊行し社会的要請に応えて行きたいと考えております。

現代は、マスメディアが発達した高度情報化社会といわれますが、私どもはあくまでも活字を主体とした出版こそ、ものの本質を考える基礎と信じ、本叢書をとおして社会に訴えてまいりたいと思います。これから生まれでる一冊一冊が、それぞれの読者を知的冒険の旅へと誘い、希望に満ちた人類の未来を構築する糧となれば幸いです。

吉川弘文館

歴史文化ライブラリー

中世史

歴史文化ライブラリー

江戸のパスポート 旅の不安はどう解消されたか——柴田 純
〈身売り〉の日本史 人身売買から年季奉公へ——下重 清
江戸の捨て子たち その肖像——沢山美果子
江戸の乳と子ども いのちをつなぐ——沢山美果子
歴史人口学で読む江戸日本——浜野 潔
それでも江戸は鎖国だったのか オランダ宿 日本橋長崎屋——片桐一男
江戸の文人サロン 知識人と芸術家たち——揖斐 高
エトロフ島 つくられた国境——菊池勇夫
江戸時代の医師修業 学問・学統・遊学——海原 亮
江戸の流行り病 麻疹騒動はなぜ起こったのか——鈴木則子
江戸幕府の日本地図 国絵図・城絵図・日本図——川村博忠
都市図の系譜と江戸——小澤 弘
江戸の地図屋さん 販売競争の舞台裏——俵 元昭
近世の仏教 華ひらく思想と文化——末木文美士
江戸時代の遊行聖——圭室文雄
ある文人代官の幕末日記 林鶴梁の日常——保田晴男
松陰の本棚 幕末志士たちの読書ネットワーク——桐原健真
幕末の世直し 万人の戦争状態——須田 努
幕末の海防戦略 異国船を隔離せよ——上白石 実
江戸の海外情報ネットワーク——岩下哲典
黒船がやってきた 幕末の情報ネットワーク——岩田みゆき
幕末日本と対外戦争の危機 下関戦争の舞台裏——保谷 徹

近・現代史

五稜郭の戦い 蝦夷地の終焉——菊池勇夫
幕末明治 横浜写真館物語——斎藤多喜夫
水戸学と明治維新——吉田俊純
大久保利通と明治維新——佐々木 克
旧幕臣の明治維新 沼津兵学校とその群像——樋口雄彦
維新政府の密偵たち 御庭番と警察のあいだ——大日方純夫
明治維新と豪農 古橋暉皃の生涯——高木俊輔
京都に残った公家たち 華族の近代——刑部芳則
文明開化 失われた風俗——百瀬 響
西南戦争 戦争の大義と動員される民衆——猪飼隆明
大久保利通と東アジア 国家構想と外交戦略——勝田政治
自由民権運動の系譜 近代日本の言論の力——稲田雅洋
明治の政治家と信仰 クリスチャン民権家の肖像——小川原正道
日赤の創始者 佐野常民《つねたみ》——吉川龍子
文明開化と差別——今西 一
アマテラスと天皇 〈政治シンボル〉の近代史——千葉 慶
大元帥と皇族軍人 明治編——小田部雄次
明治の皇室建築 国家が求めた〈和風〉像——小沢朝江
皇居の近現代史 開かれた皇室像の誕生——河西秀哉

歴史文化ライブラリー

明治神宮の出現——山口輝臣
神都物語 伊勢神宮の近現代史——ジョン・ブリーン
日清・日露戦争と写真報道 戦場を駆ける写真師たち——井上祐子
博覧会と明治の日本——國 雄行
公園の誕生——小野良平
啄木短歌に時代を読む——近藤典彦
鉄道忌避伝説の謎 汽車が来た町、来なかった町——青木栄一
軍隊を誘致せよ 陸海軍と都市形成——松下孝昭
家庭料理の近代——江原絢子
お米と食の近代史——大豆生田 稔
日本酒の近現代史 酒造地の誕生——鈴木芳行
失業と救済の近代史——加瀬和俊
近代日本の就職難物語 「高等遊民」になるけれど——町田祐一
選挙違反の歴史 ウラからみた日本の一〇〇年——季武嘉也
海外観光旅行の誕生——有山輝雄
関東大震災と戒厳令——松尾章一
モダン都市の誕生 大阪の街・東京の街——橋爪紳也
激動昭和と浜口雄幸——川田 稔
昭和天皇とスポーツ 〈玉体〉の近代史——坂上康博
昭和天皇側近たちの戦争——茶谷誠一
大元帥と皇族軍人 大正・昭和編——小田部雄次
海軍将校たちの太平洋戦争——手嶋泰伸
植民地建築紀行 満洲・朝鮮・台湾を歩く——西澤泰彦
帝国日本と植民地都市——橋谷 弘
稲の大東亜共栄圏 帝国日本の〈緑の革命〉——藤原辰史
地図から消えた島々 幻の日本領と南洋探検家たち——長谷川亮一
日中戦争と汪兆銘《おうちょうめい》——小林英夫
自由主義は戦争を止められるのか 芦田均・清沢洌・石橋湛山——上田美和
モダン・ライフと戦争 スクリーンのなかの女性たち——宜野座菜央見
彫刻と戦争の近代——平瀬礼太
軍用機の誕生 日本軍の航空戦略と技術開発——水沢 光
首都防空網と〈空都〉多摩——鈴木芳行
陸軍登戸研究所と謀略戦 科学者たちの戦争——渡辺賢二
帝国日本の技術者たち——沢井 実
〈いのち〉をめぐる近代史 堕胎から人工妊娠中絶へ——岩田重則
強制された健康 日本ファシズム下の生命と身体——藤野 豊
戦争とハンセン病——藤野 豊
「自由の国」の報道統制 大戦下の日系ジャーナリズム——水野剛也
敵国人抑留 戦時下の外国民間人——小宮まゆみ
銃後の社会史 戦死者と遺族——一ノ瀬俊也
海外戦没者の戦後史 遺骨帰還と慰霊——浜井和史
国民学校 皇国の道——戸田金一

歴史文化ライブラリー

学徒出陣 戦争と青春——蜷川壽惠
〈近代沖縄〉の知識人 島袋全発の軌跡——屋嘉比 収
沖縄戦 強制された「集団自決」——林 博史
原爆ドーム 物産陳列館から広島平和記念碑へ——頴原澄子
戦後政治と自衛隊——佐道明広
米軍基地の歴史 世界ネットワークの形成と展開——林 博史
沖縄 占領下を生き抜く 軍用地・通貨・毒ガス——川平成雄
昭和天皇退位論のゆくえ——冨永 望
紙 芝 居 街角のメディア——山本武利
団塊世代の同時代史——天沼 香
鯨を生きる 鯨人の個人史・鯨食の同時代史——赤嶺 淳
丸山真男の思想史学——板垣哲夫
文化財報道と新聞記者——中村俊介

文化史・誌

落書きに歴史をよむ——三上喜孝
霊場の思想——佐藤弘夫
四国遍路 さまざまな祈りの世界——星野英紀・浅川泰宏
跋扈《ばっこ》する怨霊 祟りと鎮魂の日本史——山田雄司
将門伝説の歴史——樋口州男
藤原鎌足、時空をかける 変身と再生の日本史——黒田 智
変貌する清盛 『平家物語』を書きかえる——樋口大祐
鎌倉 古寺を歩く 宗教都市の風景——松尾剛次
空海の文字とことば——岸田知子
鎌倉大仏の謎——塩澤寛樹
日本禅宗の伝説と歴史——中尾良信
水墨画にあそぶ 禅僧たちの風雅——髙橋範子
日本人の他界観——久野 昭
観音浄土に船出した人びと 熊野と補陀落渡海——根井 浄
殺生と往生のあいだ 中世仏教と民衆生活——苅米一志
浦島太郎の日本史——三舟隆之
戒名のはなし——藤井正雄
墓と葬送のゆくえ——森 謙二
仏画の見かた 描かれた仏たち——中野照男
ほとけを造った人びと 止利仏師から運慶・快慶まで——根立研介
〈日本美術〉の発見 岡倉天心がめざしたもの——吉田千鶴子
祇園祭 祝祭の京都——川嶋将生
洛中洛外図屏風 つくられた〈京都〉を読み解く——小島道裕
茶の湯の文化史 近世の茶人たち——谷端昭夫
時代劇と風俗考証 やさしい有職故実入門——二木謙一
化粧の日本史 美意識の移りかわり——山村博美
乱舞の中世 白拍子・乱拍子・猿楽——沖本幸子
神社の本殿 建築にみる神の空間——三浦正幸

歴史文化ライブラリー

民俗学・人類学

歴史文化ライブラリー